本书受上海高校青年教师培养资助计划专项基金"'一带一路'背景下中国参与全球治理角色转变机制研究"资助

破解"资源诅咒"的国际行动： 理论与现实

王娅奇　著

合肥工业大学出版社

图书在版编目（CIP）数据

破解"资源诅咒"的国际行动：理论与现实/王娅奇著．—合肥：
合肥工业大学出版社，2018.4
ISBN 978－7－5650－3891－4

I.①破…　II.①王…　III.①资源—国际争端—研究　IV.①D815.9

中国版本图书馆 CIP 数据核字（2018）第 062047 号

破解"资源诅咒"的国际行动：理论与现实

王娅奇　著　　　　责任编辑　章　建　张　燕

出　版	合肥工业大学出版社	版　次	2018 年 4 月第 1 版	
地　址	合肥市屯溪路 193 号	印　次	2018 年 4 月第 1 次印刷	
邮　编	230009	开　本	880 毫米×1230 毫米　1/32	
电　话	总　编　室：0551－62903038	印　张	10	
	市场营销部：0551－62903198	字　数	223 千字	
网　址	www. hfutpress. com. cn	印　刷	合肥现代印务有限公司	
E-mail	hfutpress@ 163. com	发　行	全国新华书店	

ISBN 978－7－5650－3891－4　　　　　　定价：42.00 元
如果有影响阅读的印装质量问题，请与出版社市场营销部联系调换。

序

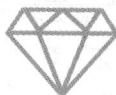

这是一部读来令人饶有兴味的学术专著。王娅奇聚焦给非洲人民带去了无尽灾难的"冲突钻石"（conflict diamonds），从全球治理和国际制度的视角探讨了这一问题的解决过程。作为本书的研究对象，"冲突钻石"是指反政府武装控制下的钻石，这是一种与战争、犯罪、腐败、贫困、反人道和生态恶化等问题直接相关的"血钻"。正如作者所说，百余年的非洲钻石开采历程，实际上就是一部"血钻史"。原本应给当地人民带来福祉的自然资源，却导致了巨大的灾难。这种现象在经济学上被称为"资源诅咒"。这一诅咒能不能破解，怎样破解，全球治理和国际制度能起到怎样的作用？这些正是王娅奇的研究所要回答的问题。

长期以来，"冲突钻石"一直受到国际社会的广泛关注。在一些发生战乱的非洲国家，反政府武装为了对抗合法政府，非法占据钻石矿，野蛮开采，并通过国际黑市进行贩卖，用所得收益购买军火，常常使血腥冲突愈演愈烈。在这一过程中，钻石成为加重和延续内战的"战争货币"。例如，塞拉利昂、安哥拉和刚果（金）等国在20世纪90年代至21世纪初就经历了旷日持久的"钻石战争"。据联合国统计，非洲境内的"钻石战争"造成了塞拉利昂、安哥拉、刚果（金）、利比里亚、科特迪瓦、刚果（布）和中非等国650万难民潮。他们流离失所，遭受苦难，构成了严重的人道主义危机。

为了解决这一问题，1998年联合国安理会通过决议，禁止直接或间接从安哥拉进口没有安政府颁发原产地证书的任何钻石，但收效不大。事实表明，仅靠联合国的制裁决议是不能解决问题的。由于"冲突钻石"有复杂的背景与成因，不单涉及政治关系（内战），而且涉及非法经济关系。作为一种销往全世界的奢侈品，它有生产、加工、贸易和消费等一系列环节，不但关系到国家行为体，而且关系到形形色色的商家和消费者。由于涉及走私与军火交易，"冲突钻石"更是与国际军火走私商、不法金融人士、跨国犯罪分子和恐怖集团等有密切关系。要解决这样复杂的问题，显然不能靠单一行为体，而必须经由多利益攸关方参与的全球治理。

本书论述的"金伯利进程"（Kimberley Process），就是一个全球治理过程。在2000年5月，几个南部非洲的钻石生产国在南非城市金伯利举办了一次论坛，讨论终止"冲突钻石"的途径，以确保钻石贸易不会再资助反叛运动的暴行。这次会议象征着"金伯利进程"的开始。此后，国际社会采取了一系列行动，最终建立起了国际毛坯钻石证书制度。这一制度的宗旨是阻止"冲突钻石"在国际范围内的流通，使反政府武装控制下的钻石无法成为战乱的经济来源。截至 2013 年 8 月，"金伯利进程"覆盖了全球 81 个正式成员国，并有多个钻石行业团体和非政府组织充当观察员。这一制度确立后，钻石成了世界上最受监督和审计的天然资源，全球"冲突钻石"的流通比例大为下降，从此前的 4% ~ 15%，降至 0. 2% 以下。

王娅奇在研究中对"金伯利进程"所面对的问题、各行为体的政策态度，以及国际合作的演进进行了有充分事实依据的描述，并且深入解释了这一进程的特点。

第一，作为一个治理过程，其成功是多利益攸关方共同合作的结果。参与这一过程的除了主要的钻石生产国、消费国，还包括联合国、世界贸易组织等国际政府间组织，跨国公司、钻石行业团体和零售商，关注和平、发展、民主、人权和环境等议题的非政府组织，以及全球的消费者。其中，主权国家是进程的正式成员，而钻石行业和以非政府组织为代表的市民社会则发挥着重要的监督作用。

第二，"金伯利进程"聚焦于单一问题，即钻石证书。毛坯钻石有证书，就是可以合法销售的商品；没有证书，就会受到国际制裁。解决了这样一个关键的可操作的问题，就能从源头上卡住"血钻"的生产和销售。"金伯利进程"所规定的制度，核心就是确立钻石的合法身份。成员国如果达不到制度标准，就会被取消"金伯利进程"成员身份，失去钻石贸易的合法资格。

"金伯利进程"是一个成功的全球治理进程。为什么这个进程能够成功？作者的研究强调了"声誉"因素。所谓"声誉"，是指人们对某事或某物的普遍性看法，并且往往伴随着好与坏的道德判断。也许，在"金伯利进程"中，行为体特别注重声誉与钻石的特殊属性有关。自古以来，钻石一直被视为美好、纯真、爱情、忠诚的象征，而"血钻"的含义显然与之相反。当"冲突钻石"的血腥意义被披露后，这一问题就立即引起了人们的广泛关注。对于钻石的生产者、销售者和消费者来说，一旦与"冲突钻石"相关，声誉就会受损，而其利益则会受到致命的影响。在这个问题上，普遍的道德压力使得各利益攸关方较快、较一致地接受了进程确立的规范。这个事例生动地说明了观念的力量在国际关系中的重要影响。

"金伯利进程"的成功，表明国际制度在一定的条件下能够成为"资源诅咒"的有效破解办法。这一范例展现了依靠国际制度进行全球治理的积极前景。在"金伯利进程"中，如果说道德压力赋予了行为体声誉，那么国际制度的确立则赋予了行为体遵约的责任。对利益攸关的行为体来说，要得到国际社会的好的评价，就需要遵守"金伯利进程"的制度，对于消除"冲突钻石"承担责任。这样一来，这些相关的行为体就会形成一个共同体。在这个共同体中，行为体既会受到道德的压力，也会受到制度的约束。

通过全球治理的途径能够在一定程度上解决"冲突钻石"的诅咒，那么是不是其他的"资源诅咒"也能经由这样的途径破解呢？作者在讨论钻石治理的基础上，也试图扩展对这一"诅咒"的研究，比如探讨黄金、石油等资源的治理问题。事实上，在这些资源的一些产地，即使不存在内战的因素，也同样存在环境污染、贫富分化、侵犯人权等现象。不过，由于问题具有不同的情况，国际社会似乎很难在复制"金伯利进程"

的成功经验上建立共识，还不能在关键环节上确立具有可操作性又能被广泛接受的规范。这也反映了全球治理的局限性。当然，人们也清楚，尽管全球治理途径在很多问题的处理上不尽如人意，但国际社会别无选择，只能以这种方式艰难地探索和前行。正是在这个意义上，有关"金伯利进程"的研究具有学理和现实价值，能够提供有益的启示。

从研究方法来讲，王娅奇的这部著作具有一个鲜明的特点，即她的分析和解释是来自于观察事实的发现，而不是对已有书本知识的综述。现在有很多研究不是从事实出发，而是习惯于在梳理前人研究的基础上进行"创造"，最多是在综述中换个角度，在语言表述上做一点改变。这样的研究不可能有发现，也不可能有真正的创新。对于专业研究者来说，前人的研究当然不能不看，但要想贡献新知识，就需要在观察事实中有新发现，例如发现前人没有发现的事实，或是针对已发现的事实，找到前人没有解决的疑惑，提出前人没有提出的新解释。即使是进行对策性研究，没有基于事实的新发现，也是不可能提出有价值的新建议的。

在当今的国际议程中，已有越来越多的问题被纳入全球治理的范畴。对这个领域的各种现实问题进行深入研究是大有可为的。这是国际关系学者的机遇，也是其必须承担的责任。

中国社会科学院世界经济与政治研究所研究员、博士生导师

李少军

2017 年 2 月于北京

目　录

图表索引

图 目

表　目

第一章　前　言

一、研究问题及意义

（一）研究背景及问题

"资源"是经济学的基础性概念，人类经济活动面临的基本问题之一便是人类追求的财富利益与其所支配的资源之间的矛盾。莱昂内尔·罗宾斯（Lionel Robbins）对经济学的经典定义是"对如何安排人类目标与多种用途的稀缺资源之间关系的人类行为进行研究的科学"[1]。本书仅研究狭义上的资源——自然资源[2]，它是人类开展生产活动的客观条件和起点。2008 年的金融海啸使世界告别"现金为王"转而进入"资源为王"的时代。资源领域的全球化水平得到了大幅度提升，资源供应国和消费国之间的相互依存度日益加深，竞争与合作成为当今资源市场一道"独特的风景"[3]。资源问题也日

---

[1]　转引自［英］罗纳德·科斯：《论经济学和经济学家》（罗君丽等译），上海人民出版社 2010 年版，第 49 页。

[2]　自然资源是林毅夫所述国家或地区经济体"要素禀赋结构"中的三大要素之一，其他两个是劳动力和资本。详见林毅夫：《新结构经济学：反思经济发展与政策的理论框架》，北京大学出版社 2012 年版。

[3]　柳润墨：《资源阴谋》，科学出版社 2011 年版，第 6、9 页。

益走出经济学领域，通过各种途径进入人类社会生活的多个层面——从民众的日常生活直至各国政治与世界政治，乃至人类的发展道路。因此，资源问题成为社会科学各门学科的共同研究话题①，被众多学者和观察家们看作是认识和理解国内国际政治经济问题的一个最为直观的视角。

一些拥有自然资源禀赋的国家和地区，并没有实现比较优势下的社会经济长期全面发展，而是存在不同程度的与资源相关的冲突与战争、腐败与独裁、经济低增长甚至衰退、收入不平等与贫困、反人道和生态恶化等问题，这在经济学上被称为"资源诅咒"假说/命题（Resource Curse Hypothesis / Thesis）。"资源诅咒"是亚当·斯密（Adam Smith）曾提出过的问题。1993 年，英国经济学家奥蒂（Auty）在《矿业经济的可持续发展：资源诅咒》一书中首次提出"资源诅咒"概念②。此后，经济学家们用一系列定性和定量方法验证了"资源诅咒"的普遍存在，如塞拉利昂、安哥拉和刚果（金）等在 20 世纪90 年代至 21 世纪初旷日持久的"钻石战争"③、初级产品出口

---

① 鲁品越：《序言》，载肖宝安：《资源创造论：新时代的资源哲学》，光明日报出版社 2011 年版，"序言"第 1 页。

② Richard M. Auty, *Sustaining Development in Mineral Economies：The Resource Curse Thesis*, London：Routledge, 1993.

③ 跨世纪的前后 10 年，非洲共有约 370 万人死于为控制钻石矿而引发的战争中。详见 Environment News Service, *UN Backs Scheme to Block Blood Diamond Trade*, Apr. 15, 2003, http：//www. globalpolicy. org/component/content/article/182/33834. html；Philippe Le Billon, "Diamond Wars? Conflict Diamonds and Geographies of Resource Wars", *Annals of the Association of American Geographers*, 98（2）, Jun., 2008, p. 345-372.

模式带来的"拉美化"现象（Phenomena of Latin - Americanization）[1]、石油输出国组织（欧佩克，Organization of the Petroleum Exporting Coutries，OPEC）成员国的低经济增长率和国民收入的"马太效应"（Matthew Effect）[2]、俄罗斯丰富资源背景下的转型期经济衰退[3]、中国部分资源产区（新疆、内蒙古、山西等）的经济及生态问题等[4]。

"资源诅咒"是世界性重大议题。美国《时代》（*Time*）周刊 2008 年发表文章提到引领世界向未知方向前进的 10 个观

---

[1] "拉美化"现象、"拉美陷阱"泛指 20 世纪六七十年代以来，拉美国家在走向现代化和工业化的过程中出现的经济危机、政权更迭和社会冲突等问题，其中大部分国家依赖资源出口。详见赵丽红：《"资源诅咒"与拉美国家初级产品出口型发展模式》，当代世界出版社 2010 年版。

[2] 可参见 Terry Lynn Karl, *The Paradox of Plenty*：*Oil Booms and Petro-States*, Berkeley：University of California Press, 1997；Jeff D. Colgan, "Oil and Revolutionary Governments：Fuel for International Conflict", *International Organization*, 64 (4), Fall, 2010, p. 661–694. 笔者注："马太效应"是社会学和经济学常用术语，用于反映两极分化和贫富差距。

[3] 详见谢继文：《中俄经济转轨绩效差异原因新解：基于俄罗斯"资源诅咒"现象的经济学分析》，经济科学出版社 2013 年版。相关文献可参见 Mikhail A. Molchanov, "The Resource Curse in a Post - Communist Regime：Russia in Comparative Perspective by Younkyoo Kim", *International Affairs*, 80 (3), May, 2004, p. 559–560.

[4] 可参见徐康宁、韩剑：《中国区域经济的"资源诅咒"效应：地区差距的另一种解释》，载《经济学家》2005 年第 6 期，第 96—102 页；胡援成、肖德勇：《经济发展门槛与自然资源诅咒——基于我国省际层面的面板数据实证研究》，载《管理世界》2007 年第 4 期，第 15—23 页；韩亚芬、孙根年、李琦：《资源经济贡献与发展诅咒的互递关系研究——中国 31 个省区能源开发利用与经济增长关系的实证分析》，载《资源科学》2007 年第 6 期，第 188—193 页；邵帅、齐中英：《西部地区的能源开发与经济增长——基于"资源诅咒"假设的实证分析》，载《经济研究》2008 年第 4 期，第 147—160 页。

念，其中就包括"规避资源诅咒"①。实现这一点被认为能改变相关国家的命运，进而对完成联合国千年发展目标（United Nations' Millennium Development Goals）做出贡献②。多年来，国际组织、自然资源进出口国、资源行业从业者和市民社会等行为体在某些资源领域进行了有针对性的全球治理（Global Governance，GG）尝试，如"金伯利进程"（Kimberley Process，KP）、采掘业透明度行动计划（Extractive Industries Transparency Initiative，EITI）、"付款公布"（Publish What You Pay，PWYP）、收入监测研究所（Revenue Watch Institute，RWI，2014年6月更名为自然资源治理研究所 Natural Resource Governance Institute，NRGI③）、"全球证人"（又译"全球见证""全球目击者""环球目击者"，Global Witness，GW）、"透明国际"（Transparency International，TI）、南部非洲资源观察（Southern Africa Resource Watch，SARW）和全球报告倡议（Global Reporting Initiative，GRI）④等，其中以钻石领域的"金伯利进程"制度化程度最高、成效最为明显、国际影响力

---

① 刘岩、赵文祥：《中国式突破资源诅咒》，冶金工业出版社2013年版，第1页。

② George Soros，"Foreword"，in Macartan Humphreys，Jeffrey D. Sachs，and Joseph E. Stiglitz eds，*Escaping the Resource Curse*，New York：Columbia University Press，2007，p. XI.

③ Daniel Kaufmann，*A Letter from the President of the Natural Resource Governance Institute*，Jun. 5，2014，http：//www. resourcegovernance. org/news/letter–president–natural–resource–governance–institute.

④ Douglas A Schuler，"A Club Theory Approach to Voluntary Social Programs：Multinational Companies and the Extractive Industries Transparency Initiative"，*Business and Politics*，14（3），2012，p. 5.

最大。

2014年，中国首次担任"金伯利进程"轮值主席国，这一年是该制度自2003年1月1日正式成立以来走过的第12个年头。作为一项联合国安全理事会（安理会，United Nations Security Council，UNSC）授权下的国际制度，"金伯利进程"的宗旨是建立和落实国际毛坯钻石证书规则，以阻止"冲突钻石"（Conflict Diamonds，CD）在国际范围内的流通，使反政府武装控制下的钻石无法成为战乱的经济来源，还钻石以清白。截至2017年1月30日，"金伯利进程"共有覆盖全球6大洲81国的54个正式成员（participants）①，并由多个钻石行业团体和非政府组织（Nongovernmental Organization，NGO）充当观察员（observers）。进程迄今为止最为突出的成就就是使"冲突钻石"占全球流通钻石的比例从开始的15%左右降至0.2%以下。

"冲突钻石"不是一个孤立的议题，它从属于"资源诅咒"这个发生面更广、内容更复杂、后果更严重的全球问题群。"金伯利进程"的经验及教训或可为更大范围内的"钻石诅咒"（Diamond Curse，DC）问题乃至"资源诅咒"问题的全球治理提供借鉴②，这也是本书写作的初衷所在。

本书的研究问题是：像"金伯利进程"这样的国际制度

---

① KP网站：*List of Participants – status* 2017. Jan. 30，2017，https：//www. kimberleyprocess. com/en/2017-kp-participants-list.

② 如怀特将"金伯利进程"引申至木材，详见Clive Wright，"Tackling Conflict Diamonds：The Kimberley Process Certification Scheme"，*International Peacekeeping*，11（4），Winter，2004，p. 697–708.

是如何有效治理"冲突钻石"问题乃至"资源诅咒"问题的？这是一个关于国际制度如何破解"资源诅咒"的具体制度应用问题，并不是一般意义上对国际制度本身进行理论探讨。

（二）研究意义

本书涉及包括"冲突钻石"在内的多个"资源诅咒"问题全球治理状况的梳理和比较，重点探讨国际制度破解"资源诅咒"的内在机制和优势，对本学科的国际制度理论和经济学的"资源诅咒"理论有一定的补充意义，对规避"资源诅咒"全球治理实践以及中国海外资源政策和参与"建制"①行动有一定的参考价值。

本书的理论意义有以下两点：

（1）丰富了国际制度理论。学界有关国际制度的重要性、制度设计及制度变迁等方面的理论研究已日渐成熟；在案例方面，也囊括了国家间合作、区域一体化、反战、安全、发展、人权、环境与气候等大量议题。当下的研究需要与时俱进，及时对新制度安排进行总结和提炼，如针对"冲突钻石"的"金伯利进程"，这在国内学界是比较欠缺的。同时，时代的变迁使部分国际制度理论失去了普适性，制度的形成、有效性及未来走向越来越体现出案例的特定性（case-specific）。通过新案例来捕捉新理论，并将其应用到相似案例中，有助于扩充和更新国际制度理论的大集合。

（2）丰富了"资源诅咒"理论。作为发展经济学的一个

---

① "建制"一词取自朱杰进：《国际制度设计：理论模式与案例分析》，上海人民出版社 2011 年版，第 1 页。

研究议程，"资源诅咒"理论经过二十几年的探索，已经形成了以经济学和国别研究为主的较为成熟的体系。然而，在如何破解"资源诅咒"方面，现有的经济学理论尚未得出令人满意的答案，部分原因在于"资源诅咒"问题已经超出纯经济学领域。事实上，与"资源诅咒"相关的国家与地区冲突、宗教暴力与恐怖主义、中心边陲国家贫富差距、腐败与独裁、反人道和环境破坏等问题都带有明显的国际政治色彩。白小川（Uwe Wissenback）指出，"资源导致或加重了某些资源丰富但管理混乱的国家的内部冲突，这些冲突反过来又成为影响发达国家安全利益的不稳定根源，包括狭义的供应中断或广义的恐怖主义、国际犯罪及难民问题等"[①]。可以说，"资源诅咒"是个具有全球维度的问题[②]，需要全球层面的治理，关于这方面的研究正是传统"资源诅咒"理论所欠缺的。罗斯（Ross）指出，在世界银行（World Bank，WB）评定的 36 个最贫困负债国中，有 27 个是资源出口国；有关"资源诅咒"的世界经济层面的研究已经卷帙浩繁，但并未真正解决问题，应该鼓励更多政治层面的研究[③]。现今有关"资源诅咒"全球治理的政治理论研究落后于实践，本书力图弥补这一缺憾，从国际关系学科的视角丰富"资源诅咒"理论。

---

① ［德］白小川：《能源安全：欧美中三角关系中的一大难题》，载《现代国际关系》2007 年第 10 期，第 44—51 页。

② 赵丽红：《"资源诅咒"与拉美国家初级产品出口型发展模式》，当代世界出版社 2010 年版，第 212 页。

③ Michael L. Ross, "The Political Economy of the Resource Curse", *World Politics*, 51（2），Jan., 1999, p. 297–322.

本书的现实意义有以下两点：

（1）国际制度可能成为"资源诅咒"的有效破解办法，而规避"资源诅咒"对国家稳定和人类安全（human security）具有重要意义①。世界上绝大多数自然资源出口依赖型国家，特别是广大的撒哈拉沙漠（Sahara Desert）以南地区和拉丁美洲，已经累积了大量的经济与社会问题，这着实令全球经济学家和决策者们犯难。如果某些国际制度模式能促使自然资源利益相关者（stakeholder）共同合作以克服"资源诅咒"，将有望带来资源生产国状况的大幅度改善，帮助它们重拾资源优势并走上稳定发展的道路，这也是全人类的福音。

（2）为积极应对西方利用"资源诅咒"理论攻击中国海外行为提供参考，为中国参与和创建国际制度提供思路。自然资源属于战略性物资和消耗性商品，作为新兴大国，中国消费需求的增长必然导致我国与发展中资源供应国的经济往来扩大，而这部分又占据了过去完全处于西方大国控制之下的资源利益，削弱了西方世界的"资源权力"②。于是西方大国转而攻击中国的"不干涉"原则，以中国加重资源国"资源诅咒"

---

① ［德］白小川：《能源安全：欧美中三角关系中的一大难题》，载《现代国际关系》2007 年第 10 期，第 44—51 页。

② 帕尔博格定义了"资源权力"，即一国能够通过操纵国际资源转移来影响另一国行为的能力，是指除赚取外汇和积累财富以外的一种权力。它使得资源出口国的外交政策领导者或许无法控制自己资源转移的数量和方向。详见 Robert L. Paarlberg, "Food, Oil, and Coercive Resource Power", *International Security*, 3 (2), Fall, 1978, p. 3-19.

现象为由对我境外采矿和投资行为施加不良影响①。因此研究全球范围内的"资源诅咒"问题，特别是中国海外项目所涉及的国家和资源种类，有助于掌握这些地区资源问题产生的深层次原因和最新动态，可以有力反驳部分西方国家的不实言论。

在战略理念的创新方面，随着全球化时代的到来，中国在走向"负责任大国"的进程中有必要提高对全球治理思潮和行动的重视②。分析"资源诅咒"全球治理现状，有助于中国对现有治理模式进行有效甄别和选择性参与，并为提高治理效度做出贡献。

在行动创新方面，中国迄今为止依旧以融入和参与现有国际体系为主，政治话语权和国际行动能力严重不足，国际制度创新能力亟待提高。西方规定了什么叫"负责任"，就要求中国承担那样的"责任"，这都是中国制度创新能力缺失的表现③。今后15年，国际规范仍将依据美国的性质演化；而到2025—2050年，国际规范的演化将主要受中国的性质影响④，这一趋势必然要求中国在国际制度创建方面及时提升能力。总

---

① 刘青海：《"资源诅咒"命题与中国在非直接投资对非洲的影响》，载《地域研究与开发》2012年第3期，第172—175页。

② 刘杰：《走向"负责任大国"：中国和平发展的战略定位及路径演绎》，载上海社会科学院世界经济与政治研究院：《负责任大国的路径选择》，时事出版社2007年版，第30页。

③ 金灿荣等：《和平发展：大国的责任》，中国人民大学出版社2014年版，第190页。

④ 阎学通：《国际领导与国际规范的演化》，载《国际政治科学》2011年第1期，第1页。

结"冲突钻石"领域"金伯利进程"的特点、优势并进行未来展望，可以为中国未来参与和创建针对各种"资源诅咒"的国际制度提供理论支持和经验参考。未来的国际社会需要"更多的、相对容易的、比较小的倡议和局部的创新……可以聚沙成塔、积少成多……引导人类的进步和为国际社会做出贡献"①。资源领域涉及面广、情况复杂，提供了国际制度创新的丰富背景。中国如能创建先进制度以解决"资源诅咒"问题并实现全球自然资源的理性管理，就能获得更多的"资源话语权"（Voice for Resources），这对中国未来的资源战略以及国际地位的提高具有十分重要的意义。

二、国内外文献综述

国内学者中唯有詹世明提出彻底清除"冲突钻石"要靠国际社会的共同努力②，但缺乏对"金伯利进程"如何成功治理"冲突钻石"，或者国际制度如何破解"资源诅咒"的理论研究。国外学者关于"金伯利进程"的研究成果相对多一些，但由于"资源诅咒"领域的现存国际制度不多，因而尚未发现有从国际制度理论层面探讨"资源诅咒"破解机制的研究。根据"金伯利进程"发展的时间顺序，在此将国外相关文献分为以下三类。

---

① 王逸舟：《中国外交新高地》，中国社会科学出版社 2008 年版，第 118—119 页。

② 詹世明：《非洲"冲突钻石"的产生及影响》，载《西亚非洲》2002 年第 5 期，第 33—38 页。

（一）"金伯利进程"得以创建的原因

弗兰齐斯卡·比尔利（Franziska Bieri）的《从"血钻"到"金伯利进程"：非政府组织如何清洗了全球钻石业》是学术界第一部针对"金伯利进程"的著作，探讨了非政府组织如何成为全球协议创建和实施过程中的关键行为者，促成了"金伯利进程"的诞生①。她的研究完全从建构主义视角出发，梳理了非政府组织作为规范倡导者（norm entrepreneur）② 如何揭露"血钻"（Blood Diamonds）的严重后果和惊人内幕，引起了国际社会的强烈关注和对反"血钻"规范的认同，进而推动了制度化形式——"金伯利进程"的产生。曾参与"金伯利进程"创建并在钻石规管行业工作近 20 年的伊恩·斯迈利（Ian Smillie）在解释进程产生的原因时，也强调非政府行为体（non-state actors）的推动作用③。但他们二人都忽略了一点：非政府组织给出的解决方案并不唯一指向"金伯利进程"，而是多以呼吁行为体的自我改良和约束为主。"金伯利进程"制度是"冲突钻石"利益相关者自愿选择的。先前研究没有能够解释在非政府组织极力倡导打击"血钻"的背景下，利益相关者为什么从众多治理方式中唯独选择了"金伯利进程"，以及"金伯利进程"的制度吸引力到底在

---

① Franziska Bieri, *From Blood Diamonds to the Kimberley Process：How NGOs Cleaned up the Global Diamond Industry*, Farnham：Ashgate, 2010.

② ［美］玛格丽特·E. 凯克、凯瑟琳·辛金克：《超越国界的活动家：国际政治中的倡议网络》（韩召颖、孙英丽译），北京大学出版社 2005 年版。

③ Smillie, "Blood Diamonds and Non-State Actors", *Vanderbilt Journal of Transnational Law*, 46 (4), Oct. , 2003, p. 1003-1023.

11

哪里。

（二）"金伯利进程"制度的有效性

比尔利著作的第二部分分析指出，"金伯利进程"中由政府、公司和市民社会共同组成的三方（tripartite）协调机制是"血钻"得以有效治理的重要制度设计[①]。格兰特（Grant）、伊恩·泰勒（Ian Taylor）和瓦恩特鲁（Winetroub）也认可三方合作机制的重要性，认为成员国政府、钻石行业以及市民社会涵盖了"冲突钻石"涉及的主要人群，三方协调机制保证了制度的灵活性和有效性[②]。然而，由"资源诅咒"议题的三大利益相关者——政府、公司和市民社会组成的三方协调机制广泛存在于各类"资源诅咒"的全球治理行动中，如本书第七章提到的采掘业透明度行动计划。三方合作是必要的，但无法充分说明为什么"金伯利进程"会优于其他全球治理行动，它作为一项国际制度为"冲突钻石"量身打造了怎样的具体措施，使该问题得到了迅速而高效的治理。也就是说，上述几位学者的研究没有将"冲突钻石"的全球治理状况放在整个"资源诅咒"问题群中进行观察，因而没有发现三方合作机制并非"金伯利进程"的独有设计，没能抓住"金伯利进程"

[①]　Bieri，*"From Blood Diamonds to the Kimberley Process"*．

[②]　J. Andrew Grant and Ian Taylor，"Global Governance and Conflict Diamonds：The Kimberley Process and the Quest for Clean Gems"，*The Round Table*，93（375），Jul.，2004，p. 385-401；Andrew H. Winetroub，"A Diamond Scheme is Forever Lost：The Kimberley Process's Deteriorating Tripartite Structure and its Consequences for the Scheme's Survival"，*Indiana Journal of Global Legal Studies*，20（2），2013，p. 1425-1444.

制度设计中真正切中议题要害、使进程的三方合作机制治理效果明显优于其他"资源诅咒"三方合作机制的高明之处。

有学者将公私伙伴关系（Public - Private Partnerships，PPPs）套用于"金伯利进程"，认为进程的成功归结于该制度在不反对公司正常商业活动的前提下，开展了政府与企业行为者的有效合作，证书制度保护主要钻石开采和贸易公司的利益胜过保护"道德钻石"①。然而，公私伙伴关系的规则过于强调服务商业本身的利益、增加商业权力，而非普通大众的福利，用这一视角分析"金伯利进程"只反映了部分现实，忽视了市民社会及规范的作用；进程中包含更广泛的国际责任、市民社会参与、崇高的道德规范社会化（socialization）和社会学习过程，钻石业也是被社会化的对象之一②。"金伯利进程"不是通过政府与公司之间的利益交换与合作才推动"冲突钻石"问题的解决的。

在具体措施方面，有学者提出了"金伯利进程"是最值得推广的成功经验。哈林顿（Harrington）认为，针对"冲突钻石"的"金伯利证书"应在整个珠宝界推广③。沙依贝尔

---

① Leo C. Zulu and Sigismond A. Wilson, "Sociospatial Geographies of Civil War in Sierra Leone and the New Global Diamond Order: Is the Kimberley Process the Panacea?", *Environment and Planning C: Government and Policy*, 27 (6), Dec., 2009, p. 1107-1130.

② Carola Kantz, "The Power of Socialization: Engaging the Diamond Industry in the Kimberley Process", *Business and Politics*, 9 (3), Dec., 2007, p. 1-20.

③ Alexandra R. Harrington, "Faceting the Future: the Need for and Proposal of the Adoption of a Kimberley Process-styled Legitimacy Certification System for the Global Gemstone Market", *Transnational Law & Contemporary Problems*, 18 (18), 2009.

（Scheiber）主张，采掘业透明度行动计划要进一步学习"金伯利进程"的收入监测机制①。沃利斯（Wallis）提出，联合国在推动跨国公司人权规范的过程中应向"金伯利进程"学习，建立采矿数据库②。但上述研究只着眼于"金伯利进程"某一个细节层面的优点，缺乏对进程整个动态过程各阶段经验及教训的总结，整体性和系统性不强。

（三）"金伯利进程"的争议及展望

关于"金伯利进程"所遭遇的治理范围扩大争议，一类学者表示当然应该扩大，并不存在所谓争议，目前有限的治理范围是进程的缺陷之一。卡伦（Cullen）认为，进程对津巴布韦人权问题的处理不当，在包括人权在内的议题扩大问题上存在不足，并对制度未来心存疑惑③。古奇（Gooch）指出，应将"金伯利进程"的认证范围扩展到对社会产生威胁的非法钻石④。祖鲁（Zulu）、威尔逊（Wilson）和尼古拉斯

---

① Christine Scheiber, *Policy Brief for Revenue Watch: What Lessons Can the Extractive Industries Transparency Initiative Learn from the Kimberley Process Certificate Scheme?* Center on Democracy, Development and the Rule of Law, Stanford: Stanford University, 2006.

② Ann C. Wallis, "Data Mining: Lessons from the Kimberley Process for the United Nations' Development of Human Rights Norms for Transnational Corporations", *Northwestern Journal of International Human Rights*, 4 (2), Fall, 2005.

③ Holly Cullen, "Is There a Future for the Kimberley Process Certification Scheme for Conflict Diamonds?", *Macquarie Law Journal*, 12, 2013, p. 61–79.

④ Tina Muscarella Gooch, "Conflict Diamonds or Illicit Diamonds: Should the Difference Matter to the Kimberley Process Certification Scheme?", *Natural Resources Journal*, 48 (1), 2008, p. 189–214.

（Nichols）明确提出应加入人权议题①。然而，扩大议题范围的建议是有问题的，笔者将结合"资源诅咒"问题的特点，以及有关"金伯利进程"产生和发挥作用的理论来进行反驳。

在其他关于制度未来的展望方面，德诺维奇（Durnovich）认为，加强个人财产权是修补"金伯利进程"和推动撒哈拉沙漠以南非洲发展的关键②。瓦恩特鲁认为，必须提高市民社会在进程内部的地位③。休斯（Hughes）指出，进程目前的认证技术只限于粗金刚石，未来应加强对切割和抛光后的钻石的监督④。上述学者都相对关注政策细节和具体问题的改进，本书试图暂时放下制度化形式的种种微观问题，从更为宏观抽象的角度进行展望：强调责任意识和共同体治理模式在未来"冲突钻石"全球治理中的作用，以作为"金伯利进程"制度化形式的重要补充。

目前尚未发现将"金伯利进程"的过去（创建过程）、现在（成效及争议）和未来（展望及建议）三阶段有机结合起

① Zulu and Wilson, "Sociospatial Geographies of Civil War in Sierra Leone and the New Global Diamond Order", p. 1107-1130; Julie Elizabeth Nichols, "A Conflict of Diamonds: the Kimberley Process and Zimbabwe's Marange Diamond Fields", *Denv. J. Int' l L. & Pol' y*, 40 (4), 2012, p. 648-685.

② John Michael Durnovich, "This Land is My Land: Mending the Kimberley Process and Promoting Stability in Sub-Saharan Africa by Reinforcing Individual Property Rights", *N. C. J. INT'L L. &COM. REG.*, 39, 2014, p. 885-926.

③ Winetroub, "A Diamond Scheme is Forever Lost: The Kimberley Process's Deteriorating Tripartite Structure and its Consequences for the Scheme's Survival", *Indiana Journal of Global Legal Studies*, 20 (2), 2013, p. 1425-1444.

④ Tim Hughes, "Conflict Diamonds and the Kimberley Process: Mission Accomplished Or Mission Impossible?", *South African Journal of International Affairs*, 13 (2), Winter / Spring, 2006, p. 128.

来的研究，也缺乏对"金伯利进程"在整个"资源诅咒"治理领域的借鉴作用的研究。本书用声誉解释制度产生、从制度设计推导制度有效性、用"资源诅咒"问题的特点以及解释制度产生并发挥作用的理论来分析治理范围扩大的争议、以假设中的责任共同体（responsible community）展望制度未来，由此构建了"金伯利进程"作为国际制度如何保证"冲突钻石"得到有效治理的整个动态过程，并在"资源诅咒"领域进行扩展运用。

三、研究设计和全书结构

（一）研究设计

研究起于对事实的观察，本书首先梳理从"冲突钻石"到"金伯利进程"的整个过程，进而提炼出有关"金伯利进程"如何治理"冲突钻石"的四个理论观点。

观点一对应制度的过去："冲突钻石"利益相关者选择和推动"金伯利进程"的创立是为了自身的声誉建设，进程充当声誉载体（reputational vehicle）的角色而得以诞生。

观点二对应制度现在的成就："金伯利进程"的国际制度定位有助于"冲突钻石"问题的解决，其制度设计中的单一议题限制和合法贸易圈划定保证了制度的有效性。

观点三对应制度现在的争议："资源诅咒"问题的客观特点、制度的声誉载体角色及其具体设计必然导致制度发展到一定阶段面临治理范围扩大与否的争议，寻求与其他相关治理机制和国际组织的合作可能比扩大治理范围更具有可操作性。

观点四对应制度的未来："冲突钻石"利益相关者自身责

任与"冲突钻石"背后的道德伦理责任相匹配，再加上"金伯利进程"推动责任规范的进一步内化，两者的结合将有助于塑造一种全新的治理模式——一个以"冲突钻石"利益相关者为主体、针对"冲突钻石"的全球责任共同体。它将和"金伯利进程"的制度化形式一起，共同维持"冲突钻石"治理的长期效果。

将四个观点进行整合、提炼和延伸，本书构建了一个"资源诅咒"全球治理进程，而这个进程的核心就是国际制度，即本书的核心观点：**国际制度是当前"资源诅咒"全球治理模式中的有效形式。**

破解"资源诅咒"的国际制度进程可分为以下三步：（1）用声誉因素吸引利益相关者参与国际制度创建，制度充当各方的声誉载体；（2）制度设计中坚持单一议题和合法贸易圈，加强与其他相关治理机制和国际组织的合作，以应对到一定阶段必然会出现的治理范围扩大争议；（3）国际制度、利益相关者与议题的责任匹配共同促进以利益相关者为行为主体、针对该议题的责任共同体的形成，它将和国际制度一起，实现治理效果的长期化。

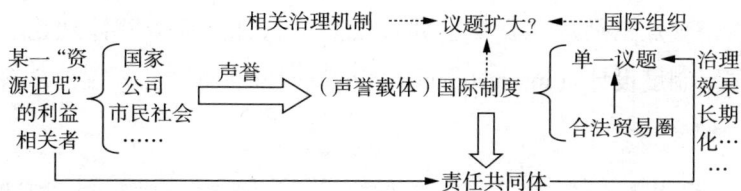

图1　以国际制度为核心的"资源诅咒"全球治理进程

按照斯蒂芬·沃尔特（Stephen Walt）的标准，理论的评价要看它的逻辑一致性、理论原创性和经验有效性[①]。从逻辑性上看，本书的核心理论以国际制度为主体，阐述了制度为什么能建立、如何发挥作用和应对争议以及制度未来的前景，这三点分别与国际制度的产生阶段、发展阶段和未来阶段在时间上相匹配，反映出各阶段最为突出和重要的特征。它们一脉相承，互相作用和影响，共同促进"资源诅咒"问题的解决。

从原创性上看，"资源诅咒"解决机制的传统研究未优先和深入思考过国际制度的重要性和有效性，本书的核心观点是比较独特的。

观点一将国际关系学中有关国家声誉的理论、经济学中有关公司声誉的理论和组织社会学中有关声誉载体的理论三者相融合，得出"国际制度充当声誉载体是制度得以产生的原因"这一结论，属于本学科国际制度产生的研究议程。

观点二首先基于对"冲突钻石"所属问题群——"资源诅咒"现象的梳理，对比"金伯利进程"与其他"资源诅咒"的全球治理现状，折射出以单一议题和合法贸易圈设计为特点的国际制度在处理此类问题上的优势。

观点三是从"资源诅咒"现象的特征、声誉载体理论和国际制度设计（international institutional design）三大视角来解

[①] M. Walt Stephen, "Rogor or Rogor Mortis? Rational Choice and Security Studies", in Michael E. Brown, Owen R. Cote, Jr. Sean M. Lynn-Jones, and Steven E. Miller, eds, *Rational Choice and Security Studies: Stephen Walt and Critics*, London: The MIT Press, 2000, p. 1-44.

18

释这一类型的国际制度发展到一定阶段必然会面临的治理范围扩大争议，并给出可行性建议。

观点四借用建构主义和组织社会学有关制度促进观念和规范内化的理论，并结合近年来兴起的对道德伦理议题的国际关切，以及议题利益相关者的责任行动（responsibility action），指出随着治理的深入，该议题会日益融入到各利益相关者的全球责任中去，并大胆设想一个针对单一议题的责任共同体作为一种新的全球治理模式，和国际制度一起，共同维持单一"资源诅咒"议题的长期治理效果。

应该说，本书的理论观点是在借鉴了相关学科的现有理论成果并结合"冲突钻石"全球治理事实的基础上总结和引申出来的。

从经验有效性上看，"冲突钻石"的治理经验可能适用于更大范围的"资源诅咒"问题的全球治理。本书将这一以国际制度为核心的"资源诅咒"全球治理三步走进程在采掘业透明度行动计划中进行了简单应用，得到了部分验证。理论的普遍意义和有效性还有待未来的进一步检验。

（二）本书结构

除第一章前言和第九章结论外，本书主体可分为三部分，共7章。第二、三章追踪了整个案例，回顾和梳理了"金伯利进程"制度建立和成功治理"冲突钻石"的过程；第四至七章是理论分析部分，从"金伯利进程"个案归纳得出"资源诅咒"领域全球治理的普遍性经验，其中第四章解释"金伯利进程"过去得以建立的原因，第五章探讨目前保证进程发挥作用的内在机制，第六章对制度现存最大争议进行描述、解释并给出建议，第七章从责任规范和共同体治理模式的角度对制度未来及"冲突钻石"治理前景进行展望；第八章是普遍性理论在另一个"资源诅咒"案例中的简单应用。

第二章首先描述"冲突钻石"这一客观现象，包括它的定义、表现、危害和内幕等；然后回顾自1998年起各国际行为体开展的具有针对性的全球治理活动，以"金伯利进程国际证书制度"（Kimberley Process Certification Scheme，KPCS）的建立作为治理进入国际制度阶段的标志。

第三章介绍"金伯利进程"2003年以来的措施及成效，包括治理范围的设定及相应的认证程序、合法贸易圈框架下的各种配套措施等是如何改善各国钻石业状况的，因而在短短几年内有效遏制"冲突钻石"国际流通的。

第四章根据第二章的事实——从"冲突钻石"到"金伯利进程"的诞生，分析得出"制度充当声誉载体是制度得以产生的原因"这一观点，借鉴了有关国家声誉、公司声誉和社会组织声誉等方面的理论，建构了有关"冲突钻石"议题的声誉结构。

第五章基于第三章的事实——"金伯利进程"的成就，将"冲突钻石"议题扩大至"资源诅咒"领域，通过对比"冲突钻石"与其他"资源诅咒"类型、"金伯利进程"与其他"资源诅咒"全球治理现状，得出国际制度在规避"资源诅咒"方面的优势，并强调单一议题与合法贸易圈设计的重要性。

第六章介绍自2008年津巴布韦钻石开采被指控侵犯人权以来，"金伯利进程"如何陷入了"是否该扩大治理范围"的争议，用第四、五章中的理论——"资源诅咒"现象特征、声誉载体理论和国际制度设计解释进程为何会陷入争议，并给出如下建议：制度本身不应随意扩大治理范围，加强与其他相关治理机制和国际组织的合作是更为合理的途径。

第七章从宏观角度对制度未来和"冲突钻石"治理前景进行展望，构建一个虚拟的以"冲突钻石"利益相关者为主体、针对"冲突钻石"的责任共同体，作为区别于"金伯利进程"的非制度化新治理模式，在未来"冲突钻石"治理效果的长期维持中发挥作用。

第八章是对理论的简单应用，用声誉载体、单一议题和合法贸易圈的国际制度设计以及责任共同体三者构成的动态式、进化式治理进程来分析另一项针对"资源诅咒"的国际制度——采掘业透明度行动计划的产生、成效与争议、不足与未来等。

四、研究方法和创新及不足之处

（一）研究方法

面对研究的目的、性质、对象和任务的不同，就必然有一个方法选择问题①。考虑到本书的研究领域和理论成果兼具理性主义和建构主义的特点，全书采用如下研究方法：

1. 过程追踪法②与归纳法的结合

为了在"资源诅咒"全球治理这个复杂的、较难把握的

---

① 张铭等：《政治学方法论》，苏州大学出版社 2003 年版，第 9 页。

② Alexander L. George and Andrew Bennett, *Case Studies and Theory Development in the Social Sciences*, Cambridge, MA: The MIT Press, 2005, p. 133.

国际事件中理清"如何"以及"为何"等问题①，本书首先对"冲突钻石"这一最为成功的治理领域进行全过程追踪。这属于案例内观察，其本质是描述事件序列和结构，并附之以行为者解释其自身行为原因的证词②。通过对"冲突钻石"现象、早期全球治理尝试、"金伯利进程"建立和发展等各环节的回顾，可以感受到事件发展的因果性、连贯性和必然性，并由此归纳出抽象的理论观点。"如果我们要理解为什么有些事会发生或是希望控制某些事件的出现，就必须简化对现实生活的感知，找到其中的规律"③，因此归纳法是在完成针对事实的过程追踪后的必然选择。过程追踪与归纳法的结合意味着在观察事实前，我们无法预知可能归纳出的结论，理论观点的获得完全基于对过程的追踪。这两种研究方法的结合比较适用于无法进行精确演绎验证的社会科学领域。

2. 比较法

过程预言通常是独特的，需要考察"外部"案例（outlier cases）以发现预言与观察之间是否一致④，这就需要用比较来擦亮制度的眼睛⑤——展现国际制度的比较优势。本书第四章

———————

① 陈猛、翟石磊：《近年来德国智库对中非经贸关系的评论及其启示》，载《德国研究》2013 年第 4 期，第 73 页。

② ［美］斯蒂芬·范埃弗拉：《政治学研究方法指南》（陈琪译），北京大学出版社 2006 年版，第 60 页。

③ ［美］W. 菲利普斯·夏夫丽：《政治科学研究方法》（新知译），上海人民出版社 2006 年版，第 2 页。

④ ［美］斯蒂芬·范埃弗拉：《政治学研究方法指南》（陈琪译），北京大学出版社 2006 年版，第 21、62、64 页。

⑤ 曹沛霖：《制度纵横谈》，人民出版社 2005 年版，第 4 页。

阐述制度的优越性时采用了多处比较，如形成国际制度的
"冲突钻石"领域与未形成国际制度的"肮脏黄金"（Dirty
Gold，DG）领域的全球治理效果对比，设置单一议题国际制
度的"冲突钻石"领域与未设置单一议题国际制度的"石油
诅咒"（Oil Curse，OC）领域的全球治理效果对比，划定合法
贸易圈的"冲突钻石"领域与未划定合法贸易圈的"冲突矿
物"（Conflict Minerals，CM）领域的全球治理效果对比等。在
第七章理论应用部分，将采掘业透明度行动计划与"金伯利
进程"就整个全球治理进程及其成效分三阶段进行一一比对，
检验理论的适用性。

（二）创新点及不足之处

本书的创新点在于，将经济学的"资源诅咒"理论与国
际关系学科的国际制度理论相结合，用国际制度突破"资源
诅咒"；在应用本学科有关非政府组织、国际制度、国家声誉
和国家责任等理论的同时，借用经济学有关公司声誉和公司责
任的研究成果，社会学有关组织声誉和共同体的相关结论，构
建了一个从声誉载体到国际制度，再到责任共同体的三阶段进
化式、叠加式"资源诅咒"全球治理进程。

本书的不足之处在于，其一，驾驭各学科观点的能力不
足，本书借用多学科有关声誉、责任和共同体等概念，用来建
构自己的声誉载体和责任共同体结构，其融合略显生硬；其
二，责任共同体这一概念缺乏足够的理论支撑和事实论证，多
体现为笔者的想象和良好愿望；其三，面对整个纷繁复杂的
"资源诅咒"问题群，本书的案例选择显然不够丰富和全面，
理论说服力和普适性有待提高；其四，国外有关"金伯利进

程"和采掘业透明度行动计划等的研究成果往往包含大量对机构代表、政府官员和行业员工的第一手采访资料，作为诠释其理论观点的重要文本，而这种资料正是本书最为欠缺的地方；其五，全书在部分术语的译法、英文长短句翻译、全书用词的统一性等方面还存在不足。

第二章 从"冲突钻石"
到"金伯利进程"建立

目前，全世界公认的得到最大程度治理的"资源诅咒"问题，就是"冲突钻石"。本章追踪作为一种多年来司空见惯的现象，"冲突钻石"是如何引起全球重视和利益相关者的离散（discrete）治理，直至最终建立统一的全球治理框架——"金伯利进程"制度的。

第一节 "冲突钻石"

2000 年 12 月 1 日，联合国大会决议（*United Nations General Assembly Resolution*，UNGAR）（A/RES/55/56）将"冲突钻石"① 定义为"产自那些与国际公认的合法政府对立的部队或派别控制地区的钻石，被用来资助反对政府或违反联合国

① "冲突钻石"又名"叛军钻石""战争钻石（War Diamonds）""肮脏钻石（Dirty Diamonds）""血腥钻石""滴血钻石""流血钻石""鲜血钻石""血钻石"或"血钻"。

安理会决定的军事行动"①。至此，"冲突钻石"正式成为一个国际公认的法律术语。

天然宝石级钻石原石②的全球年开采和贸易总价值近90亿美元，在治理之前，"冲突钻石"所占比例（钻石行业估计）是4%，英美政府则认为要高一些，但一般来说不超过20%③。

有着战争货币（currency of war）④之称的"冲突钻石"会引发、加重和延续⑤公民战争。在一些处于战乱状态的产钻国，为了对抗合法政府，反政府武装或其同盟者常常非法占据钻石矿，开采、走私并在国际黑市上贩卖钻石，用所得利润跟国际不法军火商⑥换军火（尤其是轻型武器和弹药），或者直接用钻石换军火，从而进一步扩大地盘和武装力量，继续攻击政府、滥杀无辜，致使血腥冲突和内战愈演愈烈。

① UN网站：《联合国大会通过关于"冲突钻石"的决议》，http：//www. un. org/chinese/peace/africa/Diamond. html.

② 金刚石是钻石原石（又名毛坯钻石、毛坯钻、毛钻、钻坯、粗钻石、粗金刚石、原产钻石、未加工钻石，rough diamonds，primary diamonds）的矿物名称，钻石是指经过琢磨（polish）的金刚石。钻石按用途分，有工业级和宝石级（也称宝石质量 gem-quality 钻）；按来源分，有天然钻石和人造钻石。除特殊说明外，本书出现的钻石均指用来制作钻饰的天然宝石级钻石原石。

③ Bieri, "*From Blood Diamonds to the Kimberley Process*", p. 1.

④ Smillie, "Of Judgement and Cunning Work：Conflict Diamonds and the Implications for Canada", *International Journal*, 56（4），Autumn, 2001, p. 579.

⑤ Paul Orogun, "Blood Diamonds and Africa's Armed Conflicts in the Post-Cold War Era", *World Affairs*, 166（3），Winter, 2004, p. 151-161.

⑥ Greg Campbell, *Blood Diamond：Tracing the Deadly Path of the World's Most Precious Stones*, Boulder：Westview Press, 2002, p. 59-78.

一、"冲突钻石"受害者

位于非洲中、南、西部的博茨瓦纳、刚果（金）、南非、安哥拉、纳米比亚、加纳、中非、几内亚、科特迪瓦、利比里亚、塞拉利昂、坦桑尼亚、刚果（布）和津巴布韦等国的粗钻石年产量占世界65%，全球毛坯钻石有80%以上来自非洲[①]。然而，这片大陆出产钻石的大部分国家并没有享受到富饶资源带来的普遍福祉，那里的钻石总是与冲突、战争、杀戮、种族灭绝、孤儿、肢体残缺和难民等字眼联系在一起，甚至被称为"魔鬼"。有一句非洲俗语这样说道："如果你想活得长久，千万别碰钻石！"（If you want long life, never touch the diamond!）百余年的非洲钻石开采历程就是一部"血钻史"。

20世纪90年代至21世纪初，最为惨烈的"钻石战争"发生在安哥拉、刚果（金）和塞拉利昂。三国的共同点是：（1）化学性质稳定、小粒高值、易转移的钻石在本国储量丰富，常作为洗钱的工具，"在许多情况下比金钱还好用"[②]；（2）本国钻石多位于易开采、难管理的冲积砂矿（alluvial

---

① SONA 中国网：《产地分布》，http：//www. sonadiamond. com. cn/chandi. html.

② 安德鲁·寇本（Andrew Cockburn）：《钻石的真相》，载《国家地理杂志（中文版）》2002 年 3 月号，第 20 页。

mine)，方便叛乱分子攫取①；（3）拥有一个动荡的政局。

（一）安哥拉

"钻石是安哥拉的诅咒。没有钻石，战事不会持续这么久。"② 该国钻石年开采量近500万克拉，占全球5%，拥有高达80%的宝石质量钻，是世界第七大钻石生产国。20 世纪 90 年代，安哥拉人民解放运动（"安人运"，Movimento Popular de Libertação de Angola，MPLA）领导的政府军和若纳斯·萨文比（Jonas Savimbi）领导的反政府武装安哥拉彻底独立全国联盟（"安盟"，Uniao Nacional Para Independência Total de Angola，UNITA，音译为"尤尼达"），为控制该国钻石矿而战乱不止③。1992 年，萨文比占据了富藏钻石的宽果河（Kwango River）流域并在之后的 7 年持续控制钻石产量占全国四分之三的南隆达省（Lunda Sul）和北隆达省（Lunda Norte）④。

① 详见 Richard Snyder and Ravi Bhavnani，"Diamonds，Blood，and Taxes：A Revenue-Centered Framework for Explaining Political Order"，*The Journal of Conflict Resolution*，49（4），Aug.，2005，p. 563-597；Ross，"What Do We Know about Natural Resources and Civil War?"，*Journal of Peace Research*，41（3），May，2004，p. 337-356；"Oil，Drugs，and Diamonds：The Varying Roles of Natural Resources in Civil War"，in Karen Ballentine and Jake Sherman eds.，*The Political Economy of Armed Conflict：Beyond Greed and Grievance*，Boulder，CO：Lynne Rienner，2003；Halvard Buhaug and Scott Gates，"The Geography of Civil War"，*Journal of Peace Research*，39（4），2002，p. 417-433.
② 安德鲁·寇本：《钻石的真相》，载《国家地理杂志（中文版）》2002 年 3 月号，第 28 页。
③ ［美］迈克尔·T. 克莱尔：《资源战争：全球冲突的新场景》（童新耕、之也译），上海译文出版社 2002 年版，第 199 页。
④ ［英］马丁·梅雷迪斯：《非洲国：五十年独立史》（亚明译），世界知识出版社 2011 年版，第 545 页。

2002 年初，萨文比战死，内战结束，约 150 万人丧生。战乱中的安哥拉，通货膨胀率达 3000%，国民平均寿命只有 48 岁。联合国儿童基金会（United Nations Children's Fund，UNICEF）指出："对孩子来说，安哥拉是世界上最糟糕的地方。"①

规模最大达 6 万人的"安盟"雇用了约 15 万名半奴隶矿工为其劳动，向为"德比尔斯公司工作的采购商出售钻石"②，年均获利 5 亿美元。丰厚的收入足以使它们从前东欧集团国家购买大量坦克、防空系统和其他轻型装备，一个矿每月 800 万美元的产值在黑市等于 16 万支 AK–47 步枪或 250 万颗地雷③。

（二）刚果民主共和国

刚果民主共和国简称民主刚果、刚果（金），年产钻石 2000 万克拉，约占全球 19%，是世界第三大钻石生产国。1996 年，由钻石起家的洛朗·卡比拉（Laurent Kabila）领导刚果解放民主力量同盟（Alliance des Forces Démocratiques pour la Libération du Congo–Zaïre，AFDL）与蒙博托（Mobutu）领导的政府军开战，并于第二年夺取政权。由于利益分配不均，1998 年 8 月，新内战爆发，并引发津巴布韦、安哥拉、纳米比亚、苏丹、乍得、卢旺达和乌干达等至少 9 个非洲国家和

---

① 解弋：《国际社会开始抵制非法钻石》，载《文汇报》2000 年 7 月 10 日，http：//www. people. com. cn/GB/channel2/17/20000710/138217. html.

② ［美］迈克尔·T. 克莱尔：《资源战争：全球冲突的新场景》（童新耕、之也译），上海译文出版社 2002 年版，第 199—200 页。

③ Steven Wu, "Dying for Diamonds：Diamonds, Africa, and War", *Harvard International Review*, 22（4）, Winter, 2001, p. 6.

20 余个武装集团的军事介入，随即演变成为近几十年来非洲规模最大的地区武装冲突，甚至被称为"非洲的第一次世界大战"。在 1996 年内战爆发至 1999 年 7 月停火期间，约 250 万平民死亡，100 万人伤残，40 万人沦为难民。

战争期间，卢旺达和乌干达乘机占据刚果（金）部分钻石产区，大肆攫取钻石和黄金等自然资源。2000 年五六月间，为控制非法钻石（illicit diamond）和黄金交易中心基桑加尼（Kisangani），卢、乌两国曾三度交火①。美国以与卡比拉签署控制区内数个采矿合同为条件支持卡比拉推翻蒙博托。为保住政府在东开赛省（Province du Kasaï oriental）省会姆布基马伊（Mbuji-Mayi）的钻石矿，卡比拉拉拢津巴布韦，条件是由几家与津军政界关系密切的公司获得开采权。

（三）塞拉利昂

纪录片《哭泣的弗里敦》（*Cry Freetown*）导演索里沃斯·萨姆拉（Sorious Samura）曾说过：我们国家的大多数财富来自人们所不熟悉的东西。它们应该是福祉，却成了诅咒。它们撕裂了整个国家，让塞拉利昂陷入血腥内战，因为谁掌握了它们就掌握了整个国家。它们就是钻石②。

塞拉利昂（又称狮子山）素有"钻石之国"的美誉，在

---

① ［英］马丁·梅雷迪斯：《非洲国：五十年独立史》（亚明译），世界知识出版社 2011 年版，第 489 页。

② Greg Campbell, *Blood Diamond*: *Tracing the Deadly Path of the World's Most Precious Stones*, Boulder: Westview Press, 2002, p. 79.

20世纪90年代初年产的35万克拉钻石中大都是宝石级①。然而,自20世纪30年代英国地理学家波莱特(Pollett)首次在塞国丛林中发现钻石起②,这个国家就陷入了可怕的"钻石诅咒"。首都弗里敦的一位律师德斯蒙德·卢克(Desmond Luke)说:"若是没有钻石的话,这个国家是不会堕入今天这种状态的。"③

1991年3月23日,靠钻石发家的前陆军下士福迪·桑科(Foday Sankoh)领导的反政府集团革命联合阵线("联阵",Revolutionary United Front,RUF)从利比里亚进入塞国内部,攻占了科诺(Kono)和通戈(Tongo)等两个最大的钻石矿区;到1995年,"联阵"控制了全国几乎所有主要的钻石矿区,每年非法出口22.5万克拉钻石,获利2亿多美元④。塞国当时的官方统计显示,本国钻石年产量的99%都流到了国外,且大部分是被走私出境的⑤。"联阵"因此得以壮大,其正规作战部队鼎盛时期达4万多人。1999年1月,该集团发动新一轮攻击;7月停火,但他们仍然控制着矿区,半年内非法开

---

① 人民网:《塞拉利昂战祸皆由钻石起》,2000-07-05,http://www.people.com.cn/GB/channel2/18/20000705/131204.html.

② Greg Campbell, *Blood Diamond: Tracing the Deadly Path of the World's Most Precious Stones*, Boulder: Westview Press, 2002, p. 9.

③ [英]马丁·梅雷迪斯:《非洲国:五十年独立史》(亚明译),世界知识出版社2011年版,第511—512页。

④ 人民网:《塞拉利昂战祸皆由钻石起》,2000-07-05,http://www.people.com.cn/GB/channel2/18/20000705/131204.html.

⑤ 新浪网:《战争钻石:猩红的血色浪漫》,2007-01-23,http://bj.sina.com.cn/t/2007-01-23/1035122269.shtml.

采和走私的钻石达 2000 多颗①。2000 年初，由于联合国（United Nations，UN）1.3 万名维和人员进入"联阵"原先控制的钻石产地，桑科再一次发动战争②，并多次袭击联合国驻塞维和部队营地，甚至将 500 余名维和人员掳为人质。英国随即派出 800 名伞兵活捉了桑科，促使"联阵"分批释放了被扣人质③。2002 年 1 月 18 日，塞拉利昂内战结束，战争共导致 7.5 万余人遇难，2 万人落下肢体残疾，约 200 万人流离失所④。联合国的一份报告显示，在人类发展方面，塞拉利昂已在全世界各国中排列最末位置⑤。

"联阵"的"血钻"大多在小城肯尼马（Kenema）被交与利比里亚人⑥，再从利比里亚经黎巴嫩商人倒卖给欧洲掮客，由他们带至疏于管理的"世界钻石之都"安特卫普（Antwerp）钻石交易市场⑦。另一条线路是将钻石卖给走私商，由后者运至邻国几内亚首都科纳克里（Conakry）。在那

---

① 叶兴增：《勇闯塞国战区》，2000-05-07，http：//www. people. com. cn/GB/channel2/17/20000705/131390. html.

② ［美］迈克尔·T. 克莱尔：《资源战争：全球冲突的新场景》（童新耕、之也译），上海译文出版社 2002 年版，第 210 页。

③ 人民网：《获救联合国驻塞维和人员安抵基地》，2000-07-17，http：//www. people. com. cn/GB/channel2/17/20000717/147516. html.

④ Crimes of War 网站：www. crimesofwar. org.

⑤ ［英］马丁·梅雷迪斯：《非洲国：五十年独立史》（亚明译），世界知识出版社 2011 年版，第 517 页。

⑥ 1997 年以前，利比亚货币与美元挂钩，是硬通货币，而塞拉利昂货币疲软，不具有国际流通价值，这是"联阵""血钻"走私至利比里亚的原因之一。参见 Campbell，*Blood Diamond*，p. 22.

⑦ Greg Campbell，*Blood Diamond：Tracing the Deadly Path of the World's Most Precious Stones*，Boulder：Westview Press，2002，p. 26.

里，只需稍加贿赂就可使"血钻"顺利通过海关查验并获得原产于几内亚的合法证书，再由几内亚出口至比利时或直接从几内亚走私出境。"血钻"随后被运往印度，加工完成后再返回比利时。印度的孟买（Bombay）和苏拉特（Surate）就这样成为全球最大的钻石加工中心①。另据联合国调查，冈比亚的曼丁哥人（Mandingo）也参与了"联阵"钻石走私，该国出口的钻石中约90%来自塞拉利昂②。还有西方媒体称，利比里亚和布基纳法索不仅提供武器，还组织了一支以两国士兵为主的雇佣军帮助"联阵"作战。他们因此获得了在"联阵"控制矿区采挖钻石的权利③。

（四）非洲以外的地区

原产国的"冲突钻石"问题还威胁到了世界其他地区的和平与安全。有资料显示，1970—1980年的黎巴嫩内战双方都接受了在塞拉利昂的黎巴嫩钻石商人的资助④。据国外媒体报道，为躲避国际刑警组织（International Criminal Police Organization，Interpol）和美国情报机关的金融封锁，本·拉登（Ben Laden）领导的"基地"组织（AL-Qaeda）曾在"9·11事件"前多次从塞拉利昂等西非国家的不法分子手中将资产

---

① ［美］格雷格·坎贝尔：《血腥钻石》（梅琼译），东方出版社2003年版，第45页。

② ［美］格雷格·坎贝尔：《血腥钻石》（梅琼译），东方出版社2003年版，第61页。

③ 解弋：《国际社会开始抵制非法钻石》，载《文汇报》2000年7月10日，http://www.people.com.cn/GB/channel2/17/20000710/138217.html.

④ 安德鲁·寇本：《钻石的真相》，载《国家地理杂志（中文版）》2002年3月号，第22页。

转换成钻石，低价购得价值超过 2000 万美元的钻石原石①。另据某欧洲情报部门的消息，中东的真主党（Hezbollah）恐怖组织也参与了"血钻"交易②。据联合国统计，非洲境内的"钻石战争"已造成塞拉利昂、安哥拉、刚果（金）、利比里亚、科特迪瓦、刚果（布）和中非等国 650 万难民潮。他们四处流窜，成了整个非洲乃至欧洲、中东等地区的不安定因素，被视为自第二次世界大战以来最严重的人道危机③。

二、"冲突钻石"受益者

钻石的非法开采者、中间商、走私犯④、批发商、贸易商、切割商、加工商、销售商和珠宝商等产业链各环节从业者，与国际军火走私商、不法金融人士、跨国犯罪分子和恐怖

---

① Michael Maggi，"The Currency of Terrorism：an Alternative Way to Combat Terrorism and End the Trade of Conflict Diamonds"，*PACE INT'L L. REV.*，15，2003，p. 513–545.

② Greg Campbell，*Blood Diamond：Tracing the Deadly Path of the World's Most Precious Stones*，Boulder：Westview Press，2002，p. 183–202.

③ "Environment News Service"，*UN Backs Scheme to Block Blood Diamond Trade*，Apr. 15，2003，http：//www. globalpolicy. org/component/content/article/182/33834. html；Philippe Le Billon，"Diamond Wars？Conflict Diamonds and Geographies of Resource Wars"，*Annals of the Association of American Geographers*，98（2），Jun.，2008，p. 345–372.

④ Joseph Hummel，"Diamonds Are a Smuggler's Best Friend：Regulation，Economics，and Enforcement in the Global Effort to Curb the Trade in Conflict Diamonds"，*The International Lawyer*，41（4），Dec.，2007，p. 1145–1169.

集团等相勾结，组成了一张秘密的获利网络①。

塞拉利昂"联阵"的出价，往往是原钻正常价格的十分之一，这吸引了大量不法商人、企业财团和军火商。一个颇具讽刺意味的事件是，英国钻石业名人、曾在海关署钻石评估委员会工作达 11 年之久的罗登伯格（Rotenberg），在价值 18.4 万美元的走私钻石遭抢劫后没有报案；而后抢劫案告破，他被罚交了三年来把价值 200 万美元的钻石从伦敦（London）走私至比利时的税金②。敌对珠宝商间的竞夺更是增加了"血钻"的销售机会，有时商人们还直接介入冲突。

美国著名记者格雷格·坎贝尔（Greg Campbell）指出："血钻"的长期存在应归因于国际钻石业的特殊结构，是戴比尔斯（又译德比尔斯，De Beers）贪婪、耍商业手腕的结果。在他看来，钻石业没有黑白之分，始终是"灰色"的③。业界龙头戴比尔斯、蒂芙尼（Tiffany & Co）和拉札·卡普兰国际（Lazare Kaplan International）等是"冲突钻石"黑市交易的最大获利者。一个名为"全球证人"的英国环保组织披露，包括戴比尔斯在内的世界钻石原石大批发商对"冲突钻石"的

---

① Ndumbe J. Anyu and Babalola Cole, "The Illicit Diamond Trade, Civil Conflicts, and Terrorism in Africa", *Mediterranean Quarterly*, 16 (2), Mar. , 2005, p. 52-65; Margo Kaplan, "Carats and Sticks: Pursuing War and Peace through the Diamond Trade", *New York University Journal of International Law and Politics*, 35 (5), Apr. , 2003, p. 559-617.

② ［美］格雷格·坎贝尔：《血腥钻石》（梅琼译），东方出版社 2003 年版，第 45 页。

③ Greg Campbell, *Blood Diamond: Tracing the Deadly Path of the World's Most Precious Stones*, Boulder: Westview Press, 2002, p. 35.

流通负有不可推卸的责任①。戴比尔斯于 20 世纪 90 年代的年度报告（至 1998 年），也为这种看法提供了赤裸裸的证据。他们曾沾沾自喜地提到公司成功地将萨文比贩卖的原石全部买进，避免了出现供过于求的情形②。

三、"冲突钻石"——一个国际政治经济学问题

钻石的经济价值总是与政治利益挂钩的，全球化背景下的"冲突钻石"已成为一个国际政治经济学（International Political Economy，IPE）问题，可以用政治经济学框架来分析③。

斯特兰奇（Strange）认为，政治经济学"是研究影响到全球生产、交换和分配体系，以及这些体系所反映出来的价值观念组合的社会、政治和经济安排"④。《牛津政治经济学手册》（*Oxford Handbook of Political Economy*）为"政治经济学"给出的定义是"经济学方法论用于政治行为和制度的分析"⑤。

① Lucinda Sanders，"Rich and Rare are the Gems they War：Holding De Beers Accountable for Trading Conflict Diamonds"，*Fordham International Law Journal*，24（4），2001，p. 1402-1476.

② 安德鲁·寇本：《钻石的真相》，载《国家地理杂志（中文版）》2002 年 3 月号，第 28 页。

③ Sumanth G. Reddy，Henry Doug，and Joseph R Oppong，"Conflict，Diamonds and the Political Economy of Instability in Africa"，*African Geographical Review*，2012，p. 51-66.

④ ［英］苏珊·斯特兰奇：《国家与市场》（杨宇光等译），上海人民出版社 2012 年版，第 13 页。

⑤ Barry Weingast and Donald Wittman eds.，"*The Oxford Handbook of Political Economy*"，Oxford：Oxford University Press，2006，p. 3.

吉尔平（Gilpin）指出，"政治经济学"就是研究由当代政治学和经济学的集中体现——国家和市场的相互作用而产生的一系列问题[①]，"全球的政治经济"就是市场和诸如国家、跨国公司和国际组织之类强有力的行为者之间的相互作用[②]。

国际政治经济学的研究议题包括：经济全球化给国家和地区带来的影响、世界经济的不平衡发展、欠发达国家的前途、跨国公司的角色和国际经济联盟的建立等[③]，这些议题都或多或少与"冲突钻石"有关。

钻石属于可贸易（tradable）、可耗竭（exhaustible）、不可再生（又称不可更新、非再生，nonrenewable）[④] 自然资源的一种。它储量有限，自然生成过程缓慢，未来将日益稀缺。从人类经济活动的基本特征来看，对稀缺资源的争夺将是未来社会不可避免的运动之一。钻石的可贸易性区别于水利资源、土地资源等非运输性资源，表现为出产区域与消费区域的不一

---

① ［美］罗伯特·吉尔平：《国际关系经济政治学》（杨宇光等译），上海人民出版社 2006 年版，第 7 页。

② ［美］罗伯特·吉尔平：《全球政治经济学：解读国际经济秩序》（杨宇光、杨炯译），上海人民出版社 2006 年版，第 13 页。

③ 相关文献可参见 Richard N. Cooper, *The Economics of Interdependence: Economic Policy in the Atlantic Community*, New York: McGraw-Hill, 1968；［美］威廉·阿瑟·刘易斯：《经济增长理论》（梁小民译），上海人民出版社 1994 年版；［英］苏珊·斯特兰奇：《国家与市场》（杨宇光等译），上海人民出版社 2012 年版；［美］吉尔平：《国际关系经济政治学》（杨宇光等译），上海人民出版社 2006 年版；［美］吉尔平：《跨国公司与美国霸权》（钟飞腾译、门洪华主编），东方出版社 2011 年版。

④ 这类自然资源很难再生或再生速度极为缓慢，参见 Harold Hotelling, "The Economics of Exhaustible Resources", *The Journal of Political Economy*, 39 (2), Apr., 1931, p. 137–175.

致，这决定了钻石作为商品在国内和全球经济网络中的流通性。随着经济全球化的发展，一国国内资源市场已成为国际资源市场的重要组成部分，且二者的联系日趋紧密①。所以说，钻石是一个国际化产业，属于国际经济学范畴。

1974年12月，第29届联合国大会（联大，United Nations General Assembly，UNGA）通过的《各国经济权利和义务宪章》（*Charter of Rights and Obligations of National Economies*）规定，资源的所有权永久属于国家。然而，在许多战乱绵延的非洲产钻国，钻石的所有权常常易主，政府、反政府武装、地方军阀、种族部落和外国势力等轮流占据矿区。钻石利润直接决定了国家内部及地区之间政治力量的此消彼长、国家财富的流向，影响国家和地区的和平与经济发展，关系到当地民众生活和矿区生态环境，乃至人类安全与可持续发展。所以，"冲突钻石"又是一个国际政治问题。

另外，与钻石有关的国内冲突和地区性冲突与跨国公司、现有国际政治经济秩序等不无关系。像英美资源集团（Anglo American plc）这样的世界级矿业资源巨头，巧妙利用殖民时期遗留和转化而来的国际贸易惯例和垄断机制，在过去一个世纪里控制了发展中国家的资源出口。"跨国公司在欠发达国家的直接投资可能而且已经对欠发达国家经济、政治和社会的发

---

① 吴靖平：《科学的资源开发模式：走出"资源诅咒"怪圈》，中共中央党校出版社2010年版，第148页。

展产生了不幸的效果。"① 而跨国公司的背后免不了有出于经济利益和资源战略考虑的母国政府的支持。钻石供应国国内力量、跨国公司及其母国、产业链上的其他从业者等行为体涉足"冲突钻石"的行为早已超出了经济范畴,而是对产钻国、非洲地区乃至全球的稳定、和平、反恐、发展、人道、环保和可持续发展等重大议题产生影响。因此,"冲突钻石"是一个国际政治经济学问题。

以上关于"冲突钻石"的现象描述和本质分析既提供了全球治理的事实背景和客观依据,也反映出消灭"血钻"的难度。正因为如此,人类随后展开的成功而高效的治理才值得啧啧称奇,本书对此将加以深入剖析。

第二节 "冲突钻石"全球治理的启动

本书梳理"冲突钻石"全球治理实践的基本思路是观察不同时间段主要利益相关者行为,包括:钻石的生产国、加工国、贸易国和消费国政府,联合国、世界贸易组织（World Trade Organization, WTO）等国际政府间组织（International Governmental Organization, IGO）,国际金融机构（International Financial Institution, IFI）,跨国公司、钻石行业团体和零售商等钻石产业链上的从业者,全球消费者,关注和平、发展、民

---

① ［美］吉尔平:《国际关系经济政治学》（杨宇光等译）,上海人民出版社2006年版,第228页。

主、人道、全球秩序和环境等议题的非政府组织、媒体、学术和教育机构及个人等①。

管理学意义上的利益相关者，是指组织外部环境中受组织决策和行动影响的任何相关者②。本书以问题为核心，将"冲突钻石"利益相关者定义为与"冲突钻石"问题有利害关系的个人、组织，包括受该问题影响（正面或负面）和有能力（积极或消极）影响该问题走向的个人和组织。

一、针对"冲突钻石"的早期活动

近几十年来兴起的非政府组织通常对反战、人道和可持续发展等全球道德伦理问题较为关注，并充当跨国倡议的先行者，这在钻石与冲突问题上也得到了证实③。另外，20 世纪末，部分非洲国家的战乱也引起了联合国的热切关注，一系列涉及钻石的制裁决议随之出台。

（一）非政府组织的曝光与呼吁

打响打击"冲突钻石"第一枪的是"全球证人"组织。基于自 1996 年起的调查，1998 年 12 月 1 日，该组织发布《野蛮的贸易》（*A Rough Trade*）一文，首次披露安哥拉"安盟"通过对毛坯钻石的非法控制和销售，获得了高达 37 亿美

---

① UN 网站：《联合国大会通过关于"冲突钻石"的决议》，http：//www. un. org/chinese/peace/africa/Diamond. html.

② ［美］斯蒂芬·P. 罗宾斯、玛丽·库尔特：《管理学》（李原、孙健敏、黄小勇译），中国人民大学出版社 2012 年版。

③ Smillie, "Blood Diamonds and Non-State Actors", *Vanderbilt Journal of Transnational Law*, 46（4），Oct. , 2003, p. 1003-1023.

元的战争资金；并指出"血钻"所占全球市场比例可能在10%～20%，年交易额达 80 亿美元[①]。1999 年 10 月 3 日，"全球证人"开始领导一个由 4 家欧洲非政府组织参与的小组，发起名为"致命交易"（Fatal Transactions）的公共意识运动，成员包括国际医疗（Medico International，德国）、荷兰南非学会（Netherlands Institute for Southern Africa，NISA）和 Novib 基金会（国际救援组织乐施会[②]的成员机构）。它们联合发表了一份《为阻止十亿美元钻石贸易向非洲冲突提供资金而发起的运动》的新闻稿，并进行了一场新闻公关运动。小组以新闻记者和珠宝零售商为目标，在珠宝盒内装入仿钻石戒指，并在标签上发布有关钻石行业对安哥拉和平前景产生负面影响的统计数字[③]。

总部位于渥太华（Ottawa）的"非洲加拿大伙伴组织"（Partnership Africa Canada，PAC）从 1999 年起关注塞拉利昂内战与钻石的关系，并于 2000 年 1 月 2 日发布《问题的中心》（*The Heart of the Matter*）一文，指出整个钻石行业和年销售额达 230 亿美元的全球钻石贸易中心安特卫普在该问题上的特殊角色，敦促比利时政府对本国一直处于私人机构管理下的钻石工业加强监督[④]。该组织还表示，利比里亚总统查尔斯·泰勒

---

① 林子璇：《吴淑珍、钻石、TIFFANY 密码》，载《新新闻周刊》2006 年第 1033 期，第 20 页。

② 又名牛津饥荒救济委员会（Oxford Committee for Famine Relief，Oxfam）。

③ Bieri，"*From Blood Diamonds to the Kimberley Process*"，p. 27.

④ Ian Smille，Lansana Gberie，and Ralph Hazleton，*The Heart of the Matter*，PAC，Ottawa，Canada，Jan. ，2000.

（Charles Taylor）已成功使利比里亚成为非法钻石的地区性通道，而这些犯罪活动与整个非洲的枪支买卖、毒品交易和洗钱活动密切相关①。因对"血钻"问题的前沿性关注，"非洲加拿大伙伴组织"和"全球证人"获得了 2003 年诺贝尔和平奖的联合提名②。

另有人权团体指责津巴布韦、刚果（布）和中非购买刚果（金）的原产钻石，为安哥拉和塞拉利昂的反政府军变相提供战争经费③。总部位于纽约（New York）的人权观察组织（又译人权监察站，Human Rights Watch，HRW）1994 年的《安哥拉报告》（*Angola Report*）曾披露戴比尔斯购买安哥拉"血钻"④。总部位于伦敦的"大赦国际"（Amnesty International，AI）指出，戴比尔斯与"联阵"开展"血钻"贸易⑤。据世界钻石委员会（又译世界钻石理事会、世界钻石咨询会、国际钻石委员会，World Diamond Congress，WDC）某发言人称，自 2000 年起，包括国际救援及慈善组织、总部位于美国加利福尼亚州（California）蒙诺维亚（Monrovia）的世界宣明会

① 解弋：《国际社会开始抵制非法钻石》，载《文汇报》2000 年 7 月 10 日，http：//www. people. com. cn/GB/channel2/17/20000710/138217. html.

② PAC 网站："PAC and the Kimberley Process：A History"，http：//www. pacweb. org/en/pac-and-the-kimberly-process.

③ 中国驻南非大使馆经济商务参赞处网站：《钻石产国汇集约堡 共同打击非法钻石交易》，2003 - 05 - 06，http：//za. mofcom. gov. cn/aarticle/jmxw/200305/20030500087751. html.

④ Bieri，"*From Blood Diamonds to the Kimberley Process*"，p. 20. 笔者注：但这通常不被认为是全球打击"血钻"的起点。

⑤ Bieri. *From Blood Diamonds to the Kimberley Process*，p. 5.

（World Vision，WV）在内的 150 多家国际非政府组织共同要
求建立禁止"血钻"交易的制度①。2000 年 2 月 14 日，它们
还在纽约蒂芙尼商店前首次举行抗议活动②。

（二）联合国安理会的正式决议

联合国安理会启动对安哥拉"安盟"的制裁要早于"全
球证人"的曝光，但因其制裁效果和国际关注度有限，通常
国际社会将"全球证人"奉为反"血钻"运动的先锋和领
导者。

表1　1998—2000 年联合国安理会通过的与"血钻"相关的决议③

决议时间	决议号	决议内容
1998 年 6 月 12 日和 24 日	第 1173 号、第 1176 号	禁止直接或间接从安哥拉进口没有安政府颁发原产地证书的任何钻石
1999 年 5 月	第 1237 号	设立一个独立专家小组，调查"安盟"违反安理会有关钻石资产等制裁的行为
2000 年 4 月 18 日	第 1295 号	根据该小组报告（S/2000/203），设立"监测机制"，就违反制裁一事收集其他有关情报并调查相关线索，以加强制裁"安盟"工作的执行

自 1998 年 6 月安理会对"安盟"施行制裁起，戴比尔斯

① 杨美萍：《好莱坞明星抵制"滴血钻石"》，载《新闻晚报》2007 年 1 月 14 日，http：//news. sina. com. cn/w/2007-01-14/123910996832s. shtml.

② Bieri，"*From Blood Diamonds to the Kimberley Process*"，p. 41.

③ UN 网站：《1946 年以来安理会通过的决议》，http：//www. un. org/zh/sc/ documents/resolutions/下相关网页，本表为作者自制。

集团决定只购买由安政府颁发原产地证书的合法钻石；1999年10月，由于证书存在伪造风险，集团决定全面停止购买安哥拉出产的钻石。"安盟"从一开始就拒绝与安理会合作，1998年7月1日，制裁生效，但在之后的几年里，"安盟"仍通过多哥、利比里亚和塞拉利昂等国顺利出口钻石。

二、"金伯利进程"倡议

非政府组织的早期活动将矛头直指部分"冲突钻石"利益相关者，给他们的利益和声誉带来了负面影响，并提出加强行业自律、国家监管和创立国际制度等建议；联合国针对"安盟""血钻"的制裁没有取得明显效果，这说明仅靠联合国的单方面行动是远远不够的。为了阻止"血钻"继续玷污全球正规市场，也为了避免出现消费者盲目抵制钻石产品的现象①，2000年5月11—12日，南非、博茨瓦纳和纳米比亚这三个最大的钻石出口国发起"金伯利进程"倡议（initiative）②，展开与英国、美国和比利时（三个最大的钻石

---

① 1999年11月，南非总统曼德拉（Mandela）表示："如果钻石遭到抵制，波扎那（博茨瓦纳）和纳米比亚的经济都会瓦解。"据世界钻石委员会一名发言人称："钻石工业每年为非洲经济带来超过800万美元收益，帮助在当地建立学校、医院，提供就业机会。"详见安德鲁·寇本：《钻石的真相》，载《国家地理杂志（中文版）》2002年3月号，第28页。

② 从2000年5月到2002年11月，"金伯利进程"只是一个国际倡议；在"金伯利进程国际证书制度"正式建立后，"金伯利进程"才成为国际制度，作为服务于证书制度的组织化进程。因此，本书提到的2002年11月之前的"金伯利进程"指的是这个国际倡议，2002年11月之后的"金伯利进程"指的是服务于证书制度的国际制度。

贸易国和消费国）的非正式对话①，并呼吁国际社会在此框架下通力合作，共同消灭"血钻"。"金伯利进程"致力于让钻石远离鲜血、战争与死亡，因此国际和平人士也把它称作"让钻石远离血腥"计划。

（一）"金伯利进程"会议

自进程启动到国际统一证书制度出台的近三年间，"金伯利进程"组织召开了多次包括世界上主要钻石供应国和进口国代表、行业精英和非政府组织成员在内的会议，探讨反"血钻"制度建设。

2000 年 9 月 4—5 日，纳米比亚矿产与能源部主持了一次由除塞拉利昂、刚果（金）和印度之外的所有主要钻石生产国、加工国、贸易国和消费国派出的 50 多位代表出席的会议。这是"金伯利进程"首次大规模部长级会议（Ministerial Conference），会上起草了一份内含工作组提议的文件和一项各国部长联合声明，以供比勒陀利亚（Pretoria）会议批准。在 19—21 日召开的南非比勒陀利亚部长级钻石会议（Ministeral Diamond Conference）上，主权国家、钻石行业和非政府组织三方最终确定了一份文件，在 10 月 25—26 日召开的为准备一项有关终止"血钻"贸易的联合国大会决议的伦敦政府间会议上提交；伦敦会议又制定了一份新文件，在随后 12 月 1 日的联大上提交讨论。2001 年 2 月 13—16 日，"金伯利进程"这一术语首次在纳米比亚首都温得和克（Windhoek）召开的 38 国政府会

---

① Bieri, "*From Blood Diamonds to the Kimberley Process*", p. 7.

议上正式使用，此后又举办了多次会议。随着会议规模的逐渐扩大和文件草案的日益成熟，"金伯利进程"的影响力得以在全球范围内扩散，国际证书制度的具体条款和建立日期得以确定。

表2 "金伯利进程"早期会议①

时　间	会议名称
2000 年 9 月 4—5 日	纳米比亚温得和克部长级会议
2000 年 9 月 19—21 日	南非比勒陀利亚部长级会议
2000 年 10 月 25—26 日	"冲突钻石"英国伦敦政府间会议
2001 年 2 月 13—16 日	"金伯利进程"纳米比亚温得和克会议
2001 年 4 月 10—11 日	"金伯利进程"英国伦敦课题组工作会议
2001 年 4 月 25—27 日	"金伯利进程"比利时布鲁塞尔（Brussels）会议
2001 年 7 月 3—4 日	参与国俄罗斯莫斯科（Moscow）全体会议
2001 年 9 月 11—13 日	参与国英国特威克纳姆（Twickenham）全体会议
2001 年 10 月 30 日—11 月 1 日	参与国安哥拉罗安达（Luanda）全体会议
2001 年 11 月 26—28 日	博茨瓦纳哈博罗内（Gaborone）部长级会议
2002 年 3 月 18—20 日	"金伯利进程"加拿大渥太华（Ottawa）会议

---

① KP 网站：http：//www.kimberleyprocess.com/en/documents 下相关网页。

（二）联合国的进一步行动

2000 年 5 月，联合国维和部队在塞拉利昂遭遇的"人质危机"引起了国际社会的强烈关注。7 月 5 日，安理会以 13 票赞成（美、中、法、英、加、俄、乌克兰、荷兰、阿根廷、孟加拉国、马来西亚、纳米比亚和突尼斯）、1 票弃权（马里）的表决结果通过了由塞前殖民者英国提议的第 1306 号决议，要求"所有国家（在决议生效的 18 个月内）采取必要措施，禁止直接或间接地将一切未经加工的钻石从塞拉利昂进口到本国境内"，拥有塞拉利昂政府原产地证书的除外[①]。决议还要求联合国秘书长授权组织专家小组，负责调查钻石换武器的黑市交易。戴比尔斯集团随后关闭了原设于塞拉利昂和刚果（金）的黑市采购点[②]。然而，"联阵"仍顺利通过利比里亚、几内亚等国出口钻石。7 月 31 日—8 月 1 日，安理会关于塞拉利昂问题的第 1132（1997）号决议所设委员会在纽约主持了首次探讨性公开听询会，参与方包括有关成员国、区域组织、非政府组织、钻石行业代表和相关专家。会议披露了塞拉利昂非法钻石贸易与军火及相关物资贸易之间的联系，并讨论长期严密管制塞钻石工业的途径[③]。

12 月 1 日，第 55 届联大公开赞赏"金伯利进程"包容各

① UN 网站：《第 1306（2000）号决议》，http：//www. un. org/zh/sc/documents/resolutions/00/s1306. htm.

② 深圳本地宝网站：《南非钻石塞拉利昂的钻石发展历史简介》，2012–09–07，http：//sz. bendibao. com/z/zuanshi/201297/422119. shtml.

③ UN 网站：《联合国大会通过关于"冲突钻石"的决议》，http：//www. un. org/chinese/peace/africa/Diamond. html.

国政府、钻石业和民间社会的协商进程，并通过了由比利时、博茨瓦纳、加拿大、塞浦路斯、刚果（金）、纳米比亚、塞拉利昂、南非、英国和美国等 10 国联合提交的第 55/56 号决议草案：断绝粗金刚石非法交易与武装冲突之间的联系，以协助防止和解决冲突。决议还表示，目前迫切需要制定并执行简单可行的国际粗金刚石验证办法，并争取钻石进出口国采取协调行动，在尊重国家主权的前提下打击非法钻石贸易①。该草案是各国制定相关法律以及两年后出台国际统一证书制度的框架性文件。

在 2001 年 1 月的达沃斯世界经济论坛（World Economic Forum in Davos）上，时任联合国秘书长科菲·安南（Kofi Annan）表示强烈支持"金伯利进程"；2 月 6 日，联大指出："鉴于人道主义和安全情形的紧迫性，敦促证书制度的尽快实施。"② 3 月 7 日，第 1343 号决议规定，如果利比里亚政府在两个月内未满足安理会的规定，将要求所有国家停止直接或间接从利比里亚进口一切毛坯钻石③。5 月 7 日，决议生效。

12 月 17 日，第 1385 号决议赞赏"金伯利进程"取得的进展以及在塞拉利昂建立和实施钻石贸易原产地证书制度，欢迎建立几内亚出口未加工钻石的证书办法以及西非国家经济共同体（西非经共体，Economic Community of West African

---

① 人民网：《联大呼吁打击非法钻石贸易》，2000－12－02，http：//www.people.com.cn/GB/channel2/17/20001202/334809.html.

② Bieri，"*From Blood Diamonds to the Kimberley Process*"，p.74.

③ UN 网站：《第 1343（2001）号决议》，http：//www.un.org/zh/sc/documents/resolutions/01/s1343.htm.

States，ECOWAS）与内部国家继续努力制定全区域证书办法，强调包括钻石进口国在内的所有会员国有责任充分执行第1306（2000）号决议规定的措施①。

2002 年 3 月 28 日，第 1400 号决议敦促塞拉利昂政府在联塞特派团根据其任务提供的协助下，加速在该国全境，尤其是钻石开采地区恢复民政机构和公共服务②。5 月 6 日，第 1408 号决议再次吁请利比里亚政府为本国未加工钻石建立有效、透明、可由国际核查的原产地证书制度，同时考虑到在"金伯利进程"框架下建立国际验证制度③。10 月 18 日，第 1439 号决议要求不断监测和调查禁止国家进口安哥拉非法钻石的第1173 号（1998）决议的落实情况④。

（三）非政府组织和全球舆论的持续施压

"全球证人"以发起一场全球"消费者责任"运动为威胁，向多年来一成不变、暴利经营的钻石业施压，指责对方是一只"致命的恐龙"，只顾赚取昧心钱，置非洲冲突地区成千上万百姓的性命于不顾。该组织敦促钻石行业建立更加严格的

① UN 网站：《第 1385（2001）号 决 议》，http：//www. un. org/zh/sc/documents/resolutions/01/s1385. htm.

② UN 网站：《第 1400（2002）号 决 议》，http：//www. un. org/zh/sc/documents/resolutions/02/s1400. htm.

③ UN 网站：《第 1408（2002）号 决 议》，http：//www. un. org/zh/sc/documents/resolutions/02/s1408. htm.

④ UN 网站：《第 1439（2002）号 决 议》，http：//www. un. org/zh/sc/documents/resolutions/02/s1439. htm.

自律制度，一旦发现交易商的"洗"钻行为应立即给予严惩①。该组织还参加了2000年7月在拉斯维加斯（Las Vegas）举办的全美规模最大的珠宝贸易展，并积极参与"血钻"研讨会②。

在2000年的安特卫普世界钻石大会（Antwerp World Diamond Congress，AWDC）上，以美国人权团体为首的30多个非政府组织联名上书，要求钻石贸易者停止从刚果（金）、利比里亚、布基纳法索、津巴布韦、科特迪瓦和多哥等6国进口"战争钻石"，呼吁与会代表制定有效的认证和监管措施。信中指出，由于刚果（金）与津巴布韦，塞拉利昂和安哥拉与其余4国间存在非法钻石交易资助内战的情况，对上述国家的钻石出口制裁有利于刚果（金）、塞拉利昂和安哥拉的内战早日停火③。

在人权医师组织（Physicians for Human Rights，PHR）的领导下，美国约200个非政府组织共同推动"消灭冲突钻石运动"（Campaign to Eliminate Conflict Diamond），并将情人节定为官方启动日。"到2001年，超过200个非政府组织参与'金伯利进程'，包括乐施会、世界宣明会、'大赦国际'等大型知名团体"④。

---

① 廖新军编译：《滴血的钻石》，载《国际金融报》2000年7月28日，http：//www. people. com. cn/GB/channel2/19/20000728/163010. html.

② Bieri. *From Blood Diamonds to the Kimberley Process*, p. 63.

③ 廖新军编译：《滴血的钻石》，载《国际金融报》2000年7月28日，http：//www. people. com. cn/GB/channel2/19/20000728/163010. html.

④ Smillie，"The Kimberley Process Certificate Scheme for Rough Diamond"，Oct.，2005，http：//www. verifor. org/resources/case-studies/limberley-process. pdf.

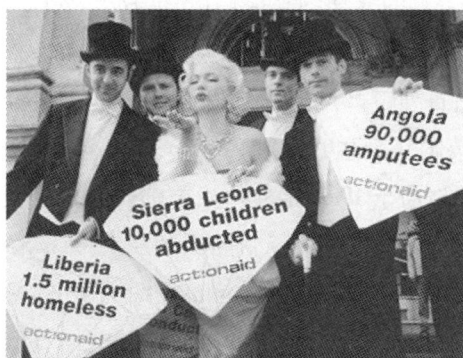

图2 非政府组织在世界钻石委员会门口施压抵制"血钻"①

2000—2001 年，由公平和发展网络运动（Network Movement for Justice and Development，NMJD）发起的公平采矿运动（Campaign for Just Mining），通过主张采矿业的问责、透明和社会责任来推动塞拉利昂的可持续发展②。2002 年 12 月发起的由美国国际开发署（United States Agency for International Development，USAID）资助并由总部位于华盛顿（Washington，D. C. ）的一家咨询公司"国际管理体系"（Management Systems International）来主导的和平钻石联盟（Peace Diamond Alliance，PDA）组织采矿者加入合作社并帮助它们卖出好价钱③。

---

① 搜狐网：《电影揭露钻石生产血腥内幕 明星纷纷抵制戴钻石》，载《新民周刊》2007 年 1 月 31 日，http：//news. sohu. com/20070131/n247958189. shtml.

② PAC and Global Witness，"*Broken Vows：Exposing the 'Loupe' Holes in the Diamond Industry's Efforts to Prevent the Trade in Conflict Diamonds*"，Nov. ，2004.

③ Bieri，"*From Blood Diamonds to the Kimberley Process*"，p. 82.

1999 年 11 月的《纽约邮报》（*New York Post*）写道："你在第五大道（Fifth Avenue）高雅的珠宝店里，为心爱的人选择的那条耀眼的钻石项链，可能正是狮子山一群野蛮分子活动的资金来源。"[①] 英国《金融时报》（*Financial Times*）表示，已获得证据证明戴比尔斯于 1992 年从内战中的安哥拉手里买走了价值 1400 万美元的钻石[②]。美国《新闻周刊》（*Newsweek*）杂志分别对华盛顿商人迈克尔（Michael）和桑科妻子法图（Fatou）进行有关桑科走私"血钻"事宜的采访，得到的回答截然相反：迈克尔完全承认桑科的非法行为，并提供了大量过去与"联阵"往来的钻石合同；而法图则表示从未见过丈夫从事非法钻石交易[③]，这引起了国际社会的愤慨。2001 年 11 月，道格拉斯·法拉（Douglas Farah）发表在《华盛顿邮报》（*Washington Post*）上的文章揭露了"基地"组织参与从坦桑尼亚和肯尼亚到利比里亚和塞拉利昂的钻石交易内幕[④]。某钻石业内杂志 *Jewelers Circular Keystone* 的一名高级编辑写道："有关'脏钻石'的吵闹声越来越大，这种声音和愤怒可能给行业带来麻烦。"[⑤]

---

① 安德鲁·寇本：《钻石的真相》，载《国家地理杂志（中文版）》2002 年 3 月号，第 28 页。

② 张晶：《"血钻"启示录》，载《环球企业家》2007 年 2 月总第 131 期，http：//www. gemag. com. cn/14/3063_ 1. html.

③ 解弋：《国际社会开始抵制非法钻石》，载《文汇报》2000 年 7 月 10 日，http：//www. people. com. cn/GB/channel2/17/20000710/138217. html.

④ Bieri，"*From Blood Diamonds to the Kimberley Process*"，p. 121.

⑤ Rob Bates，"Conflict Diamonds：The Fight Continue"，*Jewelers Circular Keystone Magazine*，http：//www. jckonline. com/article/279632 -_ Conflict_ Diamonds_ The_ Fight_ Continues. php.

（四）民族国家的回应

相比于非政府组织、媒体和联合国，民族国家，特别是钻石原石进口国采取行动的时间明显要晚于前三者。除了参与"金伯利进程"会议、行使联合国决议投票权、向安理会提交决议草案外，部分国家政府还开展了单独活动。

2000年6月，英国政府举行新闻发布会，呼吁有关国家制定新的钻石交易规则，抵制来路不明的钻石。时任外交大臣罗宾·库克（Robin Cook）要求欧洲联盟（欧盟，European Union，EU）冻结提供给泰勒政府4700万美元的发展援助计划。英政府还联合"全球证人"试图建立一个"从矿井到手指"的钻石跟踪体系①，但因过于复杂而作罢。部分钻石进口国达成了一项初步协议，要求今后进口未经加工的钻石必须标明出产地，并于7月在日本冲绳（Okinawa）举行的八国集团首脑会议（G8 summit）上讨论这一提议②。2000年12月4日，南非外交部发表声明称，非洲国家应齐心协力打击"血钻"，并呼吁国际社会贯彻联合国决议，开展通力合作，跨国公司应在阻止钻石走私方面发挥更大作用③。在"全球证人"的推动下，美国于2000年颁布了《清白钻石贸易法案》（*The Clean Diamond Trade Act*）；2001年，美剧《白宫风云》

---

① 张晶：《"血钻"启示录》，载《环球企业家》2007年2月总第131期，http：//www. gemag. com. cn/14/3063_ 1. html.

② 解弋：《国际社会开始抵制非法钻石》，载《文汇报》2000年7月10日，http：//www. people. com. cn/GB/channel2/17/20000710/138217. html.

③ 人民网：《南非呼吁国际社会禁止非法钻石贸易》，2000-12-05，http：//www. people. com. cn/GB/channel2/19/20001205/337865. html.

(*The West Wing*) 中有一处情节是美国总统呼吁消费者询问珠
宝商所售钻石是否"清白"①；时任总统克林顿（Clinton）于
2001 年 1 月发布命令，禁止从塞拉利昂进口钻石，继任总统
小布什（George W. Bush）而后又禁止从利比里亚进口粗钻
石②。2001 年 2 月 20 日，以色列钻石银行向客户发出通知，
督促它们遵守联合国决议，避免参与"冲突钻石"交易。到
了 2002 年，包括比利时和英国公司在内的欧洲钻石交易商仍
在交易"冲突钻石"，在"全球证人"的强烈呼吁下，7 月 18
日，欧盟执行机构欧洲委员会（European Commission，EC）
发布文件，开始遵守"金伯利进程"相关决议。2002 年 3 月，
世界银行开设了社区与小规模采矿办公室（Communities and
Small Scale Mining Office，CSMO）③，负责深入调研采矿问题。
在 10 月的世界钻石大会上，博茨瓦纳总统费斯图斯·莫哈埃
（Festus Mogae）表示本国将推进"金伯利进程"④。

（五）国际钻石行业的联合行动

2000 年 7 月 17—19 日，世界钻石交易所联合会（World
Federation of Diamond Bourses，WFDB）和国际钻石加工厂商会
（又译国际钻石制造商协会，International Diamond

---

① 金姬：《拷问"金伯利进程"》，载《新民周刊》2007 年 1 月 31 日，http://qkzz. net/article/d2cbd5f5-a2be-4f7e-9da5-2649dac13b2d_ 3. htm.
② 环球网：《"情人节三宝"暗藏丑陋 巧克力或染童工血汗》，载《环球时报》2008 年 2 月 18 日，http://world. huanqiu. com/roll/2008-02/61497. html.
③ Bieri. *From Blood Diamonds to the Kimberley Process*, p. 82.
④ 搜狐网：《国际钻石业界承诺消灭"血腥钻石"交易》，载《新华日报》2002 年 10 月 9 日，http://news. sohu. com/43/47/news203584743. shtml.

Manufacturers Association，IDMA）联合召开了两年一度的第29届安特卫普世界钻石大会。

此次大会是钻石业向国际社会表明态度的一次标志性会议。世界钻石交易所联合会主席弗雷姆（Frame）在致开幕词时说，钻石工业必须确保钻石原料及其产品不在地区战乱和冲突中发挥作用[1]。会上，主办方、业界巨擘戴比尔斯集团及其他从事钻石贸易和加工的公司、联合国、钻石进出口国政府和非政府组织代表等共计350多人一致决定：开展一个包括"证明书制度"在内的全球反非法钻石贸易计划。这项认证计划共9点，要求进入国际市场的钻石必须具备统一标志、出口国权威机构认可文件并在国际数据库登记注册。

会议还决定创建一个总部位于纽约的非营利组织——世界钻石委员会，以代表世界上约50个钻石业实体参与到打击"血钻"的运动中去。委员会由钻石生产商、加工商、贸易商、政府部门和国际机构等行为体组成，被称为"钻石联合国"。大会要求世界钻石委员会建立并实施一项针对原钻进出口的追踪系统，负责认证钻石生产国的出口机构应具备相关制度以排除"血钻"的装运发货，并进行长期监控。违规国家将失去国际钻石加工厂商会所赋予的权利和信任。如发现钻石贸易商存在不法行为，世界钻石委员会将对其采取取消贸易资格、驱逐（expel）出行业圈，甚至刑事起诉等制裁措施。

9月7日，世界钻石委员会成立大会在以色列特拉维夫

---

[1] 李支援：《世界钻石大会呼吁拒绝血腥钻石》，载《北京晨报》2000年7月19日，http：//news. sina. com. cn/world/2000－07－19/109037. html。

(Tel Aviv) 举行，与会者同意授权该委员会进一步拟定并实施一项综合性打击"血钻"计划。自 2002 年起，钻石工业开始提高透明度并公开其产量。在塞拉利昂内战结束后，委员会还向塞矿产部提供技术协助和培训，帮助其建立钻石署。

在 2002 年 10 月 7 日的世界钻石大会上，与会各方重申了消灭非洲"血腥钻石"的决心和信心，以确保钻石交易与暴力资金无关，并正式表示支持启用"金伯利进程"，并在 29 日的"金伯利进程"伦敦联席会议上确定参与的最终决议。

（六）商业巨头的内部改革

面对"全球证人"对集团谋取"血钻"巨利①的指控及相应活动，起初戴比尔斯总裁尼基·奥本海默（Nicky Oppenheimer）还反驳说过犹不及，认为不负责任地号召消费者抵制钻石、夸大"血钻"数量、宣扬非洲钻石是祸水而非福祉，这些都解决不了塞拉利昂或安哥拉的问题，反而会给以钻石为经济命脉的南非、纳米比亚和博茨瓦纳等国带来一场悲剧②。除逐渐停止采购安哥拉钻石外，直到 1999 年 10 月，戴比尔斯还未启动全方位认真处理"血钻"问题的措施。

但从 2000 年 3 月 29 日起，集团宣布进行重大内部战略调整，大幅度减少了对非洲钻石的收购，强烈谴责安哥拉、刚果（金）和塞拉利昂等地利用"血腥钻石"交易为战争提供经济

---

① 钻石之家网站：《钻石产地、交易及相关政治问题》，http：//www.zuans.com/zuanshi/baike/zuanshi_ 8. shtml.

② 解弋：《国际社会开始抵制非法钻石》，载《文汇报》2000 年 7 月 10 日，http：//www. people. com. cn/GB/channel2/17/20000710/138217. html.

后盾的行为，站在了反"血钻"第一线。集团子公司国际钻石商贸公司（Diamond Trading Company，DTC）总经理保罗·罗利（Paul Rowley）对《环球企业家》说，"战争钻石"是"可恶的、不能容忍的"，戴比尔斯的钻石100%来自非战乱区域。集团和"戴比尔斯125"[①] 遵循"最佳实施原则"，即承诺不从任何不参与"金伯利进程"的供应商那里购买和交易钻石。从2002年3月起，戴比尔斯规定本公司出售的钻石均附有产地清白证明书，并要求买主保证不参与非法钻石交易[②]。

三、"金伯利进程国际证书制度"的建立

"冲突钻石"利益相关者的前期活动为"金伯利进程"国际制度的建立做了良好的铺垫。2002年11月4—5日，"金伯利进程"第二次部长级会议在瑞士因特拉肯镇（又译内湖，Interlaken）召开，与会各方排除万难，最终签署了《关于"金伯利进程"认证机制的因特拉肯/内湖宣言》（*Interlaken Declaration on the Kimberley Process Certification Scheme*）。在联大第55/56号决议的授权下，参与国政府、国际钻石行业和市民社会三方协商生成了"金伯利进程国际证书制度"，有包括钻

---

① "戴比尔斯125"是指多年来被允许直接购买戴比尔斯集团毛坯钻石的125个珠宝切割公司。

② 张晶：《"血钻"启示录》，载《环球企业家》2007年2月总第131期，http：//www. gemag. com. cn/14/3063_ 1. html；解弋：《国际社会开始抵制非法钻石》，载《文汇报》2000年7月10日，http：//www. people. com. cn/GB/channel2/17/20000710/138217. html.

石生产国、加工国、贸易国和消费国在内的 37 个国家签署了
这一制度，于 2003 年 1 月 1 日起生效①。由于美英等国未做好
充分准备，因此该制度签发了一个至 2003 年 5 月 1 日止的
"宽限"期。

2002 年 12 月 4 日，联合国安理会第 1446 号决议欢迎
"金伯利进程"的重大进展，并鼓励进一步进展②。2003 年 1
月 28 日，第 1459 号决议特别指出钻石的主要生产国、贸易国
和加工国参加"金伯利进程"自我管制制度的重要性，并敦
促所有会员国积极参与，赞赏行业和民间社会为拟定"金伯
利进程验证制度"所做出的重要贡献③。

① Holly Burkhalter, "Between the Lines: A Diamond Agreement in the Rough", *Foreign Policy*, 135, Mar. –Apr. , 2003, p. 72–73.

② UN 网站：《第 1446 （2002） 号决议》，http：//www. un. org/zh/sc/documents/resolutions/02/s1446. htm.

③ UN 网站：《第 1459 （2003） 号决议》，http：//www. un. org/zh/sc/documents/resolutions/03/s1459. htm.

第三章　"金伯利进程国际证书制度"及其成效

2003年1月1日，这个日子对于毛坯钻石国际贸易市场改革和全球抵制"冲突钻石"运动而言，具有划时代的意义。"金伯利进程国际证书制度"几乎以迅雷不及掩耳之势完成了制度扩散和对"冲突钻石"的有效控制，"为提高多个钻石生产国的经济发展水平做出了积极贡献"①。

第一节　"金伯利进程国际证书制度"的具体安排

制度最核心的部分是规定了"金伯利进程"证书的内容、颁发和检查程序，以及对合法贸易圈的圈定。进程的三方协商机制由打击"冲突钻石"的三大行为主体——作为正式成员的主权国家、作为观察员的钻石行业和以相关非政府组织为代

---

① 倪涛：《努力遏制"冲突钻石"贸易》，载《人民日报》2013年11月23日，http://finance.people.com.cn/n/2013/1123/c1004-23632935.html.

59

表的市民社会共同组成。参与进程的行为体有过一些变动，但整体趋势是不断增多的。进程的宗旨和任务由轮值主席国、定期会议、工作组和委员会等具体措施来实行。

一、证书及合法贸易圈

"金伯利进程国际证书制度"规定，具有健全立法体系的生产国负责管理毛坯钻石生产和国内运输过程。出口国必须将每一批出口的毛坯钻石封装在防篡改、防损、具有独立序码的塑封包装袋内，并配备由该国政府钻石出口主管机构签发的、有唯一序号的"金伯利进程"证书。该证书是"金伯利进程"制度的有形体现。它具有防伪功能，其内容必须包括进程徽章、证书编号、出口国名称、签发日期、有效期、签证机关名称、进出口商名称、HS 编码（钻石用途分类）、数量、重量、价格和防伪标识等①。进口国政府相应机构在验明出口国官方签发的证书和密封容器无误后，方可准予进口；同时为证明已签收，进口方须将证书副本送回出口方。

另外，各国需对毛坯钻石的开采、贸易和加工环节进行全程监控。在制度签署国形成的合法贸易圈内，成员国对粗钻石的每一次跨境运送都要在交货地点进行核查，"金伯利进程"证书就是钻石的合法身份证。制度签署国不允许与非"金伯利进程"国家开展钻石贸易。进程要求成员国每年提交一份

---

① 各具特色的证书还成了民族文化传播的使者，引起了小范围的收藏热潮。如中国的"金伯利进程"证书添加了长城图案等中国元素，并以祥云图案作为包装袋的密封标识。

关于本国钻石开采和进出口情况的统计数据报告供进程审核，并在"金伯利进程"官方网站（www. kimberleyprocess. com）上公布，以保证本国钻石行业的透明度。若违反上述最低标准，成员国有可能面临一项最严厉的惩罚措施——取消"金伯利进程"成员身份；对国家来说，被进程驱逐意味着在国际钻石市场的地位被边缘化，造成的声誉和利益损失将是巨大的。

制度还规定，加工商在每次转手时必须在发票上担保，这被称为"保证体系"。钻石供应商须向零售商提供书面声明，以表明他们的钻石并非来自冲突地区。零售商仅可向提供这项保证的供应商购买钻石，其销售记录必须保留 5 年。进程秘书处会帮助钻石行业公司与成员国的"金伯利进程"官方机构取得联系。

作为进程观察员的世界钻石委员会还开设了"特约条款系统"（System of Warranties），以提高"金伯利进程"的可信度。该系统规定，所有原钻买卖方的发票上必须有以下陈述：该发票上的钻石是通过合法渠道购买的，没有资金流入冲突，并与联合国决议相符。此卖家保证这些钻石与冲突无关，基于钻石供应商提供的个人知识和/或书面保证。

二、会员构成

"金伯利进程"的会员构成包含成员国和观察员两部分，其正式成员只能是有资格进行毛坯钻石交易的主权国家和地区经济一体化组织（目前仅有欧盟）。制度的创立和扩散几乎是在同一时段进行的。仅 2003 年一年，其成员国数量就从创立时的 37 个猛增至 67 个。截至 2013 年 8 月 2 日，"金伯利进程"共有 54

个成员，涵盖 81 个国家，其中欧盟 28 国作为一个整体加入。
2014 年"金伯利进程"年会指出，格陵兰岛（Greenland）拥有
生产钻石原石的潜力，可以通过欧盟参与进程；参与和主席身
份委员会（Committee on Participation and Chairmanship，CPC）
目前正不遗余力地继续它的拓展项目（Out-Reach programme），
积极接触卢森堡公国、科威特和智利①。

表 3 "金伯利进程国际证书制度"成员②

加入时间	国　家
2003 年 创立时 37 国	博茨瓦纳、纳米比亚、南非、安哥拉、刚果（金）、欧盟 27 国、瑞士、俄罗斯、以色列、美国、加拿大
2003 年随后	几内亚、科特迪瓦（2005 年接受联合国制裁，2011 年起无官方毛坯钻石生产和出口，2014 年解除）、加纳、中非（2013 年被暂停资格，无官方毛坯钻石生产和出口）、刚果（布）（2004 年被驱逐，2007 年再加入）、塞拉利昂、多哥、坦桑尼亚、津巴布韦、莱索托、毛里求斯、委内瑞拉（2006 年起自愿中止毛坯钻石出口，2008 年主动退出进程，2010 年起无毛坯钻石生产）、圭亚那、巴西、澳大利亚、挪威、白俄罗斯、乌克兰、亚美尼亚、阿联酋、黎巴嫩（2004 年被驱逐，2005 年再加入）、中国、印度、日本、韩国、老挝、越南、斯里兰卡、泰国、马来西亚

---

① KP 网站："2014 Final Plenary Comuniqué Guangzhou（ENG），" http：//
www. kimberleyprocess. com/en/2014-final-plenary-comuniqu% C3% A9-guangzhou-eng.
② "中华台北毛坯钻石贸易体"符合"金伯利进程国际证书制度"的最低
要求，以观察员身份参与其中，参见 http：//www. kimberleyprocess. com/en/
participants 下相关网页。

（续表）

加入时间	国　家
2004	新加坡
2005	印度尼西亚
2006	孟加拉国、新西兰
2007	利比里亚（2001—2007 年被联合国安理会禁止出口钻石）、土耳其
2008	墨西哥
2011	斯威士兰
2012	喀麦隆、哈萨克斯坦、柬埔寨、巴拿马
2013	马里、克罗地亚（加入欧盟）
候选国	莫桑比克、加蓬、布基纳法索、智利、肯尼亚、毛里塔尼亚、赞比亚

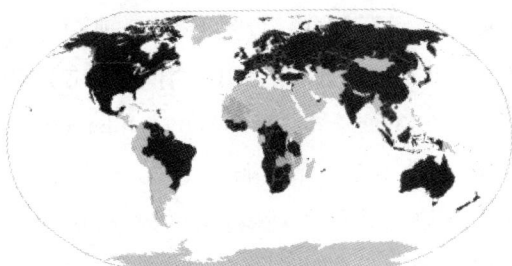

图3 "金伯利进程"成员覆盖范围

　　"金伯利进程"观察员有权监督进程是否按既定规则办事、是否有效执行治理和惩罚措施，同时为进程提供实证资料、技术和行政专业知识等。目前的观察员包括非洲钻石生产国协会（African Diamonds Producers Association, ADPA）、钻石业发展措施（Diamond Development Initiative, DDI）、世界钻石委员会和"民间社会联盟"（Civil Society Coalition, CSC）。其中"民间社会联盟"包含以下多个组织：采掘业研究与倡导工作组（Groupe de Recherche et de Plaidoyer sur les Industries Extractives, GRPIE, 科特迪瓦）、"非洲加拿大伙伴组织"、绿色倡议（Green Advocates, 利比里亚）、正义与发展运动网络（Network Movement for Justice and Development, NMJD, 塞拉利昂）、反饥饿网络（Réseau de Lutte contre la Faim, RELUFA, 喀麦隆）、发展支持和人民参与国家中心（Centre National d'Appui au Développement et à la Participation Populaire, CENADEP, 民主刚果）、自然资源经营者支持团体（Groupe d'Appui aux Exploitants des Ressources Naturelles, GAERN, 民主刚果）、津巴布韦环境律师协会（Zimbabwe Environmental Lawyers Association, ZELA）、自然资源管理中心（Center for Natural Resource Governance, CNRG, 津巴布韦）和国际工商业发展中心（Centre du Commerce International pour le Développement, CECIDE, 几内亚）等①。还有诸多非政府组织虽未担任"金伯利进程"观察员，但积极配合和参与制度框架下的各项活动。需要特别指出的是，一直活跃在"冲突钻石"前线的创始观察员"全球证人"因不满"金伯利进程"

---

① KP 网站：http：//www. kimberleyprocess. com/en/observers 下相关网页。

在津巴布韦问题上的表现，于 2011 年 12 月选择退出①。

三、具体措施

"金伯利进程国际证书制度"规定的证书及合法贸易圈，要通过成员国和观察员作为行为主体、执行具体措施来落实，主要包括轮值主席国、定期会议、工作组和委员会等。

（一）轮值主席国

成员国轮流担任"金伯利进程"主席国（chair）和副主席国（vice‐chair），其选举和任命是进程全会常规会议（regular session of the Plenary）的第一项议程，遵循地理轮换和公平代表钻石进出口国的原则。当选国任期一年，可连任，但总任期不超过两年；通常副主席国在任期满一年后，于第二年接任主席国，主席国有权审查成员国的"金伯利进程"证书是否合法。两国各自任命本国某官员担任当年的"金伯利进程"主席（chairperson）和副主席（vice‐chairperson），主席在会议上负责主持、发表开闭幕宣言、提出问题、引导讨论和确保会议符合规则等。

从 2003—2017 的 15 年里，"金伯利进程"历届主席国（主席）分别是南非、加拿大（蒂姆·马丁，Tim Martin）、俄罗斯〔萨哈共和国（Sakha Republic）总统施蒂诺夫，Shtyrov〕、博茨瓦纳（莫哈埃）、欧盟、印度、纳米比亚（矿

---

① Alan Cowell, "Measuring the True Price of Diamonds", *New York Times*, Feb. 13, 2012, http：//www. globalpolicy. org/the‐dark‐side‐of‐natural‐resources‐st/diamonds‐in‐conflict/kimberley‐process/51282‐measuring‐the‐true‐price‐of‐diamonds. html？itemid＝id#1383.

业与能源部副部长伯恩哈德·埃索，Bernhard Esso）、以色列（工业贸易部副总司长博阿兹·赫希，Boaz Hirsch）、刚果（金）、美国（大使吉莉安·米洛瓦诺维奇 Gillian Milovanovic 女士）、南非（大使威利·恩拉佛，Welile Nhalapho）、中国（国家质检总局副局长魏传忠）、安哥拉、阿联酋、澳大利亚和欧盟①。其中，2011 年刚果（金）的主席国身份备受争议。斯迈利指出，刚果（金）估计对 40% 的本国钻石来源都搞不清楚，而明年（2011 年）它将成为进程的轮值主席国②。

（二）定期会议

"金伯利进程"采取闭门（in private）会议机制，主要包括全会常规会议、全会特殊会议（special session of the Plenary）和联席会议（intersessional meeting）三类，其中以常规会议（年会）为最高级别。另外，工作组也形成了常规碰面机制。

一年一度的常规会议为期三天，主席国于八周前向成员国和观察员发出通知，并负责起草会议议程、于四周前传达给与会各方。议程的其他相关文件需在三周前传达；除非全会决定，否则前期未传达的文件将不予在大会上讨论。

每个成员国和观察员都需派代表团出席，代表团成员名单需在会议开幕前三日交于主席国。代表团有权提出议题并被纳入会议议程，全会有权将议题推迟至下一届年会，或将议题分

---

① KP 网站：http://www.kimberleyprocess.com/en/chair.

② Alex Perry，《被诅咒的石头》，载《南方都市报》2010 年 12 月 12 日，http://epaper.oeeee.com/C/html/2010-12/12/content_ 1250036.htm.

配给工作组及其附属机构来处理。全会负责批准成员国加入工作组，工作组须履行会议文件的要求；在全会批准之前，不得擅自组建新的工作组。

大会的所有决定只有在得到在场成员国一致认可的情况下才能生效，即不能有任何一个在场成员国提出正式反对意见。全会的工作语言是英语、法语、葡萄牙语、西班牙语和俄语。会议存留音频资料，最后的书面总结由主席负责并保管，每年的大会公告发布于进程官方网站。

年会的常规议题包括：参与国、观察员等的变动情况，各工作组、委员会成员和工作内容的讨论与批准，特殊国家与特殊议题，与其他国际组织的合作等。全会常规会议的规模通常较大，如 2009 年 11 月在纳米比亚斯瓦科普蒙德（Swakopmund）举行的年会就有包括成员国和区域组织官员、世界钻石委员会等行业团体代表、非政府组织活动家、各国驻纳米比亚使节及新闻媒体工作者等 400 余人出席。

表4 "金伯利进程"年会概况

时 间	地 点	主 题
2003 年 10 月 29—31 日	南非西北省（North West Province）太阳城（Sun City）	确立监管标准，建立同行审视访问机制①

---

① KP 网站："2003 Final Communique Plenary Sun City（South Africa）_ Compendium"，http：//www. kimberleyprocess. com/en/2003-final-communique-plenary-sun-city-south-africacompendium.

（续表）

时 间	地 点	主 题
2004 年 10 月 27—29 日	加拿大魁北克省（Quebec）加蒂诺镇（Gatineau）	使统计数据的收集透明化，加强参与国国内监管，提高行业自主管理能力①
2005 年 11 月 15—17 日	俄罗斯莫斯科	讨论科特迪瓦问题，加强技术沟通与协助②
2006 年 11 月 6—9 日	博茨瓦纳哈博罗内	加强对加纳的管理，三年（2003—2005）审视访问小结③
2007 年 11 月 5—8 日	比利时布鲁塞尔	打击非法钻石流入欧洲，加强边境控制和进出口交易记录的跟踪与考察④

---

① KP 网站："2004 Final Communique Plenary Gatineau（Canada）_ Compend ium"，http：//www. kimberleyprocess. com/en/2004 – final – communique – plenary – gatineau–canadacompendium.

② KP 网站："2005 Final Communique Plenary Moscow _ Compendium，" http：//www. kimberleyprocess. com/en/2005–final–communique–plenary–moscowcom pendium.

③ KP 网站："2006 Final Communique Plenary Gaborone（Botswana）_ Com pendium"，http：//www. kimberleyprocess. com/en/2006–final–communique–plenary– gaborone–botswanacompendium.

④ KP 网站："2007 Final Communique Meeting Brussels _ Compendium"，http：//www. kimberleyprocess. com/en/2007–final–communique–meeting–brusselscom pendiumm.

（续表）

时　间	地　点	主　题
2008 年 11 月 3—6 日	印度新德里 （New Delhi）	加强数据分析、技术协助、监管和认证措施①
2009 年 11 月 2—5 日	纳米比亚斯瓦科普蒙德	关注西非动态，推动各工作组和委员会的发展，制裁津巴布韦②
2010 年 11 月 1—4 日	以色列耶路撒冷 （Jerusalem）	讨论委内瑞拉、科特迪瓦和中非问题，欢迎世界海关组织的行动③
2011 年 10 月 31 日— 11 月 3 日	民主刚果金沙萨 （Kinshasa）	赞赏技术专家组（technical expert team）的行动，解禁津巴布韦，继续关注委内瑞拉、西非地区问题④

---

① KP 网站："2008 Final Communique Plenary New Delhi _ Compendium"，http：//www. kimberleyprocess. com/en/2008–final–communique–plenary–new–delhi-compendium.

② KP 网站："2009 Final Communique Plenary Namibia _ Compendium"，http：//www. kimberleyprocess. com/en/2009–final–communique–plenary–namibiacompendium.

③ KP 网站："2010 Final Communique Plenary Jerusalem _ Compendium"，http：//www. kimberleyprocess. com/en/2010 – final – communique – plenary – jerusalemcompendium.

④ KP 网站："2011 Final Communique Plenary Kinshasa _ Compendium"，http：//www. kimberleyprocess. com/en/2011–final–communique–plenary–kinshasacompendium.

（续表）

时　间	地　点	主　题
2012 年 11 月 27—30 日	美国华盛顿	敦促科特迪瓦改善本国情况，对委内瑞拉表示关切，加强信息交流①
2013 年 11 月 19—22 日	南非约翰内斯堡	关注苏丹、南苏丹、乍得、中非和西非地区，讨论共享数据报告模式②
2014 年 11 月 11—14 日	中国广州	加大与国际组织的合作，改进技术，提高观察员地位③
2016 年 11 月 13—17 日	阿联酋迪拜 （Dubai）	对合成钻石的信息收集表示认可，讨论常设秘书处、基金等事宜④
2015 年 11 月 16—20 日	安哥拉卢安达 （Luanda）	讨论各机构向外部组织咨询事宜，加强内部间沟通⑤

---

① KP 网站："2012 Final Communique Plenary Washington _ Compendium"，http：//www. kimberleyprocess. com/en/2012－final－communique－plenary－washington-compendium.

② KP 网站："2013 Final Communique Plenary Johannesburg"，http：//www. kimberleyprocess. com/en/2013－final－communique－plenary－johannesburg.

③ KP 网站："2014 Final Plenary Comuniqué Guangzhou（ENG）"，http：//www. kimberleyprocess. com/en/2014－final－plenary－comuniqu% C3 % A9－guangzhou－eng.

④ KP 网站："2016 Final Plenary Comuniqué Dubai"，https：//www. kimberleyprocess. com/en/2016－final－plenary－communiqu% C3 % A9－dubai－0.

⑤ KP 网站："2015 Final Plenary Communiqué Luanda"，https：//www. kimberleyprocess. com/en/2015－final－plenary－communiqu% C3 % A9－luanda.

（续表）

时　间	地　点	主　题
2017 年 12 月 9—14 日	澳大利亚布里斯班（Brisbane）	推动成员国钻石贸易发展，推进《2030 可持续发展议程》①

　　除常规会议外，在全会决定或某一成员国提出书面申请的情况下，可以启动全会的特殊会议机制，该会议只需关注申请方的特定议题。主席国负责与进程成员国和观察员沟通，在获得三分之一成员国支持并且其他成员国在沟通后 14 个工作日内无反对意见的情况下可以召开，会议开幕不得早于沟通后的四个星期。另外，参与国、钻石行业和非政府组织观察员还会在每年年中举行一次联席会议，主要议程分为工作组、委员会的分组讨论和专题报告两个环节，主要由各组及委员会回顾上半年工作情况与热点问题，并提交下半年工作规划。

　　（三）工作组和委员会

　　"金伯利进程"目前有 4 个工作组和 3 个委员会，分别为钻石专家工作组（Working Group of Diamond Experts，WGDE）、监控工作组（Working Group on Monitoring，WGM）、数据工作组（Working Group on Statistics，WGS）、手工艺和冲扇工作组（Working Group on Artisanal & Alluvial Production，WGAAP）、参与和主席身份委员会、规则与程序委员会（Committee Rules

---

① KP 网站："2017 Final Communiqué Brisbane"，https：//www. kimberley-process. com/en/2017-final-communiqu% C3% A9-brisbane-australia.

and Procedures，CRP）以及"金伯利进程国际证书制度"审查委员会（Committee on KPCS Review，CKR；2017 年年会新设立审查与改革特别委员会 Ad Hoc Committee on Review and Reform，以承担此项工作）。进程规定，工作组和委员会由成员国和观察员自愿参与，可根据需要增加。

钻石专家工作组又称技术工作组（Technical Working Group，TWG），负责解决证书执行中的技术问题，如向世界海关组织（World Customs Organization，WCO）建议更改毛坯钻石的"协调系统代码"（Harmonised System Codes，HSC）、给钻石粉（diamond powder）分类、协调估值方法（harmonisation of valuation methodologies），以及对开采项目中的钻石样品进行国际转移等。涉及科特迪瓦、刚果（金）和加纳等国的特殊情况时，技术工作组还负责将背景技术信息传达给进程其他机构和别的国际组织。截至 2017 年底，该工作组有 21 个成员，组长和副组长分别为世界钻石委员会和纳米比亚①。

监控工作组负责同行评审（peer-review）、组织针对成员国的审视访问（review visits）② 和评估成员国的年度报告等。当某些特殊国家在落实中遇到困难时，监控工作组要对此类可能威胁整个"金伯利进程"的危机进行处理。截至 2017 年底，该工作组有 21 个成员，组长和副组长分别为南非和博兹瓦纳③。

---

① KP 网站：https：//www.kimberleyprocess.com/en/diamond-experts-wgde.
② 详见 KPCS，"2007 Administrative Decision KPCS Peer Review"，p.1-15，http：//www.kimberleyprocess.com/en/2007-administrative-decision-kpcs-peer-review-revisedcompendium.
③ KP 网站：https：//www.kimberleyprocess.com/en/monitoring-wgm.

数据工作组负责及时对毛坯钻石的生产和贸易数据进行报告和分析，并与相关部门交流统计数据结果，以便鉴定异常情况。截至2017年底，该工作组有15个成员，组长和副组长分别为美国和印度①。

手工艺和冲扇工作组是所有工作组中最年轻的一个，其目标是推进砂矿钻石生产和贸易环节的内部有效控制，以保证只有符合生产国立法和进程标准的钻石才能在当地出口或抛光。这项工作深入"金伯利进程"的心脏，因为有超过千万的钻石经销商和矿工，包括他们的家庭，在该领域工作。截至2017年底，该工作组有22个成员，组长和副组长分别为安哥拉和刚果（金）②。

参与和主席身份委员会协助主席国处理新成员的准入事宜。当出现某成员国不符合进程要求可能被驱逐的情况时，委员会可提供建议。该机构还负责审查和评估有望担任副主席国的候选国，其调查结果需在年会上陈述。参与和主席身份委员会成员包括"金伯利进程"的前主席们、世界钻石委员会和"民间社会联盟"代表，由前一年的"金伯利进程"主席担任这一年的该委员会主席。截至2017年底，参与和主席身份委员会有19个成员，主席国为阿联酋③。

规则与程序委员会负责起草和落实进程的具体制度安排，

---

① KP网站：https://www.kimberleyprocess.com/en/statistics-wgs.

② KP网站：https://www.kimberleyprocess.com/en/artisanal-and-alluvial-production-wgaap.

③ KP网站：https://www.kimberleyprocess.com/en/committee-participation-and-chairmanship-cpc.

包括常规会议安排和特殊会议安排、会议的具体内容、主席国的职责、成员国和观察员义务等。截至 2017 年底，该委员会有 15 个成员，主席国和副主席国分别为俄罗斯和中国①。

审查委员会分 2003—2006 年和 2009—2012 年两个阶段，两个委员会的成员组成也有所变化。该委员会的任务是协调进程的定期审查机制，并向年会提出针对单一议题的发展性建议。该委员会有 12 个成员，主席国和副主席国分布为博茨瓦纳和加拿大②。2017 年，布里斯班年会新设立审查与改革特别委员会（Ad Hoc Committee on Review and Reform，AHCRR），以审查来年 KPCS 的运行情况③。

拥有庞大的成员国和观察员规模的三方合作机制、轮值主席国制度、固定的会议安排以及兼具专业性和技术性的工作组和委员会，共同服务于"金伯利进程"证书与合法贸易圈的制度核心，反映了"金伯利进程"的制度化程度。

第二节　对参与国的管理

"金伯利进程国际证书制度"不是一个法律意义上的国际协议（agreement）。它必须通过成员国国内立法来实施，可能

---

① KP 网站：https：//www. kimberleyprocess. com/en/committee – rules – and – procedures–crp.

② KP 网站：http：//www. kimberleyprocess. com/en/kpcs – review – committee – ckr–09–12.

③ KP 网站："2017 Final Communiqué Brisbane"，https：//www. kimberley-process. com/en/2017–final–communiqu% C3% A9–brisbane–australia.

与传统的主权规范和自由贸易规范相冲突，还面临着各国国内改革的能力和效率问题；但从结果来看，总体落实情况良好。

一、非"冲突钻石"国的制度落实情况

2003 年 2 月 13 日，英国政府钻石署（United Kindom Government Diamond Office，UKGDO）正式对外办公。

虽然 2001 年发生了震惊世界的"9·11"恐怖袭击事件，但小布什政府早期还是基于自由贸易原则拒绝了对"金伯利进程"的认证，对新规定（regulations）是否与世贸组织规则（rules）相容保留意见。这直接威胁到整个进程，也促使国会迟迟难以达成"关于帮助限制脏钻石流入美国"的议案。直到 2003 年 4 月 24 日小布什签署并使 HR1584《清白钻石贸易法案》生效，这个占全球总市场份额 40% 的钻石贸易第一目的国才开始遵守"金伯利进程国际证书制度"。

2003 年 8 月中旬，欧洲委员会宣布一系列有关钻石开采和交易的新法规，要求所有钻石生产国在出口钻石原石和半成品时必须出具官方的产地证明，并要求钻石企业停止从安哥拉和塞拉利昂进口毛坯钻石[①]。

作为中东地区最重要的钻石加工国和贸易国，以色列"是世界上最早倡导'金伯利进程'的国家，第一张相关证书就是以色列颁发的。在 2004 年和 2006 年的相关调查中，以色列的得分都是最高的"。以色列工贸部某官员称："以政府对

---

① 国际在线网站：2003 – 11 – 21，http：//gb. cri. cn/321/2003/11/18/61 @ 3170. htm.

全部进出口钻石都进行监管，我们的原则是担保没有任何人造或有争议的钻石（'血钻'）进入市场。"① 以副总理兼工贸部部长埃利·伊沙伊（Eli Yishai）在 2007 年世界钻石委员会年会上表示，工贸部已授权以色列钻石监理莫迪凯（Mordechai）与立法机关合作，对钻石业的洗钱活动进行立法②。

2003 年 6 月 8—15 日，中非接受"金伯利进程"审视访问，审查团对结果表示满意，希望该国进一步加强内部监控③。2004 年 9 月，一位戴比尔斯发言人称南非是"100% 言行一致的"④。据当年 9 月 29 日《华盛顿邮报》报道，俄罗斯减少了对钻石统计数据的公布，美国、日本、中国、泰国和纳米比亚拒绝安排议程接受审查人员到访⑤，可见一些国家尚未做好接受检查的准备。2005 年，美国进口的价值 9 亿美元的粗钻石（其中四分之三来自南非、博茨瓦纳和民主刚果）中被爆混有"冲突钻石"，说明该国存在官员舞弊现象⑥。

中国是重要的钻石加工和消费国。2004 年 4 月 15 日，中

---

① 王万英：《以色列钻石要卖到中国》，载《世界新闻报》2007 年 7 月 11 日，http：//news. cctv. com/20070711/110915. shtml.

② 新华网：《世界钻石委员会号召根除"血钻"》，2007 – 05 – 11，http：//news. xinhuanet. com/world/2007 – 05/11/content_ 6085166. htm.

③ KP 网站："2007 Final Communique Meeting Brussels_ Compendium".

④ Hilton Shone，"South Africa Shines in Diamond Compliance"，*Sunday Times*，Sep. 26，2004，http：//www. globalpolicy. org/component/content/article/182/33845. html.

⑤ "Controlling Diamonds"，*Washington Post*，Nov. 29，2004，http：//www. globalpolicy. org/component/content/article/182/33848. html.

⑥ GW and AI，"The U. S. Diamond Sector"，Nov.，2006，http：//www. global witness. orglmedia–library–detail. php/8/enthe us–diamond_ sector.

国常驻联合国副代表张义山在某公开会上强调：我们欢迎并赞赏"金伯利进程"为切断钻石非法交易与武装冲突之间的联系所做出的有益贡献①。2005 年，中国顺利通过了审视访问，审查团成员一致认为，中国"建立了一个非常成功的钻石进出口及贸易监督机制。中国的'金伯利进程证书制度'实施工作是世界上最好、最出色的"②。2007 年 11 月 28—29 日在上海举行的中国国际钻石高峰论坛暨钻石交易管理工作会议上，世界钻石委员会主席埃里·伊扎科夫（Eli Izhakoff）、戴比尔斯政府关系部门负责人安德鲁·博恩（Andrew Bone）和印度珠宝出口促进委员会副主席梅塔（Mehta）等与会者分别在开幕式和论坛演讲过程中公开赞扬中国认真落实证书制度、积极参加工作组及核查活动等③。2014 年"金伯利进程"年会还特别赞赏中国与欧盟-比利时（EU-Belgium）互换"金伯利进程"证书电子版数据的理解备忘录④，认为这是一项合作创举。

二、传统"冲突钻石"国的新局面

"金伯利进程"起源于对塞拉利昂、利比里亚等传统"血

①　中国常驻联合国代表团网站：《中国常驻联合国副代表张义山大使在安理会关于"企业在预防冲突、维和及冲突后建设和平中的作用"问题公开会上的讲话》，http：//www.china-un.org/chn/dbtxx/czdbt/zhdjh/t84857.htm.

②　山东省出入境检验检疫局网站：《金伯利进程背景及简介》，2008-12-22，http：//www.sdciq.gov.cn/zxbs/fwkj/ycdz/bszn/200903/t20090309_14433.html.

③　康玉燕、梁伟章：《2007 中国国际钻石高峰论坛在上海举行》，载《中国国门日报》2007 年 12 月 10 日，http：//www.cqn.com.cn/news/zggmsb/disan/183714.html.

④　KP 网站："2014 Final Plenary Comuniqué Guangzhou（ENG）"，http：//www.kimberleyprocess.com/en/2014-final-plenary-comuniqu%C3%A9-guangzhou-eng.

钻"国的国际关切，这些国家在制度实施后的钻石产业情况和国家发展状况最能直观地反映出制度的效力。

（一）塞拉利昂的解禁与发展

2003 年 6 月 4 日，联合国安理会解除了对塞拉利昂的钻石出口禁令，将该国钻石贸易归入"金伯利进程"管理框架下。时任安理会轮值主席、俄罗斯大使谢尔盖·拉夫罗夫（Sergei Lavrov）表示："由于塞拉利昂政府增加了在控制钻石工业方面的努力，确保了对钻石开采地区的控制，并坚持为控制战乱地区钻石交易而设立的'金伯利进程'，安理会决定不再继续实施制裁。"[①] 9 月 19 日，安理会发布第 1508 号决议，敦促塞政府继续加强对钻石开采的控制和管理[②]。

塞拉利昂随即顺利加入"金伯利进程"，其政府开始全方位整顿钻石产业。2005 年，塞国内有约 2500 个规模不同的公司在从事钻石开采，年出口产值高达 1.41 亿美元，约占世界总量的 3%，而在 20 世纪 90 年代末这个数据几乎为零。但塞国钻石政策专家卡努（Kano）却认为，"钻石，从一开始，就已经腐蚀了这个国家的政治管理根本"[③]。2005 年，"全球证人"三次派团前往塞拉利昂了解钻石开采情况后指出：国际社会允诺的援助资金迟迟未到，在人手、资金和设备全面短缺

---

① 李新：《联合国同意结束对塞拉利昂"滴血钻石"出口的禁令》，2003-06-05，http：//www. chinadaily. com. cn/gb/doc/2003-06/05/content_ 38390. htm.

② UN 网站：《第 1508（2003）号决议》，http：//www. un. org/zh/sc/documents/resolutions/03/s1508. htm.

③ 环球网：《钻石梦背后的血泪》，2012-05-29，http：//pad. 3g. huanqiu. com/ipad/pic_ page/2656526. html.

的情况下，当地政府难以实现对钻石矿山的真正监管，"金伯利进程"钻石认证可谓"纸上谈兵"①。自解禁以来，政府在整个钻石产业高出口收入的获利比例不到3%，2006年全国毛坯钻石净出口额超过1.24亿美元，但政府的钻石收入只有370万美元，仅能使钻石从业者中的十分之一人口获益，百姓依旧难逃贫困。大量截肢和伤残的战争难民以及失去双亲的"娃娃兵"长期生活在难民营中，他们的基本生活物资极度匮乏，卫生条件和教育资源不足，心理创伤难以修复，人均寿命不足40岁。而非政府组织和国际多边救援机构（如自1986年起救济塞国的国际医疗人道救援组织无国界医生，Doctors Without Borders，DWB）提供的帮助只是杯水车薪。

塞拉利昂政府采取发放钻石开采许可证的方法来控制开采，规定采矿法人必须是本国公民。但实际上大部分钻石矿都由来自中亚和西非的外国人经营，实际控股人是美国等西方强国的财阀们。钻石许可证法规虽然规定了矿工的最低工资保障，但工资的两种发放形式——（1）每天1美元+他们所挖到毛钻价值的30%；（2）每天提取1%的砂石（包括里面可能含有的钻石）归他们所有——根本无法改善矿工生活，真正的获利者是经销商和中间商们②。

---

① 凤凰网：《电影揭露南非钻石生产血腥内幕》，载《新民周刊》，2010-06-12，http：//ucwap. ifeng. com/worldcup2010/xz/news? aid＝4493985&p＝14。

② 王晔：《塞拉利昂的富国梦：钻石无法带来一切》，载《新世纪周刊》，2007-04-09，http：//news. sina. com. cn/w/2007-04-09/145212734330. shtml。

表5 2004—2016年塞拉利昂毛坯钻石生产和出口情况一览表①

（贸易量的单位是克拉，贸易额的单位是美元）

年 份	2004	2005	2006	2007	2008	2009	2010
生产量	691756.92	668709.57	603566.07	603623.04	371260.95	400842.98	437516.09
出口量	691756.92	668635.58	603566.13	603623.04	371260.95	401363.33	437050.5
生产额	126652634.26	141940243.85	125304842.46	141565685.21	98772170.78	78423595.09	106062932.98
出口额	126652633.45	141833581.85	125304842.28	141565685.21	98772170.78	78784830.05	105678462.58
年 份	2011	2012	2013	2014	2015	2016	
生产量	357160.97	541165.66	608955.35	620181.11	500000.13	549086.26	
出口量	357247.59	541165.66	633232.17	620156.06	500000.13	549068.26	
生产额	124150581.01	163196193.41	184482656.63	221713243.46	154253128.68	158872778.13	
出口额	124106433.15	163196193.42	187142428.59	221674590.96	154253128.68	158872778.13	

① KP网站:https://www.kimberleyprocess.com/en/sierra-leone，本表为作者自制。

（二）利比里亚的解禁与发展

2003 年，利比里亚内战结束，联合国安理会于当年 12 月 22 日通过第 1521 号决议："所有国家应采取必要措施，阻止直接间接从利比里亚（2001 年起处于安理会制裁之下）进口一切毛坯钻石，不论这种钻石是否原产于利比里亚。"① 2004 年 4 月 17 日，第 1549 号决议"鼓励利比里亚过渡政府采取紧急步骤，为利比里亚毛坯钻石贸易建立透明、可由国际核查的有效的原产地证书制度"②。2005 年 6 月 21 日，第 1607 号决议"敦促利比里亚全国过渡政府加紧努力，在联利特派团的支持下，对钻石产区行使它的权力，并致力建立一个……正式的毛坯钻石贸易原产地证书制度，以期加入'金伯利进程'"③。

在历经了两年多的过渡和选举后，利比里亚终于由埃伦·约翰逊-瑟利夫（Ellen Johnson-Sirleaf）于 2006 年 1 月当选总统。这位非洲历史上首位民选女总统一上任便极力推动解禁本国钻石。她表示，经历多年内战的利比里亚需要依靠钻石收入重建基础设施。在 2006 年"金伯利进程"年会上，轮值主席莫哈埃支持对利比里亚解禁，他表示利在实施专家团的建议方面取得了切实进展。联合国特派团、联合国开发计划署

① UN 网站：《第 1521（2003）号决议》，http：//www. un. org/zh/sc/documents/resolutions/03/s1521. htm.

② UN 网站：《第 1549（2004）号决议》，http：//www. un. org/zh/sc/documents/resolutions/04/s1549. htm.

③ UN 网站：《第 1607（2005）号决议》，http：//www. un. org/zh/sc/documents/resolutions/05/s1607. htm.

（United Nations Development Programme，UNDP）、美国政府和迪拜钻石交易市场等国际行为体，对建立利国内控制体系提供了帮助①。

2007 年 3 月 27 日，利开启加入"金伯利进程"的行动。4 月 27 日，安理会通过第 1753 号决议解除利钻石出口禁令，并赞扬利比里亚政府与"金伯利进程"的合作，以及利在建立必要的内部管制并做出其他规定以达到进程最低要求方面取得的进展②。安理会轮值主席国英国代表埃米尔·琼斯·帕里（Emyr Jones Parry）说："这表明了我们对这个国家及其领导者的信任。"决议还规定，联合国专家小组将在 90 天内提交有关利申请加入"金伯利进程"的最新情况报告，安理会届时将据此对钻石出口禁令的解除进行审议。瑟利夫总统的发言人对此表示欢迎，他说："这将为我们的人民提供大量的就业机会。"据悉，当时利国内失业率高达 85%，许多失业者即内战后的武装解除人员。利比里亚驻联合国大使巴恩斯（Barnes）表示，"金伯利进程"委员会已决定接纳利为成员国，这得益于联合国安理会的决议③。

9 月，利比里亚恢复毛坯钻石出口，主要目的地包括以色列、比利时、阿联酋和印度。它们的钻石购买量分别占利出口

---

① 国际在线网站：《安南敦促人权理事会紧急派团调查达尔富尔状况》，2006-12-13，http：//gb. cri. cn/1321/2006/12/13/1569@1348481_ 3. htm.

② UN 网站：《第 1753（2007）号决议》，http：//www. un. org/zh/sc/documents/resolutions/07/s1753. htm.

③ 《重庆晨报》：《安理会解禁利比里亚血腥钻石》，2007-04-29，http：//cqcbepaper. cqnews. net/cqcb/html/2007-04/29/content_ 1234. htm.

总量的45.52%、31.72%、15.5%和2.37%。2007年12月19日，联合国安理会第1792号决议鼓励利政府在本国全面参与并实施"金伯利进程"制度的一年内，邀请进程进行审视访问；并欢迎进程酌情通过安理会所设委员会向安理会通报可能对利进行审视访问，以及对利政府实施证书制度进展所做的评估①。

土地、矿产和能源部（土矿部）是利比里亚负责执行"金伯利进程"要求的职能部门。钻石经营者必须预先到土矿部申请钻石经营执照（Diamond Dealer License），并将钻石送到土矿部钻石办公室进行检验，合格后将获得"金伯利证书"，交易人按钻石成交额的3%向国库缴纳使用费（royalty）②。虽然国内控制系统已经建立，但利比里亚通常被认为在官员培训和监督设备方面能力不足，钻石走私现象屡禁不止。2012年9月，时任联合国秘书长潘基文（Ban - Ki Moon）指责该国缺乏终止"血钻"贸易的决心，利比里亚政府随即回应称自己缺乏采取行动所需的资金③。

---

① UN网站:《第 1792 （2007） 号决议》，http：//www. un. org/zh/sc/documents/resolutions/07/s1792. htm.

② 中国商务部网站:《利比里亚钻石资源及出口简况》，2009 - 06 - 24，http：//www. mofcom. gov. cn/aarticle/i/dxfw/gzzd/200906/20090606355094. html.

③ Cecilia Jamasmie，"Liberia Tells the UN it Lacks Funds to Fight Blood Diamonds"，http：//www. mining. com/liberia-tells-the-un-it-lacks-funds-to-fight-blood-diamonds-17136/.

表6 2007—2016年利比里亚毛坯钻石进出口情况一览表①

(贸易量的单位是克拉，贸易额的单位是美元)

年　份	2007	2008	2009	2010	2011	2012	2013	2014	2015	2016
进口量	0	76.01	495.81	933.1	1036.48	0	0	0	0	0
出口量	21699.74	47006.54	27.731.85	21056.83	40048.61	34018.96	49468.11	55012.70	54200.22	60282.06
进口额	0	12758.00	248844.00	230959.00	1379933.25	0	0	0	0	0
出口额	2657541.58	9891785.34	9125637.76	15430168.15	16162570.29	12491128.76	17233319.83	22706428.89	23707297.04	29254431.00
净出口额	2657541.58	9879027.34	8876793.76	15199209.15	14782637.04	12491128.76	17233319.83	22706428.89	23707297.04	29254431.00

① KP网站：https://www.kimberleyprocess.com/en/liberia，本表为作者自制。

三、新非法钻石国的治理情况

有业内人士早在制度建立之初就指出，对非洲钻石出口的限制可能导致其国际价格上涨，更大的利润空间会激励更多的走私行为①。"金伯利进程"虽然改善了传统"血钻"国的状况，却也无法预防和阻止新非法钻石问题的出现。

（一）科特迪瓦的"血钻"

科特迪瓦的托尔迪亚（又译托迪亚，Tortiya，位于北部邦达玛区 Bandama）和塞盖拉（又译赛格拉、塞古埃拉，Séguéla，位于东北部的沃罗杜古区 Worodougou，有三个主要岩脉——鲍比 Bobi、图巴布克 Toubabouko 和尚不确定的迪拉巴纳 Dirabana）是该国的钻石主产区。

1999 年 12 月，科特迪瓦前总参谋长罗贝尔·盖伊（Lobell Guy）发动军事政变，国家由此陷入内战。2002 年 9 月，科被分裂成两个独立实体：纪尧姆·索罗（Guillaume Soro）领导的反政府武装新军（Forces Nouvelles，FN）控制下的中北部产钻区和总统洛朗·巴博（Laurent Gbagbo）的政府军控制下的南部。新军通过邻国加纳给"血钻"配以"金伯利证书"，或用船运至马里和布基纳法索（两国当时尚未参与"金伯利进程"），再出口至迪拜、以色列等地。意识到已失去对钻石矿的控制，科政府决定请求"金伯利进程"禁止本国

---

① 邵刚：《钻石，可不能随便买》，载《环球时报》2003 年 2 月 19 日，http://www.people.com.cn/GB/paper68/8517/799671.html.

合法勘探、开采和出口钻石①。

"全球证人"发言人科琳娜·吉尔菲兰（Corinna Gilfillan）指出，科特迪瓦是"血钻"问题最严重的地区之一。联合国一专家小组2005年11月提交的一份报告显示，"血钻"是科北部叛乱者的重要收入来源。11月17—18日，"金伯利进程"年会接受科政府的请求，决定该国不再签发"金伯利证书"，其官方出口毛坯钻石的渠道暂停，但保留了其成员国身份；12月15日，联合国安理会第1643号决议"决定所有国家应采取必要措施，防止所有来自科特迪瓦的毛坯钻石进入其领土"②。自2004年起，该国的官方生产和进出口钻石数量均为零。

在2006年"金伯利进程"年会上，主席莫哈埃指出："科特迪瓦北部的钻石开采仍被反叛武装控制，非常棘手，一些非法钻石混入了合法毛坯钻石贸易市场。科特迪瓦问题已不是新鲜事了，但一直困扰着'金伯利证书'制度。今年'金伯利进程'进行了一项调查，了解是否有科特迪瓦钻石流入参与国领土，迄今只有一个参与国报告没收了来自科特迪瓦的一批毛坯钻石。"③另据比利时媒体报道，2007年11月，比利时官方指控一家名为"仙女钻石"（Peri Diamonds）的公司于

<hr>

① 马泰奥·布泰拉：《科特迪瓦在联合国安理会取消对其钻石的制裁后重新开始运营业务》，2014 – 07 – 07，http：//www. rough – polished. com/ch/analytics/92031. html.

② UN网站：《第1643（2005）号决议》，http：//www. un. org/zh/sc/documents/resolutions/05/s1643. htm.

③ 国际在线网站：《安南敦促人权理事会紧急派团调查达尔富尔状况》，2006–12–13，http：//gb. cri. cn/1321/2006/12/13/1569@1348481_ 3. htm.

2006 年将价值 2000 万美元的科特迪瓦"血钻"转运至安特卫普①。联合国 2008 年的一份报告指出，数以千计的小矿主仍在塞盖拉、托尔迪亚等地忙碌。据"全球证人"估计，每年走私的科非法钻石价值在 1000 万~2300 万美元②，戴比尔斯和蒂芙尼等钻石交易商被指参与其中。

2010 年 11 月，由科特迪瓦原叛军成员组成的共和军首领阿拉萨内·瓦塔拉（Alassane Ouattara）赢得大选，但巴博总统指责选举违规并拒绝下台，国家继续处于南北割据状态。在非洲联盟（非盟，African Union，AU）、联合国和部分西方国家的支持下，特别是 2011 年 3 月 28 日—4 月 11 日法国独角兽（Unicorn）部队的军事干预下，共和军控制了科最大都市和经济首都阿比让（Abidjan），生擒了巴博③。6 个月的暴力冲突造成 1500 人死亡，几百万人流离失所。国家再次实现了统一，政府逐步恢复了对钻石产地的控制，从 2011 年起实行零官方钻石出口④。

2012 年，科政府开启为解除联合国制裁的相关行动。8 月，科能源和矿业部部长会见"科特迪瓦友好国家"驻科大使代表团，商讨本国恢复钻石合法出口的相关事宜。代表团参观了塞

---

① "Diamonds Kimberley Process Effective", *Africa Confidential*, London, 16 (11), as quoted in *Africa Research Bulletin*, Nov. 16–Dec. 5, 2007, p. 17640.

② 俞天颖：《钻石：滴血的奢华》，2007-03-12，http：//news. xinhuanet. com/world/2007-03/12/content_ 5833014. htm.

③ 毕晓普：《揭秘法国"独角兽"部队：闪电结束科特迪瓦内战》，2014-12-30，http：//mil. cankaoxiaoxi. com/2014/1230/613474. shtml.

④ 布泰拉：《科特迪瓦在联合国安理会取消对其钻石的制裁后重新开始运营业务》，2014-07-07，http：//www. rough-polished. com/ch/analytics/92031. html.

盖拉矿石产区，肯定了科政府为实现钻石矿的透明开采所做出的努力①。10月，科特迪瓦"金伯利进程"常设秘书处成立。

2014年4月29日，联合国安理会第2153号决议决定解除科特迪瓦钻石出口禁令，认可科达到"金伯利进程国际证书制度"的最低要求，鼓励科根据"金伯利进程"标准发展其钻石业，包括参与"金伯利进程"马诺河（Mano River）流域倡议，欢迎科提出在恢复原钻合法出口6个月后接受进程的审视访问②。

（二）加纳的钻石走私

2000—2005年，加纳钻石产量由62万克拉提高至101万克拉，价值从1030万美元增至3388万美元，实现了稳步增长，其主要目的地是比利时、印度和迪拜。2003年科特迪瓦爆发冲突后，比利时钻石商转而进入加纳开展贸易③。2006年6月，加纳贵重矿产品销售公司（Precious Minerals Marketing Corporation，PMMC）副总裁表示，本国的钻石贸易完全符合"金伯利进程"④。话音刚落，11月，联合国驻科特迪瓦专家团和"金伯利进程"审查团就发现加纳涉嫌走私科特迪瓦

① KPCS："2013 Cote d'Ivoire Review Mission Report," p. 1 – 33, http：//www. kimberleyprocess. com/en/2013－usgs－c％C3％B4te－divoire－report.

② UN网站：《第2153（2014）号决议》，http：//www. un. org/zh/documents/view_ doc. asp？symbol＝S/RES/2153（2014）.

③ 中国驻加纳大使馆经济商务参赞处网站：《受全球金融危机等因素影响，加纳钻石出口暴跌近50％》，2009 – 02 – 16，http：//gh. mofcom. gov. cn/article/jmxw/200902/20090206045844. shtml.

④ 中国商务部网站：《加纳2005年钻石出口收入达3390万美元》，2006－06－30，http：//www. mofcom. gov. cn/aarticle/i/jyjl/k/200606/20060602560262. html.

"血钻"。西方媒体随即向加纳施压，认为其没有尽到"金伯利进程"成员国的义务，应被驱逐。"金伯利进程"当年年会以中止其参与国身份为威胁，敦促加纳在3个月内改善本国内部钻石开采和交易环节的管理，并通过一项协助计划：由世界钻石委员会发布指令，规定加纳钻石必须经该委员会专家每月第四周的检查合格后方可出口，自24日起生效，有效期至2007年2月28日"金伯利进程"对加纳进行复查为止①。观察员们对此表示欢迎，但仍对制度缺乏快速行动表示遗憾②。

加纳政府随即成立一个由土矿部副部长担任主席的专门机构——金伯利进程合格认证委员会，以取代2003年关于加入进程的第652号法令授权的贵重矿产品销售公司，来负责达到进程要求的相关事宜。除实现政企分开外，加纳政府还加强了与其他国家和国际知名机构的合作，如12月11日邀请欧盟一专家来土矿部指导等③。3个月的努力使加纳的"金伯利进程"身份危机得以解除，使其能继续留在合法贸易圈内，每年获得上千万美元的钻石收入。然而2009年初，加纳又一次陷入了走私危机。据联合国的一份报告称，阿联酋某钻石机构

---

① 中国驻加纳大使馆经济商务参赞处网站：《金伯利进程将有助加纳控制钻石出口》，2006 - 11 - 17，http：//gh. mofcom. gov. cn/aarticle/jmxw/200611/200611 03773519. html.

② Ange Aboa，"Ivorian Diamond Trade Goes on Despite Ban"，Dec. 18，2006，http：//www. globalpolicy. org/internships-mm/internship-application. html.

③ 中国经济网：《加纳加强对毛坯钻石的收购和出口的控制》，2006 - 12 - 14，http：//intl. ce. cn/gjmy/zxdt/200612/14/t20061214_ 9756471. shtml.

发现，一包加纳出口的带有"金伯利证书"的钻石并非原产自加纳①。看来只要邻国的"血钻"问题不解决，加纳的走私现象就屡禁不止。

（三）南美洲的非法钻石

"非洲加拿大伙伴组织"最先关注巴西问题。2005 年 5 月，该组织发布《良好意愿的失败：巴西钻石业中的欺骗、偷窃和谋杀》的报告，描述了巴西采钻业中某些政府官员的大量非法行动，并指责"金伯利进程"没能处理或预防此类现象②。2006 年 3 月 10 日，该组织发布进一步报告《逃亡者和幽灵：巴西的钻石出口商》③ 指出，巴西无法说明大约一半数量的钻石出口，应被暂停"金伯利进程"成员资格④。4 月，"金伯利进程"调查组发现，该国在程序上存在反常和不足之处。巴西政府立即暂停了毛坯钻石的官方出口，并接受"金伯利进程"审视访问⑤，这才得以留在进程内。

"非洲加拿大伙伴组织"的另一份报告指出，每年有价值 4300 万美元、多达 20% 的圭亚那（非"金伯利进程"成员

① 中国驻加纳大使馆经济商务参赞处网站：《受全球金融危机等因素影响，加纳钻石出口暴跌近 50%》，2009 – 02 – 16，http：//gh. mofcom. gov. cn/article/jmxw/200902/20090206045844. shtml.

② PAC："The Failure of Good Intentions：Fraud，Theft，and Murder in the Brazilian Diamond Industry"，May，2005.

③ PAC："Fugitives and Phantoms：The Diamond Exporters of Brazil"，Mar.，2006.

④ PAC 网站："PAC's Approach"，http：//www. pacweb. org/en/pac – approach.

⑤ KPCS，"2006 Brazil Review Visit Report"，p. 1–48，http：//www. kimberleyprocess. com/en/2006–brazil–review–visit–report.

国)钻石非法走私至巴西和委内瑞拉。该组织呼吁驱逐巴西和委内瑞拉,但"金伯利进程"没有采纳①。

委内瑞拉被认为"公然"挑战国际制度。它是"金伯利进程"成立以来第一个主动退出的国家。该国自 2006 年起便不再对外公开钻石出口情况,2008 年自动退出"金伯利进程",原因是自己已连续数年没有遵守规定程序,其钻石全部经由走私出口②。

2008 年,世界钻石委员会年会对此表示赞赏,伊扎科夫说:"委内瑞拉钻石的影响,大多与逃税有关,而与内部冲突相关极少。但我们认为这不是本质。'金伯利进程'旨在防止'冲突钻石'问题再度出现,它依赖于所有成员都奉行零容忍(zero-tolerance)政策。若有一个成员不能这样做,那么整个制度都将遭到破坏。事实上,委内瑞拉只是需要时间调整其现有的制度,因此对整个'金伯利进程'来说是有益的。""全球证人"一代表表示:"委内瑞拉从'金伯利进程'退出,这很好。它强调了有效暂停措施的必要性。如果需要,可将一些国家从名单上划掉。"③

委内瑞拉自 2010 年起停止一切官方钻石生产,但据"全球证人"消息,该国国内钻石开采一直在秘密进行,走私到巴西和圭亚那的渠道依然畅通。2013 年,"金伯利进程"年会报告

---

① PAC 网站:"PAC's Approach",http://www.pacweb.org/en/pac-approach.

② PAC 网站:"PAC's Approach",http://www.pacweb.org/en/pac-approach..

③ 新浪网:《钻石业必须牢记与冲突钻石作持续斗争》,载《中国黄金报》2008 年 7 月 4 日,http://finance.sina.com.cn/money/nmetal/20080704/14025056527.shtml.

指出，委内瑞拉目前前景不明，不能进行粗钻石贸易，但可以看到，该国成立国家矿业公司（National Mining Corporation）和积极参与"金伯利进程"的努力。委内瑞拉接下来应准备接受审查任务（review mission），可表达此意愿并为之主持一次技术协助访问（technical assistance visit）①。一年后的 2014 年年会报告继续赞赏委内瑞拉为恢复钻石生产而采取的积极行动②。

表7　2004—2016 年委内瑞拉毛坯钻石生产和出口情况一览表③

（贸易量的单位是克拉，贸易额的单位是美元）

年 份	2004	2005	2006	2007	2008	2009	2010-2016
生产量	9510.1	55153.71	27598.43	14502.84	9380.94	7730.37	0
出口量	9510.1	23471.99	0	0	0	0	0
生产额	381416.98	3173022.39	1513887.88	1192284.96	1293115.67	725808.06	0
出口额	381416.98	882129.95	0	0	0	0	0

（四）中非共和国的非法钻石

2003 年 3 月，"全球证人"公开呼吁暂时中止中非共和国的"金伯利进程"成员身份，因为反叛者掌握了权力，国家正在违反金伯利规则，但"金伯利进程"没有采纳④。7 月 8

---

① KP 网站："2013 Final Communique Plenary Johannesburg"，http：//www. kimberleyprocess. com/en/2013-final-communique-plenary-johannesburg.

② KP 网站："2014 Final Plenary Comuniqué Guangzhou（ENG）"，http：//www. kimberleyprocess. com/en/2014-final-plenary-comuniqu% C3% A9-guangzhou-eng.

③ KP 网站：https：//www. kimberleyprocess. com/en/venezuela，本表为作者自制。

④ GW 网站："The First Real Test of the Kimberley Process Is in the Central African Republic"，Mar. 18，2003，http：//www. globalwitness. org/library/first-real-test-kimberley-process-central-african-republic.

日，时任中非总统弗朗索瓦·博齐泽（Francois Boziz）在全国矿业工作会议开幕式上强调本国政府将严格遵守"金伯利进程"证明程序，整顿国内矿产行业，遏制私运钻石出国等违法活动，打击"冲突钻石"①。2005 年 5 月，博齐泽采取了包括取消前政权颁发的特别许可证等一系列措施。11 月 3 日，中非国家电台宣布本国日前颁布了旨在制裁"冲突钻石"的新钻石生产和贸易条例，规定将新成立的从事钻石收购和出口的单位每月钻石出口最大限额从原来的 200 万美元降为 100 万美元，并强调将严惩从事非法钻石交易的单位或个人。政府每 3 个月会对新条例的实施情况进行检查。此前，中部非洲经济与货币共同体（Communauté Economique et Monétaire de l'Afrique Centrale，CEMAC）的一支维和部队已前往中非主要钻石产地之一布里亚（Bria），协助当地武装打击钻石走私②。但问题没有得到根治，2013 年 5 月 23 日，中非共和国被暂停"金伯利进程"成员国资格，此后无官方毛坯钻石生产和出口。"金伯利进程"表示会持续关注中非情况，并在 2014 年年会上鼓励参与国给予中非技术协助③。

---

① 新华网：《中非总统强调打击"冲突钻石"非法交易》，2003 - 07 - 09，http：//news. xinhuanet. com/world/2003 - 07/09/content_ 962423. htm.

② 云南日报网：《中非共和国严厉打击钻石走私》，2005 - 11 - 04，http：//paper. yunnan. cn/html/20051104/news_ 87_ 634988. html.

③ KP 网站："2014 Final Plenary Comuniqué Guangzhou（ENG）"，http：//www. kimberleyprocess. com/en/2014 - final - plenary - comuniqu% C3% A9 - guangzhou - eng.

表8　2004—2016年中非共和国毛坯钻石生产和出口情况一览表①

（贸易量的单位是克拉，贸易额的单位是美元）

年份	2004	2005	2006	2007	2008	2009	2010	2011	2012	2013-2015	2016
生产量	348205.16	382756	419528.35	467710.53	377209.12	311779.42	301557.62	323575.62	365916.63	0	10957.25
出口量	349450.6	382756.32	415526.46	417710.53	377210.12	402679.42	298880.11	323472.00	371916.62	0	10957.25
生产额	51709404.00	60572404.80	59066866.49	59857870.53	47752281.70	47086829.60	48892376.57	60893286.76	62129596.66	0	1742255.10
出口额	51592358.80	60572403.27	59066866.33	59857870.53	47749282.87	46701768.31	48408386.75	60843286.76	62129596.70	0	1742225.10

① KP网站：http://www.kimberleyprocess.com/en/central-african-republic，本表为作者自制。

94

（五）莫桑比克的候选国身份

2008 年，莫桑比克首次公开表示希望加入"金伯利进程"。然而，在津巴布韦禁运期间（2009. 11—2011. 10），莫国被多家国际行为体质疑走私津巴布韦马兰吉地区的非法钻石。2011 年，莫桑比克正式提出加入申请。据该国矿业部副部长欧贝迪·马丁（Obede Matine）所言，该国萨韦河（Saver River）和林波波河（Limpopo River）沿岸可能存有钻石，国家希望进入合法的国际钻石交易市场[1]。2013 年、2014 年连续两届年会都将莫桑比克问题放在重要位置，并对莫国的积极行动表示赞赏。截至 2017 年底，该国仍是候选国身份。

第三节　小结及评价

在"金伯利进程"制度框架下，包括发达国家和发展中国家在内的 81 个正式成员国（已有 15 国担任轮值主席国），以及包括钻石业和非政府组织在内的众多观察员，在审视访问、会议讨论与表决、工作组和委员会工作等方面积极发挥作用并加强自身建设，为全球反"血钻"事业做出了贡献。"金伯利进程"的主要成效在于对新旧"血钻"国的逐一治理，并使"冲突钻石"占全世界比例大幅度下降。

由于"金伯利进程"的全面启动和发展，非洲部分反政

---

[1] Macauhub 网站：《莫桑比克将在 2011 年提出加入金伯利进程的申请》，2010-09-29，http：//www. macauhub. com. mo/cn/2010/09/29/9873/.

府武装的收入来源迅速减少，其武装水平随之下降，国内局势趋于稳定。同时，大量钻石得以在合法市场交易，贫穷政府的财政收入增加，这有助于国家战后重建和经济发展。"金伯利进程证书制度"推动了塞拉利昂和利比里亚的解禁及钻石工业的恢复；自 100 年前发现钻石，2005 年是刚果（金）出口钻石最好的一年①。2013 年"金伯利进程"主席恩拉佛在年会上指出，进程帮助那些刚刚从冲突中走出的国家进行重建与发展②。在面对科特迪瓦、加纳、巴西、委内瑞拉、中非和莫桑比克等国的新情况时，进程的处理方式和改造结果总体是令人满意的；虽然进程的诞生是出于对非洲问题的关切，但其治理范围却超出了非洲大陆，延伸至南美洲。"金伯利进程"被钻石行业官员肯定为一个"大多数时间都起作用的强劲的系统"③。

早在 2004 年"金伯利进程"年会上，马丁主席就宣布，认证钻石来自非冲突地区的"金伯利进程"覆盖了全球所有钻石贸易的 99.8%④。2005 年年会闭幕式上，俄罗斯财政部长

---

① KP 网站：http：//www.kimberleyprocess.com/en/sierra-leone.

② 国际在线网站：《金伯利进程统一认证毛坯钻石 10 年大幅减少全球血钻贸易》，2013-11-20，http：//gb.cri.cn/42071/2013/11/20/6071s4328322.htm.

③ GPF 网站："Vote of No Confidence of Kimberley Process Civil Society Coalition at Kinshasa Meeting", Jun.24, 2011, http：//www.globalpolicy.org/the-dark-side-of-natural-resources-st/diamonds-in-conflict/kimberley-process/50376-vote-of-no-confidence-of-kimberley-process-civil-society-coalition-at-kinshasa-meeting.html? itemid=1383.

④ KP 网站："2004 Final Communique Plenary Gatineau (Canada)_Compendium", http：//www.kimberleyprocess.com/en/2004-final-communique-plenary-gatineau-canadacompendium.

古德林(Goodling)认为,证书制度已产生一定效果。欧盟某代表在 2006 年年会上指出,"冲突钻石"在国际市场的比重已从 4%下降至 0.2%。数据工作组统计显示,2006 年在"金伯利进程"监督下的钻石贸易数量高达 4 亿 8000 万克拉,总价值 3750 亿美元,进程参加方签发的证书多达 5500 份①。2007 年 11 月 9 日发布的"金伯利进程"《布鲁塞尔宣言》指出,经过各方努力,截至 2007 年,国际市场上的"滴血钻石"所占交易比例已降至 0.2%②。另据世界钻石委员会的数据,这一比例不足 1%③。欧盟对外关系专员(European Union's External Relations Commissioner)贝妮塔·费雷罗-瓦尔德纳(Benita Ferrero-Waldner)在 2007 年世界钻石大会上表示:"钻石再也不是叛军的好朋友了。"④ 2008 年 6 月 30 日,在主题为"庆祝金伯利进程的 5 年"的第六届世界钻石委员会年会上,伊扎科夫高度赞扬了"金伯利进程"的成就:"事实上,'金伯利进程证书制度'的实施非常成功。在监控毛坯钻石的物流过程中,只有极少数的未鉴定钻石流入到市场,而

---

① 黄莉玲:《旨在消除"血钻石"的金伯利进程》,2014-01-08,http://www.mofcom.gov.cn/article/i/dxfw/gzzd/201401/20140100453472.shtml.

② 央视网:《打击"血钻"金伯利进程成员签署〈布鲁塞尔宣言〉》,2007-11-09,http://news.cctv.com/xwlb/20071109/108746.shtml.

③ 新华网:《世界钻石委员会号召根除"血钻"》,2007-05-11,http://news.xinhuanet.com/world/2007-05/11/content_6085166.htm.

④ "Diamonds Kimberley Process Effective", *Africa Confidential*, London, 16 (11), as quoted in *Africa Research Bulletin*, Nov. 16-Dec. 5, 2007, p. 17640.

源于内战冲突区域的问题钻石则少之又少。"① 安特卫普钻石商协会组织——安特卫普世界钻石中心（Antewerp World Diamond Center，AWDC）的菲力普·克莱斯（Philip Claes）指出，在"金伯利行动"出现之前，全世界范围内有 4% ~ 15% 的原钻是"战争钻石"②，进程最为突出的成就就是将这一比重降为 0.2%。这不仅是克拉数的减少，更是对和平和生命的贡献。

"金伯利进程"被认为是"资源诅咒"领域一项成功高效、不可或缺的国际制度。它使得钻石资源的国际监管程度远远超过了其他自然资源种类，并促进了许多重大的地区和全球问题的解决，理应得到进一步的推动和发展。伊扎科夫说："由于'金伯利进程证书制度'，钻石是世界上最受监督和审计的天然资源。这一制度已被证明是一个打击'冲突钻石'的重要而有效的工具。"③ 2013 年 6 月，中国常驻联合国副代表王民大使在安理会"预防冲突和自然资源"公开辩论会上发言时称，"金伯利进程"等政府间机制在遏止自然资源非法交易方面作用突出④。上海市市长杨雄在 2014 年"金伯利进

① 新浪网：《钻石业必须牢记与冲突钻石作持续斗争》，载《中国黄金报》2008 年 7 月 4 日，http：//finance. sina. com. cn/money/nmetal/20080704/14025056 527. shtml.

② Sonja Pace，"Diamonds Are a Multi – Billion Dollar Business Around the World"，Nov. 11，2008，http：//www. 51voa. com/VOA _ Special _ English/Explorations_ 26306. html.

③ SJD 网站：http：//www. sjdiam. com/information/kimberly–process/.

④ 中国常驻联合国代表团网站：《常驻联合国副代表王民大使在安理会"预防冲突和自然资源"公开辩论会上的发言》，2013 – 06 – 19，http：//www. fmprc. gov. cn/ce/ceun/chn/gdxw/t1051700. htm.

程"联席会议上表示，该制度是一项重要的国际合作制度，而且已发展成为联合国框架下一项关系到地区和平、社会经济健康发展以及国际钻石产业有序发展的重要国际制度①。中国国家质检总局副局长魏传忠认为，"金伯利进程""是国际钻石产业秩序不可或缺的重要制度，应该长期存在下去"②。

---

① 国家质量监督检验检疫总局网站：《一张证书铺就璀璨画卷 上海检验检疫局钻石交易所办事处助力金伯利进程工作回眸》，http：//www. aqsiq. gov. cn/zjxw/dfzjxw/dfftpxw/201406/t20140620_ 415675. htm.

② 徐博、周蕊、吴宇：《严控"冲突钻石"遏制地区冲突——专访质检总局副局长魏传忠》，2014－06－10，http：//news. xinhuanet. com/2014－06/10/c_1111076216. htm.

第四章 制度创建——声誉载体

在"金伯利进程证书制度"诞生之前，利益相关者进行了各种针对"冲突钻石"的全球治理尝试；但到了 2002 年末，它们都将自身行动纳入"金伯利进程"框架，使进程一跃成为"冲突钻石"全球治理行动中最主要的机制（详见第一章）。"金伯利进程"制度为什么能在这个时候建立？本章给出的解释是：因为进程扮演了"冲突钻石"利益相关者的声誉载体角色。

吉利斯（Gillies）具体阐述了声誉如何被操纵从而导致石油业透明化成为全球规范。他指出，成功的倡导活动给石油业利益相关者施加了足够的声誉风险（reputational risk）。这些行为者于是将自身利益转化为石油产业透明化规范（the norm of Oil Sector Transparency）定义和制度化路径（采掘业透明度行动计划）。这说明声誉在规范和制度产生中起作用①。

受此启发，本书提出："金伯利进程"是在"冲突钻石"

---

① Alexandra Gillies, "Reputational Concerns and the Emergence of Oil Sector Transparency as an International Norm", *International Studies Quarterly*, 54, 2010, p. 103–126.

利益相关者承受来自非政府组织、大众媒体（mass media）等全球市民社会成员以及联合国巨大的声誉压力（reputational pressure），以及在开展独立行动无法有效而经济地（cost-effectively）恢复声誉的情况下被选择的。进程及时提供了一个制度平台，帮助处于声誉风险中的参与者——特别是部分国家和国际钻石产业链上的从业者——重塑声誉，充当了声誉载体角色。参与者选择参与制度创建的条件是自身的声誉价值（reputational value）大于其建设和参与制度的利益损失成本（benefit loss costs）。

第一节 声誉载体的定义

声誉是指"行为者的偏好和能力在他者心中的印象"[1]。"载体"的基本定义是能传递能量或运载其他物质的物体，有承载、运载、寄托之意。"声誉载体"这一术语来自组织社会学，在国际关系学界尚未发现有相关应用，本书用它来描述国际制度产生时所扮演的角色，将它定义为"帮助行为体实现低成本声誉重塑的制度平台"。利益依赖于声誉，声誉依赖于制度，制度反过来影响成员的声誉，声誉再作用于利益[2]，这

---

① Michael Tomz, *Reputation and International Cooperation: Sovereign Debt across Three Centuries*, New Jersey: Princeton University Press, 2007, p. 10.

② Robert O. Keohane, "International Relations and International Law: Interests, Reputation, Institutions", Proceedings of the Annual Meeting (American Society of International Law), 93, Mar. 24-27, 1999, p. 376.

就是行为体与声誉载体之间的作用链。

图4　行为体与声誉载体之间的作用链

　　从"血钻"问题首次被曝光，到拥有 10 个正式成员、覆盖 37 个国家的"金伯利进程国际证书制度"出台，历经了约4 年的时间，其间各利益相关者打击"血钻"的行动规律是：它们在初期往往更注重各自为战，利用自身的平台和能力表明打击"血钻"的决心，开展相关活动；随着部分产钻国、联合国等行为体逐步推动"金伯利进程"倡议、在公开场合表达对进程的支持、号召国际行为体参与进程，全球钻石行业、钻石进出口国、非政府组织和媒体舆论等也将目光转向"金伯利进程"，进而将自身抗击"冲突钻石"的活动纳入"金伯利进程"框架。

　　利益相关者自选择（self-select）[①] 参与"金伯利进程"、自愿将打击"血钻"的单独行动转变为联合行动，正是因为"金伯利进程"充当了声誉载体的角色。

---

　　① 王永钦：《声誉、承诺与组织形式——一个比较制度分析》，上海人民出版社 2005 年版，第 53 页。

第二节　声誉载体的产生背景

承受声誉压力的行为体——声誉压力受体（receptor）选择声誉载体，是一个变被动为主动的过程。当被施以足够大的声誉压力、面临依靠自身力量无法承受或低成本无法有效化解的声誉风险时，受压方转而积极推动声誉载体的建立。施加声誉压力的行为体——声誉压力源（source）出于解决问题的考虑和对自身声誉的发扬，也积极推动高规格、高平台的国际制度的创建。声誉压力双方的共同努力，促成了国际制度作为声誉载体的最终诞生。

一、声誉压力源

一场声誉大战的发起者，通常是揭露事实真相的先行者，同时也是国际规范的倡导者。它们首先揭示某国际问题的表现、后果及内幕，将矛头直指利益相关者的不良行为，对其进行声誉施压、以压促变。在"冲突钻石"议题上，非政府组织、大众媒体、舆论影响下的普通民众，以及频频对相关国家实施制裁的联合国安理会，充当了声誉压力源的角色。

（一）非政府组织

坎贝尔指出，国际社会干预一场发生在非洲国家的暴力行动的热情通常不高①，但"血钻"问题除外，这离不开声誉压

---

① Greg Campbell, *Blood Diamond: Tracing the Deadly Path of the World's Most Precious Stones*, Boulder: Westview Press, 2002, p. xxii.

力源的努力。作为抗击"血钻"的急先锋，非政府组织善于通过道德权威塑造全球公共舆论，其中涉及人权的信息尤其容易引发强烈反响①。"全球证人""非洲加拿大伙伴组织"及众多人权团体据此积极参与超国家机构的活动②，深入与大众交流，并动员各国公众给政府施压；频繁发布各类报告，点名批评不良企业，并引领全球消费者开展抗议和抵制活动。正如世界宣明会一工作人员所言，解决"血钻"问题就是要提高人们的相关意识，给钻石业者施压以促其解决问题③。2002 年末，"全球证人"退出"致命交易"行动④的举措被认为是将自身行动纳入"金伯利进程"框架的标志性事件。非政府组织成功推动进程建立，并组成"金伯利进程民间社会联盟"，担任制度观察员，标志着它们的前瞻性举动取得了阶段性成果，也提高了自身在国际政治结构中的地位和声誉。

（二）大众媒体

大众媒体和公共观点已经在国际政治中扮演角色⑤，其中一个典型的例子就是"CNN 效应"（CNN effect）。2000 年 2

① Robert Charles Blitt, "Who Will Watch the Watchdogs? Human Rights Nongovernmental Organizations and the Case for Regulation", *BUFF. HUM. RTs. L. REV.*, 261, 2004, p. 262-263, 290, 333.
② Joshua Cohen and Charles F. "Sabel", *Global Democracy? N. Y. U. J. INT'L L. & POL.*, 2005, p. 764-765.
③ 新华网：《购买"血钻"有可能在资助非洲的内战》，2006-12-12, http：//news. xinhuanet. com/mrdx/2006-12/12/content_ 5474151. htm.
④ Bieri, "*From Blood Diamonds to the Kimberley Process*", p. 89.
⑤ Philip M. Taylor, "Global Communications", *International Affairs and the Media*, 1997, p. 58.

月，一部描述塞拉利昂"血钻"、题为"哭泣的弗里敦"的30分钟纪录片在 CNN（美国有线电视新闻网，Cable News Network）播出，引起强烈反响。"金伯利进程"倡议出台前后（2000.4—8），有关"血钻"内幕的国际报道量大幅上升[①]。英国《金融时报》和《新闻周刊》杂志，美国《纽约时报》（*New York Times*）、《纽约邮报》、《纽约每日新闻》（*New York Daily News*）、《华盛顿邮报》、《洛杉矶邮报》（*Los Angeles Times*）和《国家地理》（*National Geography*）杂志等都集中在这一时期进行了"血钻"报道及相关采访，使之成为震惊世界的国际新闻，其中提及了某些钻石贸易国、钻石公司和非洲叛乱集团的名字。记者坎贝尔2002年出版的专著，更是生动细致地描述了塞拉利昂内战惨状和"血钻"国际贸易链的惊人内幕[②]。在"冲突钻石"殃及的数个非洲国家中，以塞拉利昂"联阵"的残忍行径最为直观和震撼，媒体对塞国的大量报道强化了国际社会消灭"血钻"的意志和决心。

（三）联合国

联合国安理会在1998—2002年先后对安哥拉、塞拉利昂和利比里亚等国采取禁运制裁、组建专家团调查和派遣特派团维和等措施，这不仅直接损害了被制裁国的利益和声誉，也向过去与它们存在"血钻"贸易的国家和公司表明了联合国的强硬态度，要求相关行为体立即中止与被制裁国的非法钻石交

① Bieri, "*From Blood Diamonds to the Kimberley Process*", p. 38–42.

② Greg Campbell, *Blood Diamond：Tracing the Deadly Path of the World's Most Precious Stones*, Boulder：Westview Press, 2002.

易。然而，就算这些国家和公司及时遵从了联合国决议，其声誉已然随"血钻"贸易内幕的曝光而受损了。因此，在联合国安理会高度赞扬、积极推动、决议授权成立"金伯利进程国际证书制度"的时候，这些声誉压力受体当然迫不及待地追随联合国的脚步了。

二、国家作为声誉压力受体

米勒（Miller）将国家声誉定义为"用来预测未来行为的关于国家过去行为的共享认知"①。王学东认为，国家声誉就是国际体系中的其他行为体对于这个国家的持久性特征或特性的一种信念与判断，其主要功能是利用国家的过去行为来预测、解释其未来行为，属于非物质诉求（non-material end）②。

现代国家的声誉议题是尖锐的。声誉压力源"不断公布国家的行为和环境，这些报告塑造了个人、公众、组织和政府眼中的国家声誉"③。在国内政治情境中，舆论观点会形成观众效应，影响选民意向，进而向政府施压④；在国际政治情境中，国家和事件的公共印象关系到其他国家和非国家行为者对

---

① Gregory D. Miller, *The Shadow of the Past：Reputation and Military Alliances Before the First World War*, N. Y. ：Cornell University Press, 2012, p. 37.

② 王学东：《外交战略中的声誉因素研究——冷战后中国参与国际制度的解释》，天津人民出版社 2007 年版，第 1—2 页。

③ Elad Peled, "Should States Have a Legal Right to Reputation? Applying the Rationales of Defamation Law to the International Arena", *Brook. J. Int'l L.* 35 （1）, 2010, p. 109, 120.

④ Joe Clare and Vesna Danilovic, "Multiple Audiences and Reputation Building in International Conflicts", *Journal of Conflict Resolution*, 54 （6）, 2010.

一国的特点、行为或条件的认知，进而显著影响它们在与该国
打交道时的选择①。

大多数国家都认同声誉即利益②，与自身的国际抱负③有
关。一国的声誉资本（reputational capital）可能左右该国建立
同盟以实现国际政治目标的能力，影响国家产出商品的国际认
知和购买决定，吸引外国投资或入境旅游业④。当一国欲建立
反恐国际联盟、环保合作和引进留学生时，影响国外公共观
点、填补公共形象⑤、获得世界范围内讨人喜欢的声誉就变得
十分关键⑥。声誉成了权力的工具，"形象政治"（image
politics）在国际竞技场上可以转化为权力⑦。

在"血钻"议题上遭受巨大声誉压力的国家主要包括欧

---

①　Zhang Juyan and William L. Benoit，"Message Strategies of Saudi Arabia's Image Restoration Campaign after 9/11"，*PUB. REL. REV.*，30（161），2004.

②　Peled，"Should States Have a Legal Right to Reputation?"，*Brook. J. Int'l L.* 35（1），2010，p. 110.

③　Jennifer Ramos and Dana Zartner Falstrom，"Human Rights Norms，Compliance，and International Relations"，Paper prepared for the meeting of the Midwest Political Science Association，Chicago，2004.

④　Wang Jian，"Managing National Reputation and International Relations in the Global Era: Public Diplomacy Revisited"，*PUB. REL. REV.*，32（91，92），2006.

⑤　Evan Potter，"Canada and the New PublicDiplomacy"，*INT'L J.*，58（43，48-49），2002-2003，p. 44.

⑥　Eytan Gilboa，"Searching for a Theory of Public Diplomacy"，*ANNALS AM. ACAD. POL. & SOC. Sci.*，616（55，56），2008，p. 56.

⑦　C. Anthony Giffard and Nancy K. Rivenburgh，"News Agencies，National Images，and Global Media Events"，*JOURNALISM & MASS COMM.*，77（8），2000，p. 8.

洲钻石交易大国比利时①、世界钻石消费大国美国和重要的钻石走私国黎巴嫩在内的一大批"血钻"产业链各环节所涉及的国家，以及参与"血钻"贸易的个人和公司的母国等。

国家对道德批判不可能是免疫的②。为了避免声誉受损引发更大范围的负面效应，以色列、南非、英国、欧盟、美国和博茨瓦纳等国家和区域组织开展了早期单独行动，其形式包括声明、立法、调查和召开国际会议等。在 2000 年 5 月"金伯利进程"倡议被首次提出后，一些国际社会的积极国家（active state），如纳米比亚、南非、安哥拉、博茨瓦纳、英国、比利时、俄罗斯和加拿大等纷纷承办"金伯利进程"会议；到 2002 年 11 月国际制度出台之际，已有 37 国成为创始会员国。

国家本身就有参与制度创建的需求，这是国家在拥有一定的结构领导力（structural leadership）的同时，追求制度领导力（institutional leadership）③ 的机会。但创建必须符合国家利益，而声誉就是其中一大动因④。好制度承载着声誉重量（carry reputational weigh），可以充当国家的声誉载体。投资者

---

① 斯迈利指出："安特卫普钻石、安特卫普本身乃至整个比利时经济都会（因此）遭遇重创。"Smillie, "The Kimberley Process Certificate Scheme for Rough Diamond", Oct. , 2005, http://www. verifor. org/resources/case – studies/limberley – process. pdf.

② Laura Westra, "The Ethics of Environmental Holism and the Democratic State: Are they in Conflict?", *Environmental Values*, 2 (2), Summer, 1993, p. 125–136.

③ G. John Ikenberry, "The Future of International Leadership", *Political Science Quarterly*, 111 (3), Autumn, 1996, p. 385–402.

④ Joseph Jupille, Brandy Jolliff, and Stefan Wojcik, "Regionalism in the World Polity", Working Paper, 2013.

在评估国家风险时，会注意到国家在国际经济关系中的成员身份；个人关于国家的认知也会因国际协议而改变。另外，证书制度给创始国带来的声誉收益显然要比后加入的国家更快更多。

没能成为创始会员的国家，有些是因为国内钻石状况未达到"金伯利进程"的最低标准，有些是因为考核和审批过程尚未完成，还有的受困于复杂的国内政治局面等。未能第一批"搭上""金伯利进程"这个声誉载体对有声誉需求的国家而言是遗憾的，但这并不意味着它们没有为推动进程而努力，全球范围内实际参与该制度创建的国家远远多于 37 个。它们积极学习证书制度并通过相关法律，设立本国境内的"金伯利证书"职能部门；一些"血钻"屡禁不止、未达到进程入会标准的国家也努力改善国内状况，将申请工作纳入本国国际事务议程。对于饱受批评的国家而言，加入一个拥有好声誉国家所在的组织，意味着在某种程度上吸收成员声誉①，有利于本国的声誉恢复。

"金伯利进程"是依赖成员国国内立法以实现治理目标的协商性非强制机制，国家参与创建的成本并不高。但它的国际制度定位使其成为行为体表达杜绝"血钻"决心（resolve for eliminating Blood Diamonds）的最官方、最高等级形式，对于国家来说是一条低成本、高回报的声誉重塑捷径。

---

① Julia Gray and Raymond P. Hicks, "Reputations, Perceptions, and International Economic Agreements", *International Interactions*, 40, 2014, p. 326-327, 329.

三、公司作为声誉压力受体

国际关系学声誉理论主要以国家为研究对象,而"金伯利进程"的建立离不开除国家以外的另一大行为体——跨国公司等钻石从业者的推动,解释这一点需要借用经济学声誉理论的内容。

国家和公司都注重国际形象和未来合作,但两者存在明显的不同:针对国家,声誉压力源联合的是国民;针对公司,声誉压力源联合的是全球消费者。国家断不可能因为这一事件灭亡,但公司却可能因臭名昭著的"血钻"而破产倒闭。从这个角度来看,如何挽回因"冲突钻石"而受损的声誉是关系到企业生死存亡的重大议题。

(一)公司声誉理论

丰布兰(Fombrun)和闰多瓦(Rindova)将企业声誉定义为"一个企业过去一切行为及结果的集中表现,这些行为及结果描述了企业向各类利益相关者提供有价值的产出的能力,衡量了一个企业在与内部员工及外部利益相关者关系中所处的相对地位,以及企业的竞争环境和制度环境"[①]。

声誉向来得到经济学家的重视。亚当·斯密早在200多年

---

① 谭小芳:《如何专业化管理企业声誉》,载《牛津管理评论》,2014-09-26,http://news.cnfol.com/jingyingguanli/20140926/19084281.shtml.

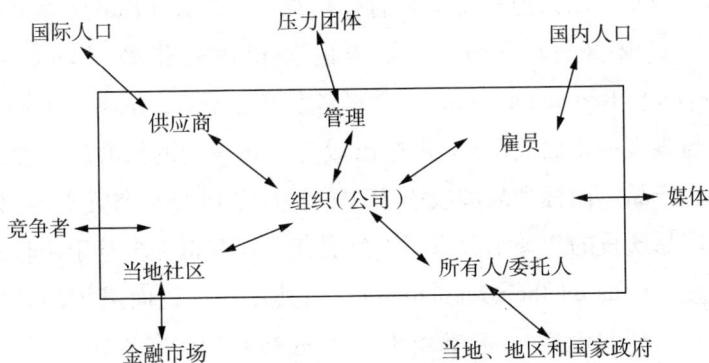

图 5　组织（公司）的利益相关者模型①

前就指出公司将从正面声誉中获得未来收益②。20 世纪 80 年代以来，最为重要的经济学成果——重复博弈理论指明了声誉对维持协议的重要性③。克雷普斯（Kreps）的 KMRW 声誉模型显示，当只进行一次交易时，理性参与者趋于采取欺诈等"非名誉"的"机会主义"手段获利；当交易重复多次进行时，为获得长期利益，参与者需建立自身"声誉"；单独一方

---

①　Gary Davies, Rosa Chun, Rui Vinhas Da Silva, and Stuart Roper, *Corporate Reputation and Competitiveness*, London and N. Y. : Rouledge, 2003, p. 59.

②　Adam Smith, *Lecture on Jurisprudence*, Ronald Meek, David Raphael, and Peter Stein eds. , N. Y. : Oxford University Press, 1978［1790］.

③　George J. Mailath and Larry Samuelson, *Repeated Games and Reputations*, Oxford: Oxford University Press, 2006.

111

的好声誉可以为他赢得众多合作伙伴①。霍尔（Hall）等学者
利用《财富》（*Fortune*）杂志的公司声誉指数（Fortune's
Corporate Reputation Index）考察多家美日公司，得出了企业声
誉与表现的正面关系②。声誉已成为公司成功的核心。它会反
映在产品、商标和品牌吸引力中，构成公司的声誉资本③。保
证产品质量的声誉十分重要，这会使公司获得更多基于声誉的
租金（rents on their reputation），使其比缺乏正面声誉的公司
拥有更高的价格④。声誉又是一个战略问题，它连接着形象、
身份、文化、雇员和客户满意度、招工、客户忠诚度、供应商
关系、收益增长和销售生产力⑤。丰布兰总结了公司正面声誉
的七大好处：吸引新员工、使消费者和雇主更忠诚、更低的危

① KMRW 声誉模型又名"四人帮"模型，是由克雷普斯、米尔格罗姆、罗
伯茨和威尔逊四位经济学家共同创建的。详见 David M. Kreps，P. Milgrom，
J. Roberts，and R. Wilson，"Rational Cooperation in the Finitely Repeated Prisoners Di-
lemma"，*Journal of Economic Theory*，27，1982，p. 245 – 252；"Reputation and
Imperfect Information"，*Journal of Economic Theory*，27，1990，p. 253 – 279；Kreps，
"Corporate Culture and Economic Theory"，in *Perspectives on Positive Political Economy*，
James E. Alt and Kenneth Shepsle eds.，Cambridge：Cambridge University Press，
1990，p. 90 – 140.
② Ernest H. Jr Hall，Jooh Lee，and Kyu Seung Whang，"An International Study
of Corporate Reputation，Diversification，and Performance"，*International Journal of
Business and Management Research*，3（1），Sep.，2011；Hall and Lee，"Assessing
the Impact of Firm Reputation on Performance：An International Point of View"，
International Business Research，7（12），Nov.，2014.
③ Davies，Chun，Silva，and Roper，*Corporate Reputation and Competitiveness*.
④ Benjamin Klein and Keith Leffler，"The Role of Market Forces in Assuring Con-
tractual Performance"，*Journal of Political Economy*，89（4），1981，p. 615 – 641.
⑤ Davies，Chun，Silva，and Roper，"*Corporate Reputation and Competitiveness*"，
p. 254.

机风险、更大的活动范围、产品更高价、买入更低价和更稳定
的收益①。2000 年，艾伦·格林斯潘（Alan Greenspan）在哈
佛大学（Harvard University）演讲时称："作为一种特殊的无
形资产，声誉的竞争已经成为经济前进的驱动力。在商品交易
中，事先评价生产商的声誉已逐渐形成惯例；面对服务商，他
们唯一能提供的就是声誉。"②

有关公司声誉的制度化操作可从科斯（Coase）的交易成
本经济学③中获得启发。企业的目的是将交易成本最小化，既
然声誉是一种资产④，那么就需要花费相应成本加以管理。在
很多行业中，公共关系（Public Relations，PR）概念已被声誉
管理（Reputation Management，RM）概念所替代⑤。声誉管理
是指一套包括媒体、危机管理（crisis management）、商标使用
以及公司身份的其他方面等内容构成的长期战略管理框架，具

---

① Charles Fombrun, *Reputation: Realizing Value from the Corporate Image*,
Boston: Harvard Business School Press, 1996, p. 73.

② 缪荣:《公司声誉》，经济管理出版社 2008 年版，"前言"第 1 页。

③ R. H. Coase, "The Nature of Firms", *Economica*, 4, 1937, p. 386 – 405;
"Industrial Organization: A Proposal for Research", in V. R. Fuchs ed., *Policy Issues
and Research Opportunities in Industrial Organizations*, N. Y.: National Bureau of
Economic Research, 1972, p. 59 – 73; *The Firms, the Market and the Law*, Chicago
and London: University of Chicago Press, 1988.

④ Heski Bar–Isaac and Steven Tadelis, "Seller Reputation", *Foundations and
Trends in Microeconomics*, 4 (4), 2008, pp. 273–351.

⑤ Miller, *The Shadow of the Past*, p. 1. Payal Sampat 和 Keith Slack 撰文指出，
对"肮脏黄金"的处理已经超出了公共关系的范畴，详见"Cleaning Up Dirty Gold
Mining Must Be More Than Just a PR Exercise", *Financial Times*, Jul. 3, 2006, p. 16.
本书进一步指出，包括"肮脏黄金""冲突钻石"在内的"资源诅咒"问题的处
理已经从公共关系范畴进入声誉管理范畴。

体依托一条连接员工和客户满意度的企业声誉链（corporate reputation chain）①。

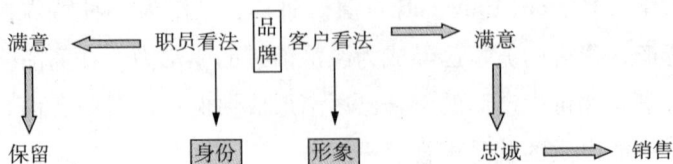

图6　企业声誉链

公司需要随时对影响自身声誉的重大社会议题进行鉴定并管理②，如危机。目前的危机管理经常是反应式的而非主动式的③，但"血钻"危机下的全球钻石业行动却提供了一个变被动为主动的经典危机管理案例。它们采取的方式就是积极推动国际制度创建、支付部分制度费用④以达到重塑声誉的目的。

（二）"冲突钻石"议题中的钻石业

突如其来的"冲突钻石"危机将全球钻石行业推到了风口浪尖，特别是拥有强大品牌地位⑤的戴比尔斯集团。与部分国家可能不知情相比，戴比尔斯及其他原钻采购商直接参与了

---

① Davies，Chun，Silva，and Roper，"*Corporate Reputation and Competitiveness*"，p. 76.

② W. C. Frederick，"Business and Society"，in P. H. Werhane and R. E. Freeman eds.，*The Blackwell Dictionary of Business Ethics*，Cambridge，MA：Blackwell Business，1997.

③ Davies，Chun，Silva，and Roper，"*Corporate Reputation and Competitiveness*"，p. 50-51，99.

④ 参见张五常：《制度的选择》（经济解释卷三），（香港）花千树出版公司2002年版。

⑤ Bieri，"*From Blood Diamonds to the Kimberley Process*"，p. 113.

"血钻"产业链。钻石从业者的腰包沾满了非洲人民的鲜血，这一强烈对比产生的冲击效果是显著的，商人唯利是图的面目被暴露无遗，企业声誉大为受损①。比尔利指出，戴比尔斯小心经营的形象几乎被"血钻"议题瓦解②。坎贝尔认为，戴比尔斯并不讨厌"血钻"，但忌讳公众对"血钻"的关注会威胁到钻石业的"浪漫形象"③。

在之前发生烟草、动物皮毛等商品的道德危机时，公司往往用"我不做也会有别人做"等逻辑去回应。而这次钻石业的应急处理方式显然更为高明："我们不想成为毛皮业。"④ 这部分归因于国际社会并不是要制止所有钻石交易，只要求杜绝"冲突钻石"，这样做给钻石业带来的商业损失是有限的；另一部分原因则依托于钻石业者的智慧。

1. 戴比尔斯

在 2002 年世界钻石大会开幕式上，戴比尔斯发言人表示，钻石应该保持其作为尽善尽美标志的地位，钻石业的经济利润与其声誉息息相关⑤。集团挽救声誉的行动分两步走，一是逐步停止非洲争议地区的采矿行为，二是积极推动"金伯利进程国际证书制度"的创建。

① Philippe Le Billon, "Fatal Transactions: Conflict Diamonds and the (Anti) Terrorist Consumer", *Antipode*, 2006, p. 778–801.

② Bieri, *"From Blood Diamonds to the Kimberley Process"*, p. 64.

③ Greg Campbell, *Blood Diamond: Tracing the Deadly Path of the World's Most Precious Stones*, Boulder: Westview Press, 2002, p. 99–138.

④ Bieri, *"From Blood Diamonds to the Kimberley Process"*, p. 7.

⑤ 新华网：《国际钻石业界承诺力争消灭非洲"血腥钻石"交易》，2002–10–08，http://news.xinhuanet.com/fortune/2002–10/08/content_588059.htm.

经济损失是不可避免的。在戴比尔斯逐步撤出安哥拉市场的过程中，1999年10月，集团内部看货商之一、俄罗斯人列夫·列维耶夫（Lev Leviev）开始寻求与安政府的直接合作，并在安内战结束后获得了一份价值8.5亿美元的合同。他开创的加工业垄断模式还威胁到了戴比尔斯历来对苏俄钻石生产的控制权①。但戴比尔斯并没有停下撤离非洲战乱地区的脚步，同时开始寻找低成本恢复声誉的途径。到2002年，集团开始公开支持"金伯利进程"，指出"各国政府必须尽快批准'金伯利进程'，钻石业自身必须以负责任的精神努力规范自身的经营行为"②。

戴比尔斯这次根本性的全面重大战略改革后来一直被当作跨国公司将公关灾难（PR disaster）巧妙转化为商业机会的成功典范，是经济学课堂的典型教学案例。一位业内人士告诉《环球企业家》，打击"血腥钻石"的最大获益方就是戴比尔斯。"血钻"让集团获得了一个机会来拓展品牌——如果它能成功成为唯一的"干净钻石"供应商，就能牢牢控制市场，

① 张晶：《"血钻"启示录》，载《环球企业家》2007年2月总第131期，http：//www. gemag. com. cn/14/3063_ 1. html. 解弋：《国际社会开始抵制非法钻石》，载《文汇报》2000年7月10日，http：//www. people. com. cn/GB/channel2/17/20000710/138217. html.

② 新华网：《国际钻石业界承诺力争消灭非洲"血腥钻石"交易》，2002-10-08，http：//news. xinhuanet. com/fortune/2002-10/08/content_ 588059. htm.

将反对者逐出竞技台①。由于多年来对"金伯利进程"和世界钻石委员会的支持，以及对清白钻石贸易和非洲发展的推动②，2012 年，总裁奥本海默获得了世界钻石委员会的最高荣誉奖章③。

2. 钻石行业协会

为了"漂白"（whitewash）钻石和声誉，以世界钻石交易所联合会和国际钻石加工厂商会为首的全球钻石行业早期充分利用业内平台——世界钻石大会向全世界表明态度，并创建和资助世界钻石委员会以履行行业承诺、负责"血钻"排查事务。

由于"金伯利进程"与政府和股东利益关系密切，代表了全行业的合法性和公平竞争原则，因而成为世界钻石委员会的重点支持对象④。世界钻石加工厂商会 2000 年提出的证明书制度，也在两年后被划入"金伯利进程"制度范畴。

声誉的破坏比创建容易⑤。对于戴比尔斯、行业协会等钻

---

① 张晶:《"血钻"启示录》，载《环球企业家》2007 年 2 月总第 131 期，http：//www. gemag. com. cn/14/3063_ 1. html. 解弋：《国际社会开始抵制非法钻石》，载《文汇报》2000 年 7 月 10 日，http：//www. people. com. cn/GB/channel2/17/20000710/138217. html.

② Nicky Oppenheimer, "Diamonds, Development, and Democracy", *World Policy Journal*, 25 (3), Fall, 2008, pp. 211–217.

③ 深圳珠宝网:《世界钻石委员会奖励奥本海默》，2012–05–24，http：//www. 0755zb. com/Texts/2012/5/24/165637. html.

④ 深圳珠宝网:《世界钻石委员会奖励奥本海默》，2012–05–24，http：//www. 0755zb. com/Texts/2012/5/24/165637. html.

⑤ Davies, Chun, Silva, and Roper, "*Corporate Reputation and Competitiveness*", p. 73.

石从业者而言，欲在短时间内恢复声誉和消费者信心，单靠自吹自擂和内部改革是不够的，它们迫切需要一个具有公信力的国际制度平台表明自己与"血钻"划清界限、接受国际监督的态度，建立"清白"钻石贸易商的声誉，越早参与到制度建设中去也能为本行业争取更多条款细节上的利益。由于声誉管理不是一个有预算的活动①，因此参与国际制度是个节省成本的上佳选择。

第三节　声誉载体的结构

王学东认为，国际制度是一种声誉系统（reputational system），其中两个关键特征是声誉的易获性（reputation ease）与有效性（effectiveness），有效性指的是制度容易把合作型行为体与非合作型行为体分离开来②。声誉系统有汇集、放大、传输和准直声誉的功能，其中准直是指将其他行为体对某个国家发散的、非定型的反映转化为平行的、较为统一的声誉，国家声誉因加入国际制度而从关系型概念变为属性概念③。

笔者赞同王学东关于国际制度的两个关键特征和四大功能

---

① Davies, Chun, Silva, and Roper, "*Corporate Reputation and Competitiveness*", p. 51.

② Joseph M. Whitmeyer, "Effects of Positive Reputation Systems", *Social Science Research*, 29, 2000, p. 188–207.

③ 王学东：《外交战略中的声誉因素研究——冷战后中国参与国际制度的解释》，天津人民出版社 2007 年版，第 3、61—62 页。

的论述，但他仅探讨了国家声誉与制度的关系。本书将组织社会学中的声誉载体概念引入国际关系学科，建立多重利益相关者的声誉结构（reputation hierarchy），形成社会声誉嵌入金字塔。

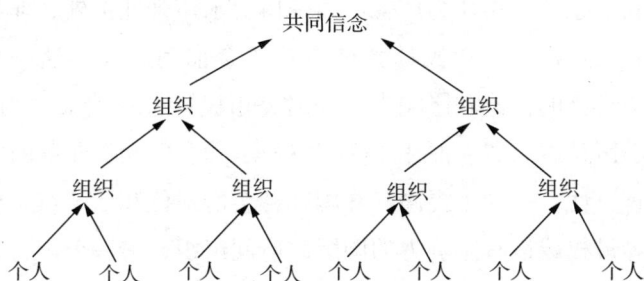

图 7　社会声誉嵌入的金字塔①

王永钦认为，任何组织都嵌入在某种形式的社会声誉结构中。金字塔式的社会信任结构是其中的一种重要方式，低层经济主体（声誉寻求者，reputation seeker）从高层经济主体那里寻求声誉租金（reputation rent），并将高层经济主体作为自己的声誉庇护者（reputation resort）②，即声誉载体。换言之，在信息不对称的社会里，具有公共产品性质的组织可以为成员提供声誉租金。

"金伯利进程"制度就是国家和钻石行业建构积极声誉的

①　王永钦：《声誉、承诺与组织形式——一个比较制度分析》，上海人民出版社 2005 年版，第 34、60 页。

②　王永钦：《声誉、承诺与组织形式——一个比较制度分析》，上海人民出版社 2005 年版，第 39—40，59 页。

工具和培育场所。米洛瓦诺维克认为，"金伯利进程"建立在保护钻石"声誉"的共识基础之上①，而钻石"声誉"直接联结着"冲突钻石"利益相关者的"声誉"，"金伯利进程"在保护"声誉"的国际诉求下得以诞生。

除国家和公司作为声誉压力受体寻求声誉庇护外，非政府组织和大众媒体等市民社会也需要"金伯利进程"这一平台来证明自己的价值和影响力；同时，市民社会将消灭"血钻"的决心声誉放入"金伯利进程"框架，可以加强自身的组织性和官方性，有利于提高其在国际社会的地位和话语权。作为全世界最权威最具影响力的国际政府间组织，另一个声誉压力源——联合国则以"维护世界各地和平"的共同信念统领全局，充当"金伯利进程"的声誉庇护者。"金伯利进程"在这个声誉嵌入金字塔中充当承上启下的声誉载体角色。

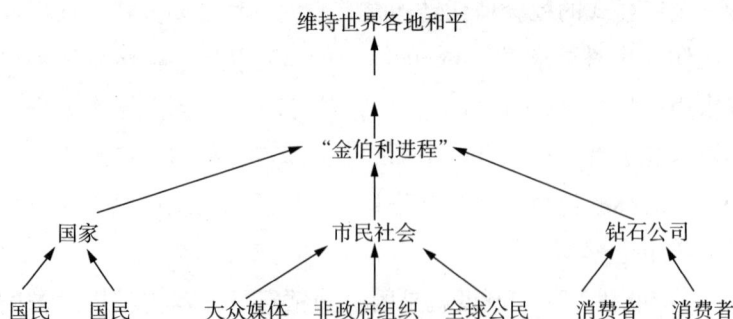

图 8 "金伯利进程"声誉嵌入的金字塔

① 吉莉安·米洛瓦诺维克：《"冲突钻石"需更新定义》，2012-11-26，http：//www.dfdaily.com/html/51/2012/11/26/899806.shtml.

120

第五章　制度成效——
"资源诅咒"与国际制度设计

　　"金伯利进程国际证书制度"对"冲突钻石"的显著治理效果可谓"冲突钻石"所属的"钻石诅咒"乃至"资源诅咒"领域的一大奇迹（详见第二章）。本章分析设立单一议题和合法贸易圈的"金伯利进程"作为一项国际制度，是如何适用于"冲突钻石"议题从而取得明显成效的，并为更大范围的"资源诅咒"治理议题提供参考。

第一节　"资源诅咒"现象

　　"冲突钻石"从属于"资源诅咒"这个大议题。为了通过比较凸显"金伯利进程"的有效性及其制度设计的巧妙之处，需对整个"资源诅咒"问题及其治理状况进行说明。"资源诅咒"，顾名思义就是指与资源相关或由资源导致的不良后果。"诅咒"一词的原意是祈求鬼神降祸于所恨之人，有神秘、难以破解之意。将诅咒与资源结合在一起，反映出此类资源问题的长期性和顽固性。

一、"资源诅咒"中的资源

"资源诅咒"中的资源主要指自然资源中的"点资源"（Point Resources）①，包括煤炭、石油、天然气等能源矿产（energy minerals）资源，铁、稀土、钻石、黄金等金属资源②，宝石、玉石等其他矿物资源，木材、橡胶、可可等农产品以及象牙、鱼翅、海豹等生物资源。

跟钻石一样，大多数"点资源"具有可耗竭性（exhaustibility），在全球地域范围内分布不均，必然形成资源富庶地区和资源贫乏地区，因而"点资源"具有稀缺性和流通价值（可贸易性，tradability），拥有"点资源"禀赋的国家和地区③在国际市场具有比较优势。在全球化和市场经济的背

---

① 奥蒂将自然资源分为"点资源"和"散资源"（Diffuse Resources）。"散资源"主要指水、土地、草场等用于生产农产品的资源。参见 Auty，"*Resource Abundance and Economic Development*"．除特殊说明外，本书出现的"自然资源"均指"点资源"。

② 金属可分为"铁"与"非铁金属"。非铁金属又可分为"基本金属""稀有金属"（Rare Metals）和"贵金属"三类。基本金属是指较为广泛且大量运用于机械、建材方面的非铁金属，如铝、铜、铅、锌、锡等；稀有金属是指蕴藏量较少或蕴藏量大但不易开采的非铁金属，如镍、铬、钒、锰、钴、钼、钨、钛、稀土金属等；贵金属是指产量少、与空气接触后不易氧化的一类非铁金属，如金、银、铂、钻石等。

③ 国际货币基金组织在《资源收入透明度指南草案》（2004.12）中以如下标准定义碳氢化合物和/或矿物资源丰富的国家：（1）碳氢化合物和/或矿物资源的平均财政收入在过去 3 年内至少占总财政收入的 25%；或（2）碳氢化合物和/或矿物资源的平均出口收益在过去 3 年内至少占总出口收益的 25%。参见董夏、李瑞民：《采掘业透明度行动计划（EITI）与资源业可持续发展》，载《国际石油经济》2008 年 7 月，第 38 页。

景下，"点资源"可谓最早在世界范围内流通的商品类型之一，目前占全球贸易总额的25%左右。

二、"资源诅咒" 中的诅咒

"资源诅咒"中的诅咒有狭义和广义之分。前者仅指经济领域，即自然资源没有带来经济发展，反而使国家和地区陷入经济停滞或衰退的经济异象。广义的诅咒概念较为丰富，一般涉及资源与经济、安全、政治、社会和环境等多领域的关系。本书采用广义的"资源诅咒"定义。

安全领域的"资源诅咒"是指与资源有关的冲突和战争，也包括资源被卷入跨国恐怖主义及犯罪活动等情况。"冲突钻石"属于安全领域的"资源诅咒"问题。政治领域的"资源诅咒"主要指资源丰富的国家政府官员将资源收入中饱私囊，国家存在严重的腐败、独裁、法制不健全等现象。社会领域的"资源诅咒"内涵较为丰富，包括资源富庶国的百姓生活贫困、人权受到侵犯、社会保障和基础设施不足、劳工待遇不佳、使用童工等问题。环境领域的"资源诅咒"指的是资源开发以当地环境恶化为代价，一味追求经济效益的行为给当地生态（土地、水和野生生物等）带来诸多不良影响，不利于可持续发展等。

从理论上看，将自然资源种类和5个领域的诅咒现象相乘，可以得到"资源种类×诅咒现象（5）"种"资源诅咒"。这是一个庞大的数字，存在两个需要注意的方面：一是将每种资源单列出来过于庞杂且意义不大，因为有些自然资源属于一个类别（如镍、铬、钒、锰、钴、钼、钨、钛等稀有金属）

或者在某个国家形成的诅咒效应相似，放在一起研究反而更容易找到普遍规律。不过，把钻石、石油、铁矿石、木材等全球范围内数量庞大、流通广泛、具有自身诅咒特点的资源单列出来是有意义的，可以使关于现象、原因和解决方案的研究更具有针对性。二是 5 种诅咒现象在很多情况下是相互关联的，如安全领域的问题会带来相应的经济、政治和社会问题，政治领域的腐败也会给经济和社会带来不良效应等，把每个问题分开放置在不同的诅咒类型中反而割裂了彼此间的联系，不利于掌握"资源诅咒"的一整条发生脉络。但其中有些诅咒现象适合单独研究或优先研究和治理：一些因果链较短的环境问题，如矿业开采对阿拉斯加（Alaska）巴斯托尔海湾（Bristol Bay）原始鲑鱼渔业的威胁性破坏；安全领域的诅咒现象，因其破坏力大、影响深远，也适合优先研究和处理，如"冲突钻石"；社会领域的人权问题、劳工问题、童工问题等往往是某些非政府组织的工作重点，因而单独和优先治理的可能性也较大。

第二节　国际制度对策

"资源诅咒"与它的个案——"冲突钻石"一样，也属于资源领域的国际政治经济学问题。基于对"资源诅咒"现象的认识、对现有"资源诅咒"全球治理尝试的对比考察，以及对前沿项目——"金伯利进程"的深入剖析，本书提出，国际制度对突破"资源诅咒"具有明显的可行性。

一、国际制度的优点

全球化背景下的"资源诅咒"具备以下特征：经济全球化正在助长一种对世界自然资源失去控制、不可持续的掠夺；在国家内部和国家之间产生经济和社会的不平等；以全世界穷人利益为代价（廉价劳动力、人权问题、当地资源和环境损失）使那些为数不多的全球化精英（以跨国公司为代表）受益；同时，它也向国家间的政治经济关系注入了新的不稳定因素①。

非洲"钻石战争"背后牵扯着众多国外势力，包括利比里亚、几内亚、冈比亚、布基纳法索、乌干达、卢旺达、刚果（布）、科特迪瓦、纳米比亚、苏丹、乍得、多哥、津巴布韦和南非在内的邻国，乌克兰、保加利亚的军工厂，黎巴嫩、比利时和印度等钻石中转国，以及英、美、法等西方大国都相继参与其中②。

"解决全球性问题的努力通常集中于创建不同形式的国际制度。"③ 只有灵活有组织视野的制度才能引导国家从国际共

---

① ［美］约瑟夫·格里科、约翰·伊肯伯里：《国家权力与世界市场：国际政治经济学》（王展鹏译），北京大学出版社 2008 年版，第 182 页。

② Mirian Kene Kachikwu, "Diamonds and Civil Conflicts in Africa the Conflicts in Central Africa and West Africa", *Journal of Energy & Natural Resources Law*, 22 (2), 2004, pp. 171–193.

③ ［美］约瑟夫·S. 奈、约翰·D. 唐纳胡主编：《全球化世界的治理》（王勇等译），世界知识出版社 2003 年版，第 247 页。

同体中获益①。吉尔平认为："体系需要规范，从而使关于稀缺资源的冲突最小化。"② 关于资源问题，基辛格（Kissinger）曾说过，让国家聚集在这里，努力解决这些挑战，而不是互相指责；让我们同意，这个任务的规模和严峻性需要历史上前所未有的协作努力③。

用国际制度破解"资源诅咒"符合"资源诅咒"的客观特征。从"点资源"的自然属性及传统的资源收入走向来看，可贸易耗竭性自然资源的产地相对集中，主要是非洲、中东和拉丁美洲等发展中国家和地区。第 29 届联大之所以规定资源所有权永久属于国家，正是为了保护资源生产国的国民利益不被大型企业掠夺④。但由于资源的储量和品位等信息相对公开，再加上产地国的资金和技术不足⑤、法制不完善，真正拥有资源所有权或开采权的往往是只考虑短期利益和私人收益的国有企业、跨国公司和政治精英等行为体。资源开采背后的冲突、贫富差距、人权威胁、恶化的生态环境，乃至资源耗竭可

---

① Peter M. Haas and Ernst B. Haas, "Learning to Learn: Improving International Governance", *Global Governance*, 1 (3), Sept. –Dec., 1995, p. 255–284.

② Robert Gilpin, *War and Change in World Politics*, N. Y.: Cambridge University Press, 1981, p. 34.

③ James P. Grant, "Food, Fertilizer, and the New Global Politics of Resource Scarcity", *Annals of the American Academy of Political and Social Science*, 420, Jul., 1975, p. 11–30.

④ ［日］志贺美英：《矿物资源论》，九州大学出版社 2003 年版，第 148 页，转引自［日］加藤尚武：《资源危机》（曹逸冰译），石油工业出版社 2010 年版，第 56 页。

⑤ ［英］马丁·梅雷迪斯：《非洲国：五十年独立史》（亚明译），世界知识出版社 2011 年版，第 144 页。

能引发的长远后果，都由普通大众和未来一代来承担。这种资源收益的短期性和小众性与资源开采危害的长期性和大众性之间的强烈反差，需要具备长远眼光和开阔视野的全局性方案来处理，国际制度可能提供这样一种框架。

从"点资源"的流通特点来看，开采后的自然资源大多流入相对于生产国而言较为发达的加工国、贸易国和消费国。而目前经济学界有关"资源诅咒"的解决机制往往强调资源出口国的自我改良。事实上，许多发展中国家政府不具备依靠自身力量解决这一难题的意愿和能力。这些方案也就成了纸上谈兵。非政府组织的宣传教育可以起到规范倡导的作用，相关的治理倡议是有价值的试点行动，但仍没能实现对自然资源一整条国际产业链的全方位管理。一套具有普遍权威的国际制度能以具体的制度化形式规范整个产业及市场，从资源的流通渠道入手去突破源头的诅咒。

二、"肮脏黄金"

近年来，"肮脏黄金"问题备受关注，有学者质疑它是否是下一个"冲突钻石"①。致力于改善采矿行为的环保组织"大地艺术"（Earthworks）主席斯蒂芬·狄索波西多（Stephen D'Esposito）指出，针对"肮脏黄金"的市民社会运动正是参

---

① Rob Bates, "Dirty Gold: The Next Conflict Diamonds?", *Jewelers' Circular Keystone*, 176 (5), May, 2005, p. 108.

照之前钻石领域活动家的模式展开的①。虽然效仿了倡议活动，也促使行业利益相关者开展相应治理，但由于尚未形成国际制度层面的全球治理机制，"肮脏黄金"的全球关注度和治理效果不如"冲突钻石"。

（一）"肮脏黄金"现象

目前，全球高达70%的黄金采自秘鲁、菲律宾、加纳等发展中国家。一个金戒指会产生20吨废物②；废弃矿山中包含重金属和氰化物的有毒废物成了"定时毒气弹"③，严重污染产地的空气和水质④；开采还伴随着驱逐或转移、殴打、收监甚至杀害当地居民等侵犯人权行为，这就是"肮脏黄金"现象。

2000年，罗马尼亚一家金矿的蓄水池破裂，约10万立方米的有毒废水流入多瑙河（Danube），导致165吨鱼类死亡，还殃及了沿河植物和鸟类。某国际救援机构一篇报告《黄金的代价》指出，开采黄金给地球生态环境带来的破坏是巨大的：有大约三分之二的金矿是露天的，其中有些甚至在太空都能用肉眼看到。美国环保机构将废弃金矿比作核废料垃圾站，某矿业监察机构负责人称"黄金开采是世界上最肮脏、污染

---

① Gerry Bellett, "Green Groups Launch 'No Dirty Gold' Campaign: Final Edition", *Calgary Herald*, Mar. 15, 2004, p. C. 1.

② "Dirty Gold", *The Herald*, Apr. 28, 2004.

③ 环球网：《"情人节三宝"暗藏丑陋　巧克力或染童工血汗》，载《环球时报》2008年2月18日，http://world. huanqiu. com/roll/2008-02/61497. html.

④ "Smock Focuses on Raising Awareness to the Bridal Community about Dirty Gold Mining Practices: Smock's Letterpress Wedding Invitation Promotion Involves Customer Votes and Supports Earthworks No Dirty Gold Campaign", *PR Newswire*, Apr. 5, 2012.

最为严重的行业"。"拒绝肮脏黄金"（No Dirty Gold，NDG）运动主任帕耶尔·萨姆帕特（Payal Sampat）说："黄金开采是世界上每单位开采危害最大的行业。"英国著名设计师、街头时装女王凯瑟琳·汉姆奈特（Catherine Hamnet）指出："开矿公司总是会直接炸开一座山，然后碾碎矿石，在碎石中倒入氰化物以提取黄金。"这是一种名为"堆摊浸出"的过时采矿技术，全球每年出产的 2500 吨黄金中有 90% 经由这种方法提取。在从低品位矿石中过滤出微小黄金微粒之前，氰化物溶液要在矿石堆上停留数年。由于一茶匙浓度为 2% 的氰化物溶液就足以毒死一个人，提取 1 克价值几十美元的黄金留下的 1 吨多残渣就成了有毒废墟。一些小金矿会使用汞来代替氰化物，但其过滤提取工作通常在"一间配有喷灯的密室"里进行，工人及童工难免将挥发的汞污染物吸入体内，造成脑部的永久性损伤①。

（二）"拒绝肮脏黄金"运动

"拒绝肮脏黄金"是由"大地艺术"和美国乐施会共同发起的一项消费者运动。它们的报告点名指责经营 17 处海外金矿的普莱斯·多姆（Placer Dome）对菲律宾和巴布亚新几内亚的环境问题负有责任。报告中还引用了一位加纳反采矿（anti-mining）活动家的言论：加纳西南部城市塔夸（Tarkwa）有 3 万人因金矿开采被迫离开，还有人因反对跨国公司的采矿

---

① 环球网：《"情人节三宝"暗藏丑陋 巧克力或染童工血汗》，载《环球时报》2008 年 2 月 18 日，http://world.huanqiu.com/roll/2008-02/61497.html。

行为而被鞭打、逮捕甚至杀害①。

2005 年 2 月 11—12 日，"拒绝肮脏黄金"活动者聚集在劳力士（Rolex）、宝格丽（Bulgari）、卡地亚（Cartier）、伯爵（Piaget）、Zales 和 Fortunoff 等珠宝店坐落的纽约第五大道前，以及波士顿、华盛顿等城市，手举写有"不要让肮脏黄金玷污你的爱情"的情人节卡片进行抗议②。消费者被邀请加入这个团体，签署协议以拒绝缺乏责任感的"肮脏黄金"；黄金开采者被指责在开采过程中让发展中国家付出了人力和环境代价，并被要求改革③。

（三）黄金行业的回应

2005 年，世界主要黄金采矿者共同制定了一个管理氰化物的特殊法规，到 2006 年成功使包括加拿大巴里克（Barrick）、美国纽蒙特（Newmont）和澳大利亚力拓（Rio Tinto）在内的 17 家公司签署实行氰化物管理的独立审计。这个审计委员会有包括著名珠宝商伯爵、卡地亚和采矿巨头力拓、纽蒙特和澳大利亚必和必拓（BHP Billiton）等 20 余名成员（普莱斯·多姆在被巴里克收购前已加入）④。

2006 年，珠宝业界成立责任珠宝业协会（Responsible

---

① Bellett, "Eco-warriors Start Campaign to Alert Buyers to 'Dirty Gold': Final Edition", *The Vancouver Sun*, Feb. 12, 2004, p. F. 1.

② Beth Braverman, "'Dirty Gold' Protesters Strike on Fifth Ave", *National Jeweler*, 99 (6), Mar., 2005, p. 6.

③ "'No Dirty Gold' Campaign Targets U. S. Gold Jewelry Market", *U. S. Newswire*, Feb. 11, 2005, p. 1.

④ Kelly Patterson, "Spurning 'Dirty Gold': Final Edition", *Edmonton Journal*, Feb. 12, 2006, p. E. 3.

Jewellery Council，RJC），有包括多个珠宝巨头以及美国全国采矿业协会（National Mining Association，NMA）、世界黄金委员会（World Gold Council，WGC）参与。该组织向各矿业公司推出了一个新的国际氰化物管理条例。情人节前夕，"拒绝肮脏黄金"运动在《纽约时报》发表了《有毒金矿中没有罗曼蒂克》的文章，对蒂芙尼、海泽伯格（Helzberg）、卡地亚、伯爵、梵克雅宝（Van Cleef & Arpels）、Zale、the Signet Group（Sterling and Kay 珠宝母公司）和 Fortunoff 等 8 家珠宝商提出表扬①。汉姆奈特推出使用"环保黄金"的一系列婚戒设计，她所在的公司还与非营利组织"绿色黄金"（Green Gold）合作，达成有关哥伦比亚金矿的开采协议。"绿色黄金"参与了当地金矿的无毒化学物采矿、造林和限制废物排放等活动，并确保所得利润惠及当地社区②。

目前，卡地亚、海泽伯格、塔吉特（Target）、蒂芙尼、沃尔玛（Walmart）、美国家庭购物网（Quality Value Convenience，QVC）、Blue Nile、Boscov's、Brilliant Earth、Fortunoff、Whitehall 和 Zales 等多家珠宝销售商都签署了黄金规则（Golden Rules），其中包括国际惯例和国际法授予的基本人权，所在社区的自由、优先、被告知权和发表意见权，尊重

---

① "Eight of the World's Leading Jewelry Retailers Urge Mining Industry to Clean Up 'Dirty' Gold；No Dirty Gold Campaign Applauds Jewelry Industry Leaders on Valentine's Day"，*New York Times*，Feb.，2006.

② 深圳本地宝网站：《"肮脏黄金"破坏生态　1 克黄金产生 1 吨毒物》，2007 - 02 - 13，http：//www. sznews. com/tech/content/2007 - 02/13/content _ 870892. htm.

工人权利和劳工标准，保护采矿地的自然生态，保护海洋、河流、湖泊和溪流免受污染等①。那些未签署的零售商们正面临媒体和"拒绝肮脏黄金"网站（www. NoDirtyGold. org）的曝光②。

然而问题没有得到解决。2013 年，萨姆帕特抨击由行业控制的责任珠宝业协会认证系统没有实现杜绝与人权和环境有关的"肮脏黄金"的承诺③。从迄今为止的"肮脏黄金"治理实践来看，仿效"冲突钻石"模式、由非政府组织和媒体向跨国公司利益相关者施加声誉压力的路径是正确的；但仅靠行业的自我改革是不够的，由行业控制的认证体系的权威性和公正性也值得商榷。目前缺乏一项普遍的高规格国际制度来统领"肮脏黄金"的全球治理，而建成这项制度显然还有很长的路要走。

① Rob Bates, "Dirty Gold: The Next Conflict Diamonds?", *Jewelers' Circular Keystone*, 176 (5), May, 2005, p. 121.

② Sharonaylor Creatorscom, "Dirty Gold", *Daily Herald* (Arlington Heights, IL), Apr. 20, 2012, p. 5.

③ "Industry Controlled Responsible Jewellery Council Fails To Fulfill Promise of Preventing Conflict Diamonds and Dirty Gold", *Targeted News Service*, May 22, 2013.

第三节 单一议题

"机制设计事关重大"①,"金伯利进程"的成功不仅在于它作为国际制度的权威性和普遍性,还在于其制度设计的巧妙之处,其中重要一点就是限定单一议题。谈判大的、复杂的和细节的"多项的"协议通常比较困难②,由于"资源诅咒"问题的复杂性,一些全球治理机制在划定治理范围时往往选择囊括大量对象,这直接导致了治理的困难和低效,而"金伯利进程"则在一开始就规避了这一点。

"金伯利进程"制度的治理对象只限于"冲突钻石",即反政府武装控制下的钻石原石。在"资源诅咒"全球问题群中,冲突只是钻石作为一种自然资源带来的众多诅咒现象之一,钻石也只是导致冲突这种诅咒现象的众多自然资源种类之一。"金伯利进程"着眼于联合国定义下的"冲突钻石"这一单一治理对象,这对制度产生几乎是立竿见影的效果③起到了至关重要的作用。

---

① 罗纳德·B. 米切尔:《机制设计事关重大:故意排放油污染与条约遵守》,载〔美〕莉萨·马丁、贝思·西蒙斯编:《国际制度》(黄仁伟等译),上海人民出版社 2006 年版,第 105—144 页。

② Dixon Thompson, "Trade, Resources, and the International Environment", *International Journal*, 47 (4), Autumn, 1992, p. 751-775.

③ Bieri, "*From Blood Diamonds to the Kimberley Process*", p. 7.

一、资源种类和诅咒现象的单一性

资源的种类众多，只关注钻石，那么制度所要吸引和交涉的利益相关者就相对清晰，主要包括钻石的进出口国、钻石跨国公司和行业协会、钻石的全球消费者等。另外，在制度实施过程中，"金伯利进程"考察团只需直接与生产国的钻石开采管理部门和贸易国的钻石交易监管部门沟通，进程大会的各国代表、年度报告的数据、工作组对资源开采技术的研究等，都只需集中于钻石这个单一对象即可。将精力和管理范围集中于一种资源领域，有利于提高制度的专业性和灵活性，有利于深入挖掘本领域的深层次问题和细节，有利于制度有效性的集中体现，进而及时树立制度的国际权威。

钻石的诅咒效应由来已久、分布广泛、表现形式多样，几乎涉及上述5种诅咒现象，但"金伯利进程"只关注与反政府武装有关的钻石冲突问题。这是制度单一议题设计的另一层面。"冲突钻石"已上升为一个联合国法定术语，有专门的使用范围，其概念和所指相对明确。"冲突钻石"的来源只是与合法政府相对的叛乱集团，确立叛乱集团的身份相对容易，这使得制度能清楚区分"冲突钻石"和非"冲突钻石"。而检验制度的效果只需观察国际市场上"冲突钻石"的比例以及反叛者参与的与钻石有关的冲突数量即可，因果链相对简单。"金伯利进程"紧扣"冲突钻石"这一破坏性最大、最受关注的"钻石诅咒"现象，也有助于制度迅速确立崇高的国际地位。

虽然"金伯利进程"只关注"冲突钻石"，但这并不意味着它的治理模式不能被应用于其他"冲突资源"（Conflict Resources，CR）；虽然"金伯利进程"只关注钻石的冲突问题，但也不意味着未来制度不会延伸到其他的"钻石诅咒"治理中去。要强调的一点是，在针对"资源诅咒"的国际制度建立初期，设立单一资源和单一诅咒的治理范围有助于取得定点高效的治理成果，要避免治理对象的定义太模糊、治理范围过大以及资源诅咒的因果链过长。

二、"石油诅咒"

"石油诅咒"是一个比"冲突钻石"后果更为严重、影响更为广泛的"资源诅咒"问题，但令人遗憾的是，国际社会远未形成有关单一"石油诅咒"的全球治理方案。

（一）"石油诅咒"现象

欧佩克创建人胡安·阿方索（Juan Alfonso）曾说过："（石油）是魔鬼的粪便，我们在其中沉沦。"[1] 与"血钻"相比，石油的道德争议性和危害性可能更大，正如影片《血腥钻石》（《血钻》，*Blood Diamond*）中一名塞拉利昂民众所言："希望他们不要在这找到石油，不然我们就真的有大麻烦了。"从地缘政治角度看，"石油主义"思维认为，石油容易导致国家卷入国家间军事冲突（Militarized Interstate Disputes，

---

[1]　Moisés Naím, "The Devil's Excrement", *Foreign Policy*, 174, Sep. / Oct., 2009, p. 159-160.

MID）[①]。弗里德曼甚至将石油资源的诅咒称为"石油政治学的第一定律"[②]。上述 5 种诅咒现象在产油国几乎都能找得到[③]。石油容易引发公民战争[④]，加重种族悲剧[⑤]，降低政治自由[⑥]，培养国家弱点（state weakness）[⑦]——变为食利国家[⑧]，带来生态和环境后果[⑨]等。据世界银行鉴定，全球 6 个最依赖

① Colgan, "Oil and Revolutionary Governments: Fuel for International Conflict", *International Organization*, 64 (4), Fall, 2010, p. 661-694.

② Thomas L. Friedman, "The First Law of Petropolitics", *Foreign Policy*, Apr. 25, 2006, http://www.foreignpolicy.com/articles/2006/04/25/the_ first_ law_ of_ petropolitics.

③ Luisa R. Blanco, Jeffrey B. Nugent, and Kelsey J. O'Connor, "Oil Curse and Institutional Changes: Which Institutions are Most Vulnerable to the Curse and under What Circumstances?", *Contemporary Economic Policy*, 33 (2), Apr., 2015, p. 229-249.

④ 详见 James D. Fearon and David D. Laitin, "Ethnicity, Insurgency, and Civil War", *American Political Science Review*, 97 (1), 2003, p. 75-90; Indra De Soysa, "Paradise Is a Bazaar? Greed, Creed, and Governance in Civil War, 1989 - 99", *Journal of Peace Research*, 39 (4), 2002, p. 395-416; Jeff D. Colgan, "Oil and Revolutionary Governments: Fuel for International Conflict", *International Organization*, 64 (4), Fall, 2010.

⑤ Ross, "Blood Barrels: Why Oil Wealth Fuels Conflict", *Foreign Affairs*, May/Jun., 2008, p. 1.

⑥ Kristopher W. Ramsay, "Revisiting the Resource Curse: Natural Disasters, the Price of Oil, and Democracy", *International Organization*, 65, Summer, 2011, p. 507-529.

⑦ Fearon and Laitin, "Ethnicity, Insurgency, and Civil War", *American Political Science Review*, 97 (1), 2003, p. 75-90.

⑧ Ross, "The Political Economy of the Resource Curse", *World Politics*, 51 (2), Jan., 1999, p. 297-322.

⑨ Nicholas Shaxson, "Oil, Corruption and the Resource Curse", *International Affairs*, 83 (6), Nov., 2007, p. 1123-1140.

石油出口的国家都债台高筑①。过去 30 年间,(中东和北非)产油国的人均所得率以每年 1.3% 的速度下降②。

在加蓬,奥马尔·邦戈(Omar Bongo,任期 1967—2009)总统掌控国家石油财富达 22 年之久,位列世界富豪榜前列。负责经营加蓬石油的法国埃尔夫(Elf)石油公司长期享受可观的减税优惠,作为回报,邦戈与埃尔夫约定,将 10% 的石油销售额汇入"投资多元化准备金"——一项略加掩饰的贿赂基金,供他个人支配。据法国《世界报》(Le Monde)1989 年披露,20 世纪七八十年代,虽然加蓬在艰难地偿还债务,但公共收入的四分之一都落入精英及其亲属家眷的个人腰包,其数额相当于加蓬国债总额的近两倍。全国个人总收入的80% 为 2% 的人口所有③。

1978 年,苏丹南部发现石油。这给原本长期存在的部落矛盾平添了一个极其复杂的争端点,与 2011 年南、北苏丹的最终分裂密切相关。1979 年,作为全球第六大产油国的尼日利亚,其年财政收入达 240 亿美元,但石油激发了人们对政治权力以及随之而来的财富的恶性争夺。石油财富被迅速挥霍殆尽,献金政治和贪污腐败登峰造极。据初步估算,前总统萨

---

① Erika Weinthal and Pauline Jones Luong, "Combating the Resource Curse: An Alternative Solution to Managing Mineral Wealth", *Perspectives on Politics*, 4 (1), Mar., 2006, p.35-53.

② [美] 托比·谢利:《围绕石油的世界纷争地图》(酒井泰译),东洋经济新报社 2005 年版,第 47、52 页,转引自 [日] 加藤尚武:《资源危机》(曹逸冰译),石油工业出版社 2010 年版,第 50 页。

③ [英] 马丁·梅雷迪斯:《非洲国:五十年独立史》(亚明译),世界知识出版社 2011 年版,第 344 页。

尼·阿巴查（Sani Abacha，任期 1993—1998）通过直接从国库提取、利用政府合同收取佣金贿赂以及设立石油信托基金等方式共偷窃了 40 亿美元的钱财。作为全世界最腐败的国家之一①，尼日利亚经济增长陷入停滞，人均国民所得从 20 世纪 80 年代初的 800 美元下降至 2000 年的 300 美元，与 1965 年没有差别，而 2000 年的石油收入已高达 3500 亿美元②。

联合国和一些非政府组织的报告表明，20 世纪 90 年代安哥拉内战双方都从出售石油和钻石中窃取大量美元以供私用，并对外声称用于购买武器和其他重要物资。同一时期，乍得发现石油，并在世界银行 42 亿美元的注资下启动开采项目，10 年内共获利 98 亿美元，仅 2011 年一年就获利 21 亿，但国家排在 2005 年"透明国际"清廉指数（Corruption Perception Index，CPI）158 个国家的最末位。世界银行对此表示，石油收入没有消除贫困，而是带来更多的市民冲突和不良管理；当地人失去土地和庄稼却没有得到补偿；开采污染土壤、水流和空气，破坏过去的生态系统——乍得湖（Lake Chad）③。对于非洲来说，"石油诅咒"的真正输家就是卖出大量石油却依旧生活在贫困线上的各国（如乍得、尼日尔、加蓬、尼日利亚、

---

① ［英］马丁·梅雷迪斯：《非洲国：五十年独立史》（亚明译），世界知识出版社 2011 年版，第 203—526 页。

② ［美］托比·谢利：《围绕石油的世界纷争地图》（酒井泰译），东洋经济新报社 2005 年版，第 53 页。

③ Lalanath de Silva, "What will it Take to End the 'Resource Curses'?", May 12, 2014, http：//www. wri. org/blog/2014/05/what–will–it–take–end–"resource–curses".

安哥拉、赤道几内亚[①])老百姓[②]。

中东是"石油政治"的集中展示地，常被冠以"火药桶"之名。伊拉克[③]、科威特、伊朗[④]等国发生的国内动荡与国家间冲突，特别是西方大国参与的战争，都与石油不无关系。其他主要产油国，如沙特阿拉伯、阿联酋、巴林、阿曼等，虽然政局平稳，但也长期存在着家族统治者与平民百姓之间的贫富差距过大、无法逾越的社会阶层分割现状、医疗和教育资源不足等问题[⑤]。产油国俄罗斯受困于固有的社会停滞问题，其内部改革动向也一直受到压制[⑥]。

（二）"石油诅咒"的全球治理尝试

当今世界没有针对石油这种资源的单一性治理方案，更没有针对石油的某一种诅咒现象的单一性治理方案，如石油与冲突、石油与贫困、石油与腐败、石油与人权、石油与污染等。石油问题总是被包含在不同主题的治理框架中。如采掘业透明度行动计划的三大治理对象之一是石油，主要手段是使公司支

---

① ［英］马丁·梅雷迪斯：《非洲国：五十年独立史》（亚明译），世界知识出版社 2011 年版，第 628 页。

② 柳润墨：《资源阴谋》，科学出版社 2011 年版，第 44 页。

③ Nancy Birdsall and Arvind Subramanian, "Saving Iraq from Its Oil", *Foreign Affairs*, 83（4），Jul. – Aug.，2004，p. 77–89.

④ Mohsen Mehrara, Maysam Musai, and Abbas Rezazadeh Karsalari, "Oil Revenues, Economic Growth and Resource Curse in Iran Economy", *Journal of Social and Development Sciences*, 2（2），2011，p. 73–80.

⑤ 可参见 Ramsay, "Revisiting the Resource Curse", *International Organization*, 65，Summer，2011，p. 507–529；Ross, "Does Oil Hinder Democracy?", *World Politics*, 53，2001，pp. 325–361.

⑥ ［日］加藤尚武：《资源危机》（曹逸冰译），石油工业出版社 2010 年版，第 50 页。

付款项和石油供应国收入透明化。安全与人权自愿原则
（Voluntary Principles on Security and Human Rights）的参与方包
括美英政府、采掘业和能源业企业、非政府机构及所有对人权
和企业社会责任感兴趣的行为体。该原则把石油包括在内，但
关注重点是人权和安全。"付款公布"、收入监测研究所、"全
球证人"、"透明国际"和全球报告倡议①等组织及其活动也涉
及"石油诅咒"。

　　上述治理尝试的共同点是不以石油为中心，因此不会集中
关注石油的利益相关者行为，如石油公司、产油国和石油贸易
国等，也无法触及"石油诅咒"的深层次原因；它们只是把
符合本组织或项目主题的部分石油利益相关者拉进来，这样做
对缓解"石油诅咒"有一定帮助，但很难撼动"石油诅咒"
的一整个体系。此类全球治理方案虽致力于解决"资源诅咒"
问题，却没有秉持单一议题的原则，其治理范围的划定很是模
糊。现有尝试对"石油诅咒"的治理有一种隔靴搔痒之感，
仅靠它们使"石油诅咒"如同"冲突钻石"那样基本从世界
上消失是不太可能的。

---

① Schuler, "A Club Theory Approach to Voluntary Social Programs: Multinational Companies and the Extractive Industries Transparency Initiative", *Business and Politics*, 14（3）, 2012, p. 5.

第四节 合法贸易圈

设立了单一议题的治理范围后,"金伯利进程"的有效性还依赖于制度对合法贸易圈的划定。坎贝尔认为,只有"金伯利进程"实施国际出口控制,才能去除钻石的血腥①。哈夫勒(Haufler)认为,进程的创新性正是在于它的国家进出口控制机制(inter-state import / export control regime)②。

由于"金伯利进程"所设全球钻石贸易圈具备政治合法性、政策和政治有效性等优点,因此制度在创立之初就吸引了大批国家加入,"血钻"也在短时间内得到了有效遏制。

一、贸易圈的有效性和合法性

"合法"贸易圈的设立(defining the boundaries of a "licit" trade)③,初衷来源于一种简单的思维——"没有买卖就没有伤害"。贸易圈的作用机制是通过对国际买卖环节的监管和控制,反向作用于资源供应国,迫使其进行内部改良,以符合贸易圈的要求,从而使全球范围内的"资源诅咒"问题得到

---

① Campbell, *Blood Diamond*, p. 224.

② Virginia Haufler, "The Kimberley Process Certification Scheme: An Innovation in Global Governance and Conflict Prevention", *Journal of Business Ethics*, 89, 2010, p. 403-416.

③ Susan Falls, "Picturing Blood Diamonds", *Critical Arts: South-North Cultural and Media Studie*, 25 (3), 2011, p. 441-466.

解决。

制度形式的有效性可通过以下三方面来衡量：国际制度的设计对解决它原本要帮助解决的全球性问题所做贡献的大小（政策有效性）、该制度的政治合法性，以及它从各国政府及其国内公众那儿获得的支持（政治有效性）①。

"金伯利进程"打击"冲突钻石"的政策有效性，主要依赖于制度设计中的合法贸易圈圈定。在合法贸易圈形成之前，进程通过声誉吸引行为体参与；随着贸易圈成员数目的上升、贸易圈内钻石交易份额的增多，圈外成员的非法市场被迫萎缩，从事非法贸易的获利空间也逐渐变窄，国家加入进程的意愿就日益强烈。而"金伯利进程"对申请国的审批过程，就是该国剔除"血钻"贸易的过程，国家必须为此主动改善国内状况，以求达到进程的最低标准。同时，由于进程拥有监督和随时将成员国驱逐出贸易圈的权力，因此多数国家不会选择冒这样的利益和声誉风险而参与"血钻"交易，"血钻"找不到买家便会逐渐从地球上消失。正如2013年进程主席恩拉佛所说："金伯利进程是自愿的，人们自愿加入进来是因为他们知道通过这个进程他们能够获得市场。"②

虽然国际法学家通常把"金伯利进程"归入软法律（soft law），但贸易圈明确规定了成员国义务，增加了制度的

---

① ［美］约瑟夫·S. 奈、约翰·D. 唐纳胡主编：《全球化世界的治理》（王勇等译），世界知识出版社2003年版，第258页。

② 黄莉玲：《旨在消除"血钻石"的金伯利进程》，2014-01-08，http：//www. mofcom. gov. cn/article/i/dxfw/gzzd/201401/20140100453472. shtml.

司法强制力①。

"金伯利进程"的政治合法性，体现在它的合法贸易圈是联合国决议授权成立、经世贸组织豁免②同意的。对国家来说，成为进程成员、参与进程设立的合法贸易圈，意味着拥有国际钻石交易市场的合法身份。

再看"金伯利进程"的政治有效性即它的规范性权威。随着议题治理的深入和参与行为体数量的增多，杜绝"冲突钻石"的理念逐渐深入人心，拥有和保持合法贸易圈成员的身份成为国家在规范层面的必然追求。

（一）钻石贸易国——黎巴嫩

黎巴嫩本身不出产钻石，但得益于地理位置的优势和政府的开放型外贸政策，黎一直是重要的钻石加工和贸易国。在过去，大批黎巴嫩商人长期旅居非洲，其中有约 12 万人在西非从事钻石进出口生意③。

20 世纪 80 年代末，扎伊尔（民主刚果的旧称）政府公开指控当地黎巴嫩人参与钻石走私；联合国相关报告也披露黎巴嫩商人与利比里亚和塞拉利昂的"血钻"黑市交易有瓜葛；另有国际舆论认为，黎巴嫩人从事的钻石走私和洗钱活动资助了中东恐怖组织。中东"反恐斗士"以色列因而对黎巴嫩指

①　Martin-Joe Ezeudu, "From a Soft Law Process to Hard Law Obligations: The Kimberley Process and Contemporary International Legislative Process", *European Journal of Law Reform*, 16 (1), 2014, p. 104-132.

②　详见 "Agreement Reached on WTO Waiver for 'Conflict Diamonds'", WTO NEWS: 2003 NEWS ITEMS, Feb. 26, 2003.

③　Douglas Farah, "Al-Qaeda Cash Tied to Diamond Trade", *Washington Post*, Nov. 2, 2001, p. A. 1.

责有加，反对黎加入"金伯利进程"。

到了 2002 年，黎巴嫩海关统计的年钻石进口额为 50 万美元，出口额却为零，说明走私状况严重。为了挽回国家形象和道德声誉，也为了从钻石合法贸易中获利，2003 年初，黎政府积极开展加入"金伯利进程"的行动。6 月 26 日，黎内阁会议决定建立钻石进出口监控体制；与国际组织合作，制定和完善针对钻石进出口和转口贸易的法律法规，提交议会审批；对海关人员进行专业培训。与此同时，黎巴嫩主管"金伯利进程"事务的职能部门经济贸易部强调，加入进程后，黎巴嫩将严格监管钻石进出口贸易，其辐射范围甚至包括居住在境外的黎巴嫩国民（暗指身在非洲、安特卫普等地的黎巴嫩钻石商人）。黎巴嫩政府随后提交了加入"金伯利进程"的所有必要文件，包括一项只需总统签字便可生效的法案。7 月 31 日，"金伯利进程"决定接受黎巴嫩为第 39 个正式成员，于 8 月 31 日生效。黎巴嫩国内官方和民间机构对此评价积极，认为加入与国际接轨的钻石贸易验证体制，有利于本国钻石加工贸易行业的健康发展①。

然而，仅仅 9 个月后，2004 年 4 月 1 日，黎巴嫩就被"金伯利进程"驱逐，原因是黎未能通过一项与进程标准相一致的法律。为阻止政坛对手、总理拉菲克·哈里里（Rafik Hariri）家族的钻石生意，时任总统埃米尔·拉胡德（Emile Lahoud）否决了上述确保国家留在"金伯利进程"内的法律

---

① 中国商务部网站：《黎积极加入金伯利进程的原因》，2003 - 08 - 02，http://www.mofcom.gov.cn/aarticle/i/dxfw/gzzd/200308/20030800114470.html.

草案。

据报道，2004 年前后，黎巴嫩拥有约 50 家钻石切割和加工厂，但绝大多数属于地下经济（underground economy）。某交易商在 2004 年 3 月接受黎《每日星报》（*Daily Star*）采访时称，毒品贩子利用钻石在黎境内洗钱，估计有 80% 的钻石都是非法进入黎巴嫩境内的[1]。2005 年，随着该法案的生效及进程对黎巴嫩两次审查任务的顺利完成，黎重获"金伯利进程"成员资格[2]。

---

[1] PAC 网站："Lebanon Dropped from Kimberley Process", Jun. 2004, http：//www. pacweb. org/Documents/Other-Facets/OF14-Eng. pdf.

[2] Smillie, "Paddles for Kimberley：an Agenda for Reform", http：//www. pacweb. org/Documents/diamonds_ KP/Paddles_ for_ Kimberley-June_ 2010. pdf.

表9 2006—2016年黎巴嫩毛坯钻石进出口情况一览表①

（贸易量的单位是克拉，贸易额的单位是美元）

年份	2006	2007	2008	2009	2010	2011	2012	2013	2014	2015	2016
进口量	186365.07	1708022.58	2472510.29	541701.15	775398.75	1177960.07	683389.49	311513.49	179443.21	84981.91	61402.45
出口量	46095.25	1429411.94	2391506.7	928554.62	848918.04	1104935.06	704389.99	311627.68	180267.29	70832.00	8807.20
进口额	8114328.90	45820070.84	39136492.65	57887866.40	120228794.68	204937046.27	112831194.06	48719267.31	25421645.58	6192000.93	1597738.35
出口额	5151586.50	45463266.77	47888745.63	58740788.21	117230846.72	296116583.73	125297220.50	44003502.76	13109725.42	12576778.90	326186.94
净出口额	-2962742.4	-356804.07	8752252.98	852921.81	-2997947.96	91179537.46	12466026.44	-4715764.55	-12311920.16	6384777.97	-1271551.41

① KP网站：https://www.kimberleyprocess.com/en/lebanon，本表为作者自制。

从 2006 年至今的年度数据来看，自加入"金伯利进程"以来，黎巴嫩每年都有大量合法钻石从官方渠道出口，11 年内有 5 年实现了贸易顺差，这在过去是难以想象的。从黎巴嫩 3 年内两次加入进程的经历来看，虽遇波折，但黎政府整顿国内钻石市场、与国际认证机构（international certification scheme）接轨的决心是坚定而持久的，也折射出"金伯利进程"合法贸易圈对国家的吸引力。

（二）新钻石生产国——喀麦隆

2008 年，喀麦隆东部莫比隆（Mobilong）矿区发现储藏有约 7.36 亿克拉的钻石原石，初期年产量可达 100 万克拉，能创造直接就业机会 3000 个①。新矿的发现使喀麦隆从一个与钻石贸易关系不大的国家一跃成为产钻国，为了从钻石出口中获利，喀麦隆必须主动申请加入"金伯利进程"。

2011 年 11 月 29 日，时任总理菲莱蒙·杨（Philemon Yang）签发第 203 号总理令，喀正式开启加入"金伯利进程"的行动。2012 年 7 月 9 日，由来自美国、南非、刚果（金）和喀麦隆的专家组成的"金伯利进程"代表团拜会总理杨，双方就钻石开采、喀加入进程等议题进行了交流，代表团还前往莫比隆进行了现场考察②。8 月 14 日，喀麦隆正式成为"金

---

① 新华网：《喀麦隆钻石蕴藏量可能达到世界级》，2009－06－30，http：//news. xinhuanet. com/world/2009－06/30/content_ 11626637. htm.

② 中国商务部网站：《金伯利进程专家代表团访问喀麦隆》，2012－07－11，http：//www. mofcom. gov. cn/aarticle/i/jyjl/k/201207/20120708224107. html.

伯利进程"第 78 个成员国①。该国 2013 年的年度报告显示，当年的总开采量为 2723.25 克拉，出口 2420.88 克拉，获利 57 万余美元；2014 年总开采量为 3718.16 克拉，出口 3600.15 克拉，获利 56 万余美元；2015 年总开采量为 2244.61 克拉，进口 151.26 克拉，出口 1723.29 克拉，净获利 40 万余美元②。

"金伯利进程"合法贸易圈要求喀麦隆作为新兴产钻国必须在开采前完成入会程序。与喀政府合作的来自韩国、博茨瓦纳、英国等国的矿业公司也必须配合和推进喀麦隆加入合法贸易圈。作为使钻石免于冲突的重要保证，合法贸易圈的职责不仅在于管理现有成员国，还需为潜在的钻石生产国、加工国、贸易国和消费国做准备。这是人类勘探和开采钻石技术的进步以及全球钻石市场的扩大所决定的。贸易圈的重要性正如我国质检总局副局长魏传忠所言："一旦缺失金伯利进程证书制度的闭环监控，'冲突钻石'又会卷土重来。"③

二、"冲突矿物"

"冲突矿物"是比"冲突钻石"范围略大的一类"资源诅咒"现象，同属于"血"框架（"blood"frame）。20 世纪 90 年代，非洲的"钻石战争"就掺杂着"冲突矿物"。目前针对

---

① 中国商务部网站：《喀麦隆正式成为金伯利进程组织成员国》，2012-08-23，http://www.mofcom.gov.cn/aarticle/i/jyjl/k/201208/20120808299655.html.

② 详见 KP 网站：http://www.kimberleyprocess.com/en/cameroon-0.

③ 徐博、周蕊、吴宇：《严控"冲突钻石" 遏制地区冲突——专访质检总局副局长魏传忠》，2014-06-10，http://news.xinhuanet.com/2014/06/10/c_1111076216.htm.

148

"血矿"（Blood Minerals）的治理运动也受到反"血钻"运动的启发，但国际社会始终未对"冲突矿物"形成诸如"冲突钻石"那样的明确认证和合法贸易圈划定，其治理效果不如"冲突钻石"。

（一）"冲突矿物"现象

在"冲突钻石"问题得到缓解后，刚果（金）继续受困于其他"冲突矿物"。早在 2002 年，安特卫普国际和平信息服务（International Peace Information Service，IPIS）就曾发布《支持刚果（金）的战争经济：欧洲公司和钶钽铁矿贸易》①一文，谈及钶钽铁矿（coltan，columbite-tantalite）的冲突性质。曾在"冲突钻石"领域发挥重要作用的"全球证人"也涉足其他"冲突矿物"。2009 年 7 月，该组织在一份题为"面对枪口，别无选择"的报告中称，刚果（金）各军事派别贩卖该国东部的矿藏以购买武器、支付军饷。可能多达 240 家的西方矿业公司从刚果（金）军阀处经中间人之手购买应用于高技术产业的锡石、黑钨、钶钽铁矿和黄金等稀有金属矿藏。报告最为怀疑的 4 家企业分别是英国联合金属公司下属泰国冶炼与精炼公司、比利时 AFRIMEX 英国分公司、比利时 TRADEMET 和 TRAXYS 公司。但当《时代》周刊向上述 4 家公司提出质疑时，得到的都是否定答复。据致力于消除非洲大

---

① International Peace Information Service，"Supporting the War Economy in the DRC：European Companies and the Coltan Trade"，Antwerp，Belgium，Jan.，2002.

湖地区（African Great Lakes region）① 种族灭绝和反人道等罪行的美国忍无可忍项目（Enough Project）称，刚果（金）东部出产的矿物主要卖给马来西亚、泰国和印度等国的中间商，再由中间商混进其他地方出产的同类矿物②。据美国媒体报道，人们日常使用的灯泡、手机、电视、数码相机、电脑、MP3 音乐播放器和电子游戏机中或许都掺杂"血色"③。

忍无可忍项目、联合国、"全球证人"和人权观察组织的相关资料显示，在刚果（金）东部武装团体〔包括叛逃军队、图西族（Tutsi）叛军和 1994 年卢旺达大屠杀中形成的胡图族（Hutu）难民游击队等〕所控制的矿场中，个别年产值高达1.44 亿至 2.18 亿美元。每年有约 1.1 万磅黄金出产，每磅的国际市场价为 1.5 万美元，仅 2008 年一年，当地武装就从黄金贩卖中获利 5000 万美元。他们强逼村民采矿，聚集了约100 万名工人干着每日薪金不足 1 美元的苦力。国际救援会（International Rescue Committee，IRC）对 1998—2008 年的 10年数据进行统计显示，约有 20 万名妇女遭强暴，大量儿童被迫当矿工，约 540 万名百姓在冲突中丧命，平均每月就有 4.5

① 非洲大湖地区是指维多利亚湖（Lake Victoria）、坦噶尼喀湖（Lake Tanganyika）和基伍湖（Lake Kivu）等湖泊的所在区域，涵盖了安哥拉、中非、布隆迪、刚果（布）、刚果（金）、赞比亚、坦桑尼亚、肯尼亚、卢旺达、乌干达和苏丹等 11 个国家。它是非洲自然资源最丰富的地区，也是战乱频发的"非洲火药桶"。

② 新华网：《刚果的血泪淘金梦》，2011-08-31，http：//news. xinhuanet. com/photo/2011-08/31/c_ 121937097_ 1. htm.

③ Marc J Epstein and Kristi Yuthas, "Conflict Minerals: Managing an Emerging Supply-chain Problem", *Environmental Quality Management*, 21（2），2011，p. 13-25.

万人遇害，是自二战以来伤亡人数最高的单一冲突事件①。迈斯塔特（Maystadt）等对 1997—2007 年刚果（金）相关情况的研究也验证了"冲突矿物"的存在②。

非洲拥有 50 种世界上最重要的矿物，其中至少 17 种的蕴藏量居世界第一③。2010 年，这块大陆有 6 场战争正在进行，都与矿物争夺有关④。2011 年 8 月 16 日，南非西北省马里卡纳（Marikana）铂金矿发生警察枪击罢工矿工的流血事件，导致 34 人丧生，78 人受伤，随后 270 名矿工因谋杀、企图谋杀和破坏公共安全等指控遭拘捕⑤。2012 年末，中非共和国北部、东北部和中部地区的较大规模军事冲突，也与该国丰富的石油、铁、黄金等矿物资源密切相关。

（二）"冲突矿物"的全球治理尝试

联合国安理会曾下令就非法开采刚果（金）资源财富问题展开调查并发布相应决议。人权组织打出"不要沾着鲜血

---

① 新华网：《刚果的血泪淘金梦》，2011-08-31，http：//news. xinhuanet. com/photo/2011-08/31/c_121937097_1. htm. Marc J Epstein and Kristi Yuthas, "Conflict Minerals：Managing an Emerging Supply-chain Problem"，*Environmental Quality Management*，21（2），2011，p. 13-25.

② Jean-Francois Maystadt, Giacomo De Luca, Petros G Sekeris, and John Ulimwengu, "Mineral Resources and Conflicts in DRC：a Case of Ecological Fallacy?"，*Oxford Economic Papers*，66（3），2014，p. 721-749.

③ 李妍编：《资源战争》，山东大学出版社 2014 年版，第 16 页。

④ 汇通网：《津巴布韦将售出 300 万克拉血钻》，2010-06-29，http：// www. fx678. com/C/20100629/201006291314581261. html.

⑤ 北大荒网： 《南非铂金矿发生流血事件》，2012-09-05，http：// www. chinabdh. com/bdhzx/hqsd/Articleshow. aspx? id=540815.

的卫星"的口号，以此发起抵制钶钽铁矿贸易的运动①。忍无可忍项目执行理事约翰·诺里斯（John Norris）表示："消费电子产业是支持刚果（金）东部武装'冲突矿物'的最大终端用户。公司有责任要求供应商提供更详尽的矿源资料，并要求供应商自清自律，以确保不沦为刚果（金）武装组织的帮凶。"该项目已给21家大型电子产品制造商发出信函，督促它们使用独立的可核实追踪体系来检查锡、钨、金的供应链。项目员工大卫·沙利文（David Sullivan）指出，他们施压的对象是矿物的使用方即最终客户端——电子产品制造商，而非中间人，因为这样做成效最为明显，"普通消费者不大可能去矿物中间商设在泰国的工厂抗议，但他们为了在良心上得到安慰，很有可能会要求制造商保证其所购买的电子产品不会对世界上最恶劣的暴力起到推波助澜的作用"。美国压力团体也展开宣传，促使议会通过了一项旨在提高人们对刚果（金）"冲突矿物"认识的法律，要求相关企业向美国证券交易管理委员会（Securities and Exchange Commission，SEC）提供产品来源。美国国会参议员山姆·布朗贝克（Sam Brownback）在给《财富》杂志的声明中表示，希望能通过法案"增强电子产品中使用的矿物供应链的可靠性和透明度，以挽救更多的生命"②。其他国家层面的法律包括美国的多德-弗兰克法案（Dodd-

---

① ［英］马丁·梅雷迪斯：《非洲国：五十年独立史》（亚明译），世界知识出版社2011年版，第489页。

② Lawrence Delevingne，《新血钻?》，2009-03-31，http：//www. fortune china. com/first/content/2009-03/31/content_ 17157. htm.

Frank Act)、欧盟的矿产资源法等①。更多舆论开始敦促电子产品制造商停止使用"冲突矿物",呼吁消费者不要购买"血莓"(Blood Berry)或"冲突手机"(Conflict Cellphone)。

摩托罗拉(Motorola)、苹果(Apple)、惠普(HP)、诺基亚(Nokia)和黑莓机制造商加拿大行动研究(Research in Motion,RIM)等消费电子产品生产商已禁止采购商从刚果(金)收购钶钽铁矿。苹果和英特尔(Intel)决定通过非冲突冶炼项目(Conflict-Free Smelter program)购买原材料②。"引发冲突的采矿方是不能被接受的",摩托罗拉公司在回复忍无可忍项目的要求时写道。惠普全球社会与环境责任项目负责人朱迪·格雷泽(Judy Glazer)也表达了"对本公司电子产业供应链引发社会与环境问题的高度重视。众多大公司参与的电子行业行为准则(Electronic Industry Citizenship Coalition,EICC)组织和全球电子可持续发展促进协会(Global e-Sustainability Initiative,GeSI)成立了联合工作组以解决"冲突矿物"问题,但面临着缺乏矿物鉴别与分类机制的难题。小组决定启用锡、钽、钴的"供应链透明模式",但"不会标明其贸易关系",这一点与忍无可忍项目的建议存在分歧③。

然而,由于"冲突矿物"利益相关者之间存在诸多矛盾

① 布泰拉:《金伯利进程和人权保护:问题不在于定义》,2014-05-12,http://www.rough-polished.com/ch/analytics/90734.html.

② Solnik Claude, "Firms Prep for Conflict Minerals Provision", *Long Island Business News*,Feb.,2012.

③ Delevingne,《新血钻?》,2009-03-31,http://www.fortunechina.com/first/content/2009-03/31/content_17157.htm.

和分歧之处，仅靠少数国家法律、联合国安理会行动、非政府组织和舆论的活动，以及商家自律是无法从根本上解决问题的①。"冲突矿物"问题的关键破解点在于确立"冲突矿物"的正式定义并为此建设合法贸易圈。只有一个治理范围明确、划定如"金伯利进程"那样合法贸易圈的广泛而权威的国际制度才可能彻底消灭"冲突矿物"。

综上所述，与"肮脏黄金""石油诅咒"和"冲突矿物"等"资源诅咒"领域迄今为止不太奏效的全球治理活动相比，"金伯利进程"的国际制度身份、确立单一议题的治理范围和合法贸易圈的国际制度设计，共同保证了"冲突钻石"治理的高效性和持久性。

---

① Christopher Ayres, "The International Trade in Conflict Minerals: Coltan", *Critical Perspectives on International Business*, 8 (2), 2012, p. 178–193.

第六章　制度争议

　　一组数量庞大且响亮的批评声音是针对"金伯利进程"在面对除"冲突钻石"以外的其他"钻石诅咒"时的态度和表现的由于一种自然资源的诅咒现象是多样的，因此断绝钻石与反叛军的关系离钻石真正成为百姓福祉还有很长一段距离。作为建立在消火"冲突钻石"初衷之上的"金伯利进程"，是否应该涉足其他"钻石诅咒"、如何帮助产钻国实现"钻石福祉"（Diamond Blessing），成为制度发展至今遇到的最大争议和难题。

　　据《纽约时报》报道，在塞拉利昂、南非、博茨瓦纳、安哥拉、纳米比亚和刚果（金）等国，钻石仍以最野蛮的方式被开采，以最血腥的方式被掠夺，然后被拱手成交给文明世界。那些富有钻石的地方，依然是世界上最贫困的地方[①]。斯

---

　　① 施王照：《无法漂白的非洲血钻》，2012-05-10，http：//www. legaldaily. com. cn/zmbm/content/2012-05/10/content_ 3561865. htm？node=7579.

迈利指出，安哥拉、塞拉利昂、刚果（布）和刚果（金）政府的国内控制依然很弱①。塞拉利昂、刚果（金）和利比里亚等国亟须战后重建与发展，安哥拉又出现了新的钻石暴力。全球仍有 130 万人以每天 1 美元的收入从事非法采钻工作。国际社会就这些更大范围的冲突、经济滞后、贫富差距、人权侵犯、劳工低收入和环境破坏等"钻石诅咒"，对"金伯利进程"提出了更广泛、更高难度的要求。

早在 2006 年，"全球证人"发言人吉尔菲兰就认为，"金伯利进程"存在严重纰漏，没有涵盖钻石交易加剧侵犯人权的议题②，而"金伯利进程"的一贯主旨是消灭叛乱集团控制下的钻石，这一有关治理范围的分歧在津巴布韦问题爆发后引发了剧烈的国际震荡。

第一节　津巴布韦新矿情

2006 年 3 月，津巴布韦东部马尼卡兰（Manicaland）省马兰吉（又译马兰奇、马兰戈、马兰格、马兰克、马朗、马

---

① James Melik, "Diamonds: Does the Kimberley Process work?", http://www.bbc.co.uk/news/10307046, Jun. 28, 2010.

② 央视网：《非洲"滴血钻石"交易屡禁不止》，2006-06-23，http://news.cctv.com/world/20060623/104088.shtml.

朗热，Marange）地区一个面积约 6 万公顷的钻石矿被发现。这是近一个世纪以来非洲发现的最大钻石矿，被津巴布韦财政部长滕达伊·比蒂（Tendai Biti）称作"人类历史上最大的冲积钻石矿"①。津巴布韦也因此成为仅次于博茨瓦纳、俄罗斯和加拿大的全球第四大钻石储藏国，占全球储量的13%。据估算，马兰吉钻石总价值将超过 1 万亿美元，每年正常产值约 10 亿美元②。

津巴布韦储备银行（Reserve Bank of Zimbabwe，RBZ）于2007 年表示，国家每年可从钻石销售中获得 12 亿美元的收入，足以解决急迫的经济问题。2008—2012 年，该国的钻石产量增加了 14 倍，2012 年达到 1200 万克拉，占全球 9%，创收 7.4 亿美元。一家商业调查机构的报告指出，该国 2014 年的钻石产量将达到 1450 万克拉，预计总价值 17 亿美元；而到2018 年，津巴布韦将跃升为全球第二大产钻国，占 17% 的市场份额。时任总统罗伯特·穆加贝（又译穆加比，Robert Mugabe）表示，该国钻石储量可满足全球 25% 的钻石需求，有着"巨大的潜力"③。

---

① ECO 网站："Zimbabwe's Diamonds：Blood and Dirt"，Jun. 24，2010，http：//www. ecocn. org/archiver/？ tid-37600. html.

② 中国驻津巴布韦大使馆经济商务参赞处网站：《钻石业有望缓解津巴布韦财政压力》，2013-09-30，http：//zimbabwe. mofcom. gov. cn/article/jmxw/201310/20131000370179. shtml.

③ 张斯路编：《津巴布韦欲提升钻石生产能力 与国际钻石行业标准接轨》，2012-11-14，http：//gb. cri. cn/27824/2012/11/14/5951s3925321. htm.

表10 2004—2016年津巴布韦毛坯钻石生产和出口情况一览表①

（贸易量的单位是克拉，贸易额的单位是美元）

年　份	2004	2005	2006	2007	2008	2009	2010
生产量	44454	284264	1046025.45	695015.99	797198.1	963501.7	8435224.02
出口量	18481	261538.32	264585.92	489170.76	327833.6	1349172.44	8424384.4
生产额	7984188.50	35018235.88	33853837.81	31400903.61	43825425.05	20426782.44	339751797.27
出口额	3582088.87	39428724.71	30057636.71	23377870.35	26693385.58	28900799.56	320237120.49

年　份	2011	2012	2013	2014	2015	2016
生产量	8502648.07	12060162.70	10411817.65	4771636.82	3490881.16	2102873.49
出口量	7787923.11	14957648.98	9564277.93	6367106.74	3899384.77	2322418.37
生产额	476218677.86	644033522.30	538484829.00	238581841.00	174544058.00	105143674.50
出口额	422926507.01	740998085.16	448635917.56	480221832.00	168612482.68	123314734.04

① KP网站：http://www.kimberleyprocess.com/en/zimbabwe，本表为作者自制。

158

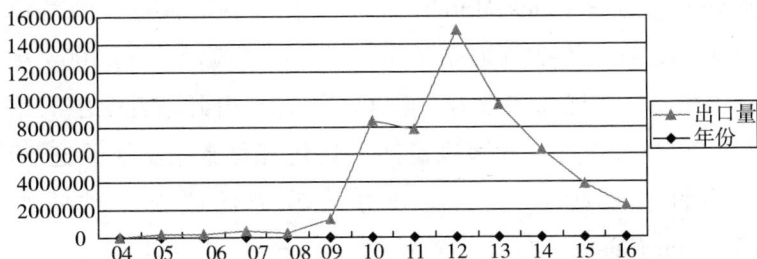

图9 2004—2016年津巴布韦毛坯钻石出口量变化情况

（出口量的单位是克拉）

然而，马兰吉钻石矿被发现之时，津巴布韦正处于政治、经济和人权危机的顶峰期，"钻石热"吸引了大量民众涌入开采，到2006年8月已聚集了1.4万余人。9月，穆加贝政府空降3万名矿工，并调用士兵和警察驱赶自由采矿者。那些穆加贝的手下们自己也参与盗采，或胁迫民众为其挖钻。记者艾利克斯·佩里（Alex Perry）曾询问一名29岁的矿工"钻石意味着什么"，他说："钻石……于我是毒打、枪决、为生存不得不做的苦役。"[1] 兹维沙瓦内（Zvishavane）的姆若洼（Murowa）矿区主管卡麦隆·麦可雷（Cameron McRae）指责政府在马兰吉的做法是"将非法行为合法化"[2]。

自由采矿没有因此终结，这片"淘钻场"变得愈发混乱。"我们不知道有谁在那里采矿"，津巴布韦矿业协会主席

① Alex Perry，《被诅咒的石头》载《南方都市报》2010年12月12日，http：//epaper.oeeee.com/C/html/2010-12/12/content_ 1250036.htm.

② 杨小舟：《津巴布韦可能上"血钻"黑名单》，载《东方早报》2007年6月12日，http：//news.sina.com.cn/w/2007-06-12/060212003057s.shtml.

杰克·穆雷华（Jack Murehwa）说。据业内专家称，约有价值 1.5 亿美元的钻石被偷运出马兰吉。某矿产公司 2006 年报告指出，津巴布韦政府在购买马兰吉自由开采者手中的钻石。2007 年 2 月，津国家矿产市场代理秘密拍卖了重达 50 公斤的毛坯钻。3 月，总统办公室主任威廉·纳哈拉（William Najera）在首都哈拉雷（Harare）机场因走私 1.1 万克拉钻坯被捕①。随后，政府逐步加大了对马兰吉矿区的国有控制，2008 年 10 月底，穆加贝军队实施"哈库佐奎行动"，意为"义无反馈"，用两架武装直升机圈起矿山附近空地并胡乱扫射，致使大量地面人员毙命。正在地下矿坑作业的工人们面对此种情形惊慌失措，在狭窄巷道里四处逃窜，结果或遭踩踏致死，或因窒息身亡；更多的人或被殴打，或遭强暴，或受催泪瓦斯伤害，或被恶狗咬伤②。最终穆加贝政府实现了对马兰吉的全面军管，但这引发了国际社会的强烈关注。

第二节　利益相关者行动

与传统"冲突钻石"问题相似，马兰吉钻石引起了"冲

---

① 杨小舟：《津巴布韦可能上"血钻"黑名单》，载《东方早报》2007 年 6 月 12 日，http：//news. sina. com. cn/w/2007-06-12/060212003057s. shtml.

② ［英］马丁·梅雷迪斯：《非洲国：五十年独立史》（亚明译），世界知识出版社 2011 年版，第 586 页。

突钻石"利益相关者，即"金伯利进程"参与方的高度重视，但各方为此产生的分歧和争议却远远超出传统的"冲突钻石"，由此"金伯利进程"制度框架遭遇巨大挑战。

一、非政府组织的指控与要求

非政府组织率先揭露了津巴布韦马兰吉钻石开采过程中的诸多违法犯罪行为。"全球证人"在调查后指出，仅 2008 年一年，政府军就在马兰吉杀害了百余名矿工，骚扰和强奸当地妇女并抓捕壮丁参与采矿；与此同时，许多军方指挥官们将钻石走私至国外获得可观收入。人权观察组织 2009 年的一份报告指出，马兰吉矿区存在"血钻"贸易，津巴布韦军队强迫矿工甚至妇孺儿童在泥沼中无限时地寻找钻石，拷问、虐待并殴打妨碍开采的当地居民。津巴布韦"金伯利进程民间社会联盟"的人权活动家法雷·马古乌（又译法莱·玛古乌，Farai Maguwu）指出，已有许多报道和证据证明马兰吉察德兹瓦（又译恰德兹瓦，Chiadzwa）钻石矿区存在严重侵犯人权的行为[1]。他随后遭到政府扣押。

据英国《每日电讯报》（*Daily Telegraphy*）报道，2010 年 6 月，人权观察组织声称已掌握足够证据证明津巴布韦军队奴役并杀害了 200 多名矿工，这严重违反"金伯利进程"，应被除名。"全球证人"组织的埃利·哈罗韦尔（Ellie Hallowell）表示，"因为在津巴布韦发生的不受惩罚的暴力，'血钻'再

---

① Melik, "Diamonds: Does the Kimberley Process work?", http://www.bbc. co.uk/news/10307046, Jun. 28, 2010.

次回到国际市场"①，津巴布韦应退出"金伯利进程"合法贸易圈。一名未参与"金伯利进程"的非政府组织成员称，如果上述要求没有实现，民间团体可能考虑退出进程，这不只是一种威胁，而是试图检验自身的能力，看"金伯利进程"中是宁愿没有民间团体，还是没有津巴布韦②。

结果"金伯利进程"没有驱逐津巴布韦，在其对马兰吉钻石实施禁运的两年时间里还允许了两次拍卖。对此，以"全球证人"为首的市民社会代表表示坚决不接受，认为津巴布韦政府没有真正解决马兰吉地区的人权问题，没有将钻石收入用于改善民生，并继续强烈要求禁止马兰吉钻石在国际市场上流通，呼吁世界钻石委员会和其他钻石行业实体不要购买该地区钻石，但收效甚微③。关于马古乌，"全球证人"工作人员丹尼巴克（Dunnebacke）指出："（他）之所以被拘押，是由于他敢于曝光马兰吉侵犯人权和走私活动的勇气和努力的工作。他的情况充分表明津巴布韦民间社团需要更多保护和支持。津巴布韦当局必须释放他。"④

在人权观察组织和"大赦国际"联合举办的一场讨论津

---

① 新华网：《安哥拉再现"血钻"》，2010-11-06，http：//news. xinhuanet. com/2010-11/06/c_ 12744005. htm.

② Even-Zohar，《津巴布韦部长惊曝 NGOs 利用钻石金伯利进程实施敲诈》，2010-07-14，http：//www. 21gem. com/news/19988. html.

③ 绿色钻石网站：http：//thegreenerdiamond. org/pages/about - conflict - diamonds/kimberley-process. php.

④ Even-Zohar，《津巴布韦部长惊曝 NGOs 利用钻石金伯利进程实施敲诈》，2010-07-14，http：//www. 21gem. com/news/19988. html.

巴布韦问题的特拉维夫全体会议上，民间团体的出席获得了零掌声①。在 2011 年 6 月"金伯利进程"金沙萨联席会议上，面对进程继续无视他们的要求，"全球证人"携其他非政府组织成员愤然离席②。24 日，"金伯利进程民间社会联盟"金沙萨无信心投票会议（Vote of No Confidence of Kimberley Process Civil Society Coalition at Kinshasa Meeting）召开，联盟表示不会参加标榜人权但实际没有做到的制度③。

12 月 5 日，"金伯利进程"创始观察员之一、打击"冲突钻石"的民间团体领头羊"全球证人"指责进程无法明确区分钻石、反政府武装和暴力政府之间的关系，继续使用已经过时的"冲突钻石"定义，并宣布正式退出"金伯利进程"④。这对"金伯利进程"来说是个不小的打击，削弱了进程在整个市民社会的地位。此后"全球证人"逐渐把注意力转向欧盟，并公开表示欧盟在津巴布韦问题上的政策比"金伯利进

① Even-Zohar，《津巴布韦部长惊曝 NGOs 利用钻石金伯利进程实施敲诈》，2010-07-14，http：//www. 21gem. com/news/19988. html.

② GW 网站："Civil Society Expresses Vote of No Confidence in Conflict Diamond Scheme"，Jun. 23，2011，http：//www. globalwitness. org/library/civil－society－expresses-vote-no-confidence-conflict-diamond-scheme.

③ GPF 网站："Vote of No Confidence of Kimberley Process Civil Society Coalition at Kinshasa Meeting"，Jun. 24，2011，http：//www. globalpolicy. org/the-dark-side-of-natural-resources-st/diamonds-in-conflict/kimberley-process/50376-vote-of-no-confidence-of-kimberley-process－civil－society－coalition-at-kinshasa-meeting. html? itemid=1383.

④ GW 网站："Why We Are Leaving the Kimberley Process－A Message from Global Witness Founding Director Charmian Gooch"，Dec. 5，2011，http：//www. globalwitness. org/library/why-we-are-leaving-kimberley-process-message-global-witness-founding-director-charmian-gooch.

程"更严格更有效。在它的持续推动下，2013 年 2 月，欧盟
各国外长同意继续对津巴布韦矿业发展公司（Zimbabwe
Mining Development Corporation，ZMDC）实施限制性政策①。

二、津巴布韦的回应

2007 年 5 月 29 日，津巴布韦政府邀请"金伯利进程"
审查团一行 6 人前往津南部及东部的钻石矿区考察，以期本
国钻石得到国际合法性认可。2009 年 8 月，津政府举办钻石
大卖场，9 月又举行了一次同等规模的秘密销售，成交额创
新高；面对质疑，他们坚称这两次售卖的钻石并非来自马
兰吉②。

禁运之初，穆加贝总统曾以一次性倾售本国全部钻石存
货以破坏全球价格体系作为威胁。有调查显示，在禁运期间
（2009.11—2011.10），这个内陆国家仍通过公路将钻石走私
至南非和有着"走私天堂"之称的莫桑比克，莫国小城马尼
卡（Manica）因此迅速取代利比里亚首都门罗维亚（又译蒙
罗维亚，Monrovia）成为新的非洲非法钻石集散中心。来自
津巴布韦、博茨瓦纳、安哥拉、纳米比亚、刚果（金）和几
内亚的非洲钻石走私集团，来自南非、黎巴嫩和西非的珠宝

① GW 网站："Global Witness Welcomes EU Decision to Maintain Sanctions against Zimbabwean Diamond Sector"，Feb. 18，2013，http：//www. globalwitness. or g/library/global－witness－welcomes－eu－decision－maintain－sanctions－against－zimbabwean－diamond－sector.

② 中国驻安哥拉大使馆经济商务参赞处网站：《津巴布韦寻求安哥拉支持》，2009－10－18，http：//ao. mofcom. gov. cn/aarticle/sqfb/200910/20091006564502. html.

商，以及来自美国、欧洲、以色列、黎巴嫩和印度的中间商都汇聚于此，参与马兰吉钻石走私。这些钻石继而获得渠道被运至迪拜和黎巴嫩，在那里与合法钻石混合，随后销往西方①。

面对民间组织的指控，津巴布韦矿业与矿业发展部部长奥波特·姆波夫（又译奥博特·姆珀夫、姆波富，Obert Mpofu）予以坚决否认，称人权组织是在"兜售谎言"，并将津巴布韦"妖魔化"。他坚称，军队只是为了保障马兰吉地区安全，是在为人民服务，且津巴布韦是有原则的国家。在2010年"金伯利进程"耶路撒冷联席会议上，姆波夫还"揭露"了民间社团牟取私利的行为：他的国家可以出口自己钻石的条件是必须向非政府组织提交1%的回扣②，一向标榜人权与伦理的非政府组织正在利用自己的"金伯利进程"观察员身份对津巴布韦实施敲诈。

2010年6月23日，姆波夫宣布本国即将出售钻石③。这是对"金伯利进程"禁令的公然蔑视。29日，备受指责的津巴布韦政府继续声称将出售300万克拉钻。穆加贝表示，

---

① Melik，"Diamonds：Does the Kimberley Process work?"，http：//www. bbc. co. uk/news/10307046，Jun. 28，2010.

② Melik，"Diamonds：Does the Kimberley Process work?"，http：//www. bbc. co. uk/news/10307046，Jun. 28，2010.

③ Geoffrey York，"Kimberley Process：Zimbabwe Defies Diamond – Control System Harare Vows to Export Gems that Human–Rights Advocates Say Are Tainted by Violence，Abuse"，*The Globe and Mail*，Mov. 5，2010，p. A. 17.

尽管还未得到国际权威监管机构的授权，但该国已准备出售大量钻石①。7月底，"金伯利进程"与津政府达成协议，宣布津巴布韦钻石符合国际统一接受标准，不是"血钻"，允许在9月前举行两次拍卖活动。至此，马兰吉钻石获得了合法身份，得以部分解禁，也给津政府之前的言论披上了合法外衣。

据英国《每日邮报》（*Daily Mail*）报道，8月11日，一度变得臭名昭著的马兰吉钻石举行首次公开拍卖②。当日设在哈拉雷某机场的销售现场吸引了4架国外私人飞机，来自美国、以色列、黎巴嫩、俄罗斯和印度等国的多位买家在5小时内将总重达110万克拉的钻石抢购一空，总价格达5640万美元。姆波夫为此欣喜若狂："卖了这么多钱，我当然开心。"③他还表示，本国政府致力于"以过去从未见过的方式"遵守"金伯利进程"要求。亲自主持拍卖的津巴布韦总理摩根·茨万吉拉伊（Morgan Tsvangirai）称，这些都是非"冲突钻石"；政府已制定和执行一系列政策，以确保整个生产和销售过程都是透明且符合标准的；钻石收入将用于偿还巨额外债④。有分

---

① 国际在线网站：《津巴布韦欲强行出售钻石 因被指血钻无权出口》，2010-07-14，http：//gb. cri. cn/27824/2010/07/14/2805s2920231. htm.

② 绿色钻石网站：http：//thegreenerdiamond. org/pages/about – conflict – diamonds/kimberley–process. php.

③ Alex Perry，《被诅咒的石头》载《南方都市报》2010年12月12日，http：//epaper. oeeee. com/C/html/2010–12/12/content_ 1250036. htm.

④ 《环球时报》：《英媒：解放军正秘密在津巴布韦挖掘"血钻"》，2010-09-21，http：//news. enorth. com. cn/system/2010/09/21/005126863. shtml.

析人士认为，津恢复钻石出口将对改善政府财政状况发挥重要作用①。

2012 年上半年，津巴布韦政府开始允许记者参观马兰吉矿区，以证"清白"，但西方媒体一致认为这只是宣传噱头。比蒂表示，今年原计划的钻石销售额是 6 亿美元，但由于美国的制裁，实际销量远低于预期，政府可能因此"破产"②。11月 13 日，为期两天、在津旅游城市维多利亚瀑布城（Victoria Falls）召开的国际钻石大会落幕；有包括时任"金伯利进程"主席美国大使米洛瓦诺维奇，纳米比亚、安哥拉、南非和刚果（金）等南部非洲产钻国的部长级官员，非洲钻石生产国协会、世界钻石委员会和安特卫普世界钻石中心人员以及印度、美国和阿联酋等钻石加工大国的官员，来自印度、比利时、南非和美国等世界著名钻石公司代表，以及津巴布韦本地和国际非政府组织人员等 5000 余人参加。主办方津矿业与矿业发展部希望借此次大会消除争议，表明本国钻石生产完全符合国际标准。作为一个至今仍受西方政治和经济制裁的国家，这是津巴布韦首次举办如此高规格的世界级会议，是该国为本国钻石业合法化迈出的重要一步③。

姆波夫声称，近几年欧盟、美国和澳大利亚的制裁给津巴布韦带来了年均数千万美元的损失。2013 年，津矿业与矿业

① 拉帕波特钻石网：http：//www. diamonds. net/cms/Zimbabwe/default. aspx.
② 施王照：《无法漂白的非洲血钻》，2012–05–10，http：//www. legaldaily. com. cn/zmbm/content/2012–05/10/content_ 3561865. htm？node＝7579.
③ 张昀：《津巴布韦举办世界钻石大会吸引更多资金来开采丰富的钻石矿藏》，2012–11–12，http：//www. zb31. com/news/Detail/20142. html.

发展部表示准备由津巴布韦矿产销售公司（Minerals Marketing Corporation of Zimbabwe，MMCZ）在迪拜和上海开设两个海外办事处，独家负责直销钻石，这样做可以减少中间环节，避免代理市场的不规范操作使本国资源非法外流。该策略被认为是"向东看"，即在重返"金伯利进程"却仍受西方抵制的情况下，转而进入中东、中国和印度等亚洲市场①。

三、"金伯利进程"的表现

距离非政府组织首次控诉约一年半的时间，2009 年 11 月，进程年会裁定马兰吉钻石生产存在违反人权的行为，决定禁止该地区钻石参与津巴布韦国内外贸易。此外，大会同意津巴布韦为矿区的小规模矿工建立法律框架，确保他们将开采到的钻石卖给政府。马古乌认为，此举不仅为当地居民提供了就业机会，还阻止了钻石利润非法流向国外，同时也是避免再度发生冲突的有效途径②。

在 2010 年 6 月由人权观察和"大赦国际"联合举办的讨论会上，尽管民间团体态度坚决，但"金伯利进程"官员还是把掌声给了津巴布韦，支持该国钻石出口。进程认定马兰吉姆巴达（Mbada）和加拿戴尔（Canadile）矿区的钻石符合国际认证计划的最低标准，允许 6 月 23 日以后开采的

---

① 《新京报》：《津巴布韦将在华设办事处直销钻石》，2013-06-01，http：//www. bjnews. com. cn/world/2013/06/01/266531. html.

② 马修·尼亚温古阿：《玛古乌：津巴布韦对"新"的钻石发现所表现出的沉默令人不安》，2012-04-15，http：//www. rough-polished. com/ch/exclusive/62755. html.

钻石出口，考虑到矿山开采需要时间，实际的出口日期将至少在一个月后[①]。7 月，进程与津巴布韦政府互签协议，同意马兰吉钻石进行两次在特派人员监督下的拍卖。11 月的"金伯利进程"年会通过了对"津巴布韦钻石出口延期一年"的禁令。

2011 年 6 月，进程一官员称，津巴布韦目前已完全符合进程的相关标准和要求，但一些国际非政府组织和少数西方国家却因所谓的人权问题阻止津开展原钻贸易[②]。11 月 3 日的"金伯利进程"年会同意马兰吉地区的两家钻石矿公司负责该地区的部分钻石出口，津巴布韦钻石禁令得以解除。

四、其他国际行为体的态度及行动

几年来，面对饱受争议的津巴布韦马兰吉钻石问题，钻石行业、钻石贸易国等国际行为体也发表了各自观点并开展相应行动，基本可分为支持出口和反对出口两派。随着"金伯利进程"合法性认证的推进，支持出口的比例逐渐上升。

（一）国际钻石行业组织

国际钻石行业组织一直坚决支持"金伯利进程"，但又为津巴布韦禁运带来的商业利益损失担忧。2009 年 4 月 13 日，

---

① Even-Zohar，《津巴布韦部长惊曝 NGOs 利用钻石金伯利进程实施敲诈》，2010-07-14，http：//www.21gem.com/news/19988.html.

② 《中国黄金报》：《南非决定接受津巴布韦出口的原石》，2011-06-13，http：//www.mining120.com/show/1106/20110613_71880.html.

世界钻石拍卖会决定禁止津东部矿区钻石参与拍卖，主席阿维·帕兹（Avi Paz）表示，此禁令的颁布依照"金伯利进程"相关条款①。同月，世界钻石交易所联合会也宣布禁止交易津东部一处钻石矿出产的钻石②。2010 年 6 月 28 日，面对"金伯利进程"所遭受的指责，世界钻石交易所联盟官员厄内斯特·布劳姆（Ernest Blom）表示，"金伯利进程"已经实现了它阻止钻石开采资助战争的目标；"全球证人"认为的津巴布韦军人和政府精英用武力剥削国家钻石财富的践踏人权行为是钻石行业话题之外的③。

2011 年 6 月，世界钻石交易所联合会开始积极敦促"金伯利进程"尽快协调其内部分歧，呼吁进程立即采取有"胆识"的实质性措施，同意津巴布韦出口马兰吉钻石。巴斯主席指出，津钻石禁运不仅对全球钻石业造成了不可挽回的损失，还威胁到了近百万靠钻石生存的人的生计，"金伯利进程"应对禁运造成的后果负责④。

（二）非洲钻石业团体

非洲钻石业团体普遍支持津巴布韦钻石出口。2010 年 11

① 《中国黄金报》：《津巴布韦东部钻石拍卖被禁》，2009－04－13，http：//finance. sina. com. cn/money/nmetal/20090413/16396096785. shtml.

② 中国网：《"血钻"疑云再现非洲》，2010－08－09，http：//news. china. com. cn/rollnews/2010－08/09/content_ 3676098. htm.

③ Melik，"Diamonds：Does the Kimberley Process work？"，http：//www. bbc. co. uk/news/10307046，Jun. 28，2010.

④ 中国商务部网站：《世界钻石交易联盟和南非支持津巴布韦出口钻石毛钻》，2011－06－07，http：//www. mofcom. gov. cn/aarticle/i/jyjl/k/201106/20110607 588644. html.

月，非洲钻石生产国协会强烈抨击"金伯利进程"一年来对津钻石的禁运制裁，要求撤销延期，并攻击澳大利亚、加拿大等国"存在阴险的私利动机"。其执行秘书艾格德·卡瓦尔奥（Egede Cavario）表示："不能仅仅因为'金伯利进程'内少数国家的故意反对，而让津巴布韦一直处于等待中。"非洲钻石理事会主席安德烈·杰克逊（Andre Jackson）也表态道：我们协会"将支持津巴布韦马兰吉矿的钻石流通，并愿意利用我们的实践经验推动合法交易，努力帮助'金伯利进程'打破僵局"①。

在 2013 年进程年会上，恩拉佛主席呼吁美国早日解除对津巴布韦钻石的制裁。非洲钻石生产国协会秘书长马如夫·约书亚（Marufu Joshua）指出，美国对津实施的政治性"制裁"不仅是对美国商人权利的剥夺，也不利于津普通民众生活水平的提高②。

（三）钻石贸易国

以色列在津巴布韦钻石禁运期间坚决制止马兰吉钻石的交易。2010 年 12 月 28 日，以钻石交易所发言人阿萨夫·莱文（Assaf Levin）称，所内资深成员戴维·瓦尔迪（David Vardi）上周试图走私价值约 20 万美元的津巴布韦"血钻"，但在本·古里安国际机场（Ben Gurion International Airport）被发现

---

① 《中国黄金报》：《南非决定接受津巴布韦出口的原石》，2011-06-13，http：//www. mining120. com/show/1106/20110613_ 71880. html.

② 倪涛：《努力遏制"冲突钻石"贸易》，载《人民日报》2013 年 11 月 23 日，http：//finance. people. com. cn/n/2013/1123/c1004-23632935. html.

并遭开除。莱文表示，以色列钻交所"不容忍血钻交易"①。

美国一直是马兰吉钻石的积极批评家②，并强调无条件释放马古乌是津巴布韦问题取得进展的前提③。美国零售珠宝商协会（Jewelers of America，JA）首席执行官马修·伦奇（Matthew Rentsch）认为，"金伯利进程"应当与人权组织合作，监督其成员国④。2012年初，米洛万诺维奇主席还不断敦促印度钻石商避免购买马兰吉钻石⑤。但到了11月的维多利亚瀑布城国际钻石大会上，美国已改变态度，米洛万诺维奇表示，知名的察德兹瓦钻石矿采用现代化安全措施，使非法开采的现象不断减少，这值得肯定⑥。

钻石贸易国普遍在2011年开始恢复与津巴布韦的钻石商业活动。3月，由中国安徽外经建设集团投资3.1亿美元与穆加贝政府合资建立的"安津投资"开始试生产，到12月已累计开采马兰吉原钻310万克拉，成功跻身世界最大钻石生产商之列。"安津投资"负责人马查查表示，公司已得到"金伯利

---

① 新华网：《以色列钻交所开除一名走私"血钻"资深成员》，2010-12-30，http：//news. xinhuanet. com/world/2010-12/30/c_ 12931761. htm.

② US Fed News Service，"Kimberley Process"，Including US State News，Nov. 11，2009.

③ Even-Zohar，《津巴布韦部长惊曝NGOs利用钻石金伯利进程实施敲诈》，2010-07-14，http：//www. 21gem. com/news/19988. html.

④ 新华网：《安哥拉再现"血钻"》，2010-11-06，http：//news. xinhuanet. com/2010-11/06/c_ 12744005. htm.

⑤ 《21世纪经济报道》:《冲突钻石的"现代战火"》，2012-10-19，http：//www. 21cbh. com/HTML/2012-10-19/0NMTM5XzU0MzU0NA. html.

⑥ 张斯路编：《津巴布韦欲提升钻石生产能力 与国际钻石行业标准接轨》，2012-11-14，http：//gb. cri. cn/27824/2012/11/14/5951s3925321. htm.

172

进程"确认，采矿和选矿设备上的优势保证了高盈利。12 月初首次公开拍卖钻石总量近 50 万克拉，总售价在 2000 万 ~ 3000 万美元①。

2011 年 6 月，南非表示"将接受从该国进口的毛坯钻石"②。对此，马古乌认为，在"金伯利进程"颁布正式决议之前，南非做出的购买决定不仅是对"金伯利进程"的侮辱，也是对邻国利益缺乏关心的一种自私表现，南非才是最大利益的掠夺者③。7 月，阿联酋发布决议，解禁了一批 2010 年 11 月冻结后存于迪拜的价值 1.6 亿美元的马兰吉钻石，并运往印度加工④。2011 年 11 月全面解禁之后，印度商人积极进入津巴布韦预订钻石原料，全球钻石加工价值从 2010 年的 130 亿美元上升至 2011 年的 170 亿美元，涨幅达 27%。2013 年 9 月，欧盟解除了对津巴布韦的钻石出口制裁，这意味着广阔的欧洲市场被打开⑤。

---

① 李努尔、马琴古拉：《安津投资跻身世界最大钻石生产公司行列》，2011-12-15，http：//news. xinhuanet. com/fortune/2011-12/15/c_ 111246601. htm.

② 《中国黄金报》：《南非决定接受津巴布韦出口的原石》，2011-06-13，http：//www. mining120. com/show/1106/20110613_ 71880. html.

③ 尼亚温古阿：《玛古乌：津巴布韦对"新"的钻石发现所表现出的沉默令人不安》，2012-04-15，http：//www. rough-polished. com/ch/exclusive/62755. html.

④ 中国驻津巴布韦大使馆经济商务参赞处网站：《津巴布韦 1.6 亿美元钻石出口终解禁》，2011-07-06，http：//zimbabwe. mofcom. gov. cn/aarticle/jmxw/201107/20110707635007. html.

⑤ 中国驻津巴布韦大使馆经济商务参赞处网站：《钻石业有望缓解津巴布韦财政压力》，2013-09-30，http：//zimbabwe. mofcom. gov. cn/article/jmxw/201310/20131000370179. shtml.

第三节　有关治理范围的争议及建议

　　津巴布韦问题是"金伯利进程"成立以来遇到的最大挑战，反映出在钻石引发其他诅咒现象时，现有国际制度框架尚不能妥善解决此类问题。比利时经济事务大臣文森特·范·奎肯本（Vincent Van Quickenborne）曾形象地描述过这一挑战："'冲突钻石'的祸害可与危险病毒相比，而'金伯利进程'则是'接种疫苗'；和病毒一样，'冲突钻石'可能发生变异，并试图再次发作，从而对市场及无辜的人们造成威胁。"① 如果"金伯利进程""疫苗"没有及时更新，则自然无法作用于"变异"后的"冲突钻石"。

一、争议对制度的威胁

　　直接关系到马兰吉钻石是否应该被禁止流通、津巴布韦是否应该被驱逐的一个根本性问题是：穆加贝政权军管下的当地钻石是否属于"冲突钻石"？西方国家及媒体、部分非政府组织一直称其为"血钻"，但事实上这并不符合联合国对"血钻"的法律定义。传统"冲突钻石"的所有者是反政府武装，

---

　　① 新浪网：《钻石业必须牢记与冲突钻石作持续斗争》，载《中国黄金报》2008 年 7 月 4 日，http：//finance. sina. com. cn/money/nmetal/20080704/14025056527. shtml.

174

"金伯利进程"的制度设计中也不存在任何与独裁暴政、人权暴力有关的制裁，所以说津巴布韦政府军的行为不在"金伯利进程"全球监督机制的管辖范围内。

类似的争议还出现在安哥拉，不过影响力较小。2002 年 4 月内战结束后，曾为反叛军挖钻的矿工转而为来自中东和西非的珠宝公司工作。大约有 3 万人在安哥拉东北部丛林中从事非法采矿，他们住帐篷，每天轮班工作，长期弯腰所导致的背痛只能通过饮用廉价酒和吸食大麻来缓解[1]，不仅发现钻石的效率低，还经常遭遇珠宝商按比例分享钻石价值的骗局。矿工米隆加（Milonga）说："我们像奴隶一样工作，他们还欺骗我们，你不能反对，否则他就报警。"据美国《华尔街日报》（The Wall Street Journal）报道，为了驱赶非法矿工或向他们敲诈勒索，安哥拉士兵和私人保镖常常使用殴打等暴力手段，导致工人失业甚至丧命。安哥拉负责人权事务的官员安东尼奥·本贝（Antonio Bembe）表达了忧虑："我知道有很多类似事情发生……必须尽快培养一种保护人权的文化。"[2] 2009 年 8 月，美国国务院一份报告揭露安军方和警察"肆意殴打和强奸"非法矿工，在没有食物和水的情况下将 3 万名刚果（金）人赶出边境。对此，安政府否认虐待，称军方只是在保证边界安定。"金伯利进程"没有插手此事，埃索主席指出，"金伯利

---

① 国际在线网站：《钻石之旅》，2006-12-15，http：//gb. cri. cn/8606/2006/12/15/242@1352366_ 1. htm.

② 新华网：《安哥拉再现血钻》，2010-11-06，http：//news. xinhuanet. com/world/2010-11/06/c_ 12744005. htm.

进程"不是人权组织。在安哥拉东北部工作的人权活动家拉斐尔·马克斯（Rafael Marks）说："'金伯利进程'切断了反政府武装的生命线，但同时赋予了腐败政府剥削人民的合法性。"①

在津巴布韦问题上，"金伯利进程"一直表现得难以抉择，其中的关键问题是：津巴布韦在多大程度上违反了"金伯利进程"？该如何解决？有两股力量在阻止"金伯利进程"插手马兰吉事务：传统"冲突钻石"定义的拥护者、商业利益至上的全球钻石业和贸易国；有一股力量在敦促"金伯利进程"严惩津巴布韦：认为人权属于进程管辖范围的西方国家和非政府组织。进程最终选择了折中做法：没有坐视不管，也没有驱逐津巴布韦。整个过程——禁运、定性为非"血钻"、两次拍卖、禁运延期、两公司解禁——充分展现了犹豫、纠结与艰难。事实证明，目前"金伯利进程"制度管辖范围及能力的有限性，使它无法做出让所有利益相关者都满意的举措。

事实上，进程是此次事件的最大牺牲者，制度的声誉和权威严重受损。很多国际言论指责进程对"血钻"的控制在摇晃（teeter）甚至崩溃的边缘②。"金伯利进程"是一个"笨拙

---

① 施王照：《无法漂白的非洲血钻》，2012－05－10，http：//www. legaldaily. com. cn/zmbm/content/2012－05/10/content_ 3561865. htm？ node＝7579.

② Geoffrey York，"Kimberley Process：Battle over Sale of Blood Diamonds Turns Nasty Jerusalem Meeting to Hammer out Conditions for Certifying Zimbabwe Stones 'Conflict Free'"，*The Globe and Mail*，Oct. 30，2010，p. A. 23.

而失败的进程"（inept and failing process）①、"一只没有牙齿的看门狗"②。但马古乌的态度相对客观，2011 年 6 月，在被问及"'金伯利进程'对津巴布韦的解禁举措是不是决定得过早"时，他回答说："这是经充分准备后必要且及时的决定，如果不对津巴布韦做出一定的妥协，'金伯利进程'可能会面临解散的局面。"③

二、对争议原因的分析

制度发展到一定阶段遭遇治理范围扩大的争议，是以"金伯利进程"的治理对象——"冲突钻石"所属"资源诅咒"的客观特点为背景的，而进程的声誉载体角色、单一议题及合法贸易圈设计等保证制度产生、存在并发挥作用的机制，与扩大治理范围的要求是相悖的。两者的矛盾必然导致制度陷入艰难抉择甚至生存危机。若能在理论层面提前捕捉并预判这一点，就能使制度更为从容地应对外来攻击，避免陷入上述津巴布韦案例中的严重危机。这对"金伯利进程"本身乃至其他"资源诅咒"领域的国际制度具有重要的警示作用。

（一）"资源诅咒"问题性质的影响

"金伯利进程"发展到一定阶段必然面临治理范围扩大与

① York，"Africa the Kimberley Process：Canadian Who Led Charge in Blood Diamond Battle Resigns in Disgust from 'Failing' Prevention Project"，*Globe and mail*，Jun. 26，2009，p. A. 1.

② GPF 网站："'Blood Diamond' Crackdown to Begin"，http：//www. globalpolicy. org/component/content/article/182/33831. html.

③ 尼亚温古阿：《玛古乌：津巴布韦对"新"的钻石发现所表现出的沉默令人不安》，2012-04-15，http：//www. rough-polished. com/ch/exclusive/62755. html.

否的争议，这是由"冲突钻石"所属的"资源诅咒"问题的客观特点所决定的。钻石作为一种自然资源所带来的安全、政治、经济、社会和环境领域的诅咒现象是相互关联的，国际社会不可能仅满足于"金伯利进程"切断了钻石与叛乱集团的关系后而不继续提出更高要求。所以说，有关这方面的批评一定会在制度发展到一定阶段——"冲突钻石"得到有效治理导致国际关注度下降、国际社会的注意力转向其他"资源诅咒"问题时出现。

（二）声誉载体角色的影响

扩大治理范围对于目前仅充当声誉载体的"金伯利进程"制度而言是难以承受的。作为声誉的实体（realities）形式，声誉载体在成立后就拥有了自己的组织声誉[1]。它对成员有激励效应，是声誉载体获得权力的重要来源和组织资产。一个组织的声誉租金越高，成员就越诚实可靠[2]，因此组织需要创造和发展声誉动力[3]以维护自身声誉。然而，组织声誉也是组织自身的限制因素之一[4]。成员对组织进行合理的"公共声誉问

---

① Ian Johnstone，"Do International Organizations have Reputations?"，*Internati onal Organizations*，7，2010，p. 236.

② 王永钦：《声誉、承诺与组织形式——一个比较制度分析》，上海人民出版社 2005 年版，第 51 页。

③ Keohane，"International Relations and International Law：Interests，Reputation，Institutions"，Proceedings of the Annual Meeting（American Society of International Law），93，Mar. 24-27，1999，p. 379.

④ Daniel Carpenter，*Reputation and Power*，Princeton and Oxford：Princeton University Press，2010.

责"（public reputational accountability）① 是必要的，但如果滥用组织声誉，组织声誉就会被破坏殆尽，从而组织也就丧失了其最重要的功能之一——作为声誉载体的功能，最后组织就有可能出现解体或者消亡②。

组织声誉提供了一个理解声誉载体生命周期的思路，可以用来解释"金伯利进程"在津巴布韦问题上，乃至更大范围的"钻石诅咒"问题上所遭遇的声誉和地位危机。进程建立之初设立的共同信念是消灭叛乱集团控制下的钻石，维护国际社会打击"冲突钻石"的决心声誉。为了实现它作为声誉载体的内在价值和工具价值、维持制度本身的存在和权威，"金伯利进程"一直坚守最初的打击"血钻"声誉，并为重建各成员国及钻石行业的声誉做出了贡献。2007 年，"金伯利进程"布鲁塞尔全会指出，资助冲突的声誉已不再是售卖钻石的大障碍③。

但津巴布韦事件属于政府所为，涉嫌违反人权，这并不是"金伯利进程"的管理范围及其声誉载体所承载的内容。但部分成员选择滥用组织声誉，不断向进程施压、对进程的态度和措施进行抗议和威胁、"全球证人"甚至选择退出进程等，作为声誉载体的"金伯利进程"就在被强加人权声誉的情况下

---

① Ruth Gtant and Keohane, "Accountability and Abuse of Power in World Politics", *American Political Science Review* 99 (1), 2005, p. 7-9.

② 王永钦：《声誉、承诺与组织形式——一个比较制度分析》，上海人民出版社 2005 年版，第 47-48 页。

③ "Diamonds Kimberley Process Effective", *Africa Confidential*, London, 16 (11), as quoted in *Africa Research Bulletin*, Nov. 16-Dec. 5, 2007, p. 17640.

变得岌岌可危。换言之，进程事实上一直与成员的规范性承诺——打击"冲突钻石"保持一致，只是随着时事的发展，部分成员的规范性要求扩大了①。

这也反映出"金伯利进程"这一声誉载体低制度化形式的脆弱性。世界钻石委员会法律顾问、纽约前联邦检察官塞西莉亚·加德纳（Cecelia Gardner）指出，"金伯利进程"是个志愿性组织，没有强制成员国履行人权义务的能力，"我们没有军队，没有警力"②。在这种情况下，除非涉及人权的钻石问题得到联合国明确定义和授权，再加上前期声誉压力源对声誉压力受体施加的声誉压力达到之前"冲突钻石"的程度，否则无法让广大钻石商和贸易国同意牺牲商业利益，将破坏人权的钻石纳入"金伯利进程"。而现阶段部分成员一味向不含人权声誉的"金伯利进程"声誉载体施压、试图依靠进程解决人权问题是必然不会成功的，受损害的只是进程作为声誉载体本身。

（三）制度设计的影响

从"金伯利进程"的制度设计上看，单一议题认证是合法贸易圈发挥作用的前提。议题的单一性保证了制度的简单高效，如果在合法贸易圈中加入其他议题，就必然需要更新认证标准、明确具备哪些诅咒特征的钻石是不能进入合法贸易圈

---

① Keohane, "International Relations and International Law: Interests, Reputation, Institutions", Proceedings of the Annual Meeting (American Society of International Law), 93, Mar. 24-27, 1999, p. 379.

② 施王照：《无法漂白的非洲血钻》，2012-05-10，http：//www.legaldaily.com.cn/zmbm/content/2012-05/10/content_ 3561865. htm? node=7579.

的。这是一个巨大的工作量，若处理不当，很可能导致原本清晰单一的贸易圈陷入混乱，引发更多不满和分歧，甚至导致贸易圈合法性的下降和功能的失效。

在津巴布韦事件中，"金伯利进程"确认了马兰吉钻石的合法身份，继续维持了"冲突钻石"作为单一议题的传统定义；但又迫于人权议题的压力对马兰吉钻石实施了两年的禁运，即没有坚持以"冲突钻石"为认证和治理范围的合法贸易圈；而后又在禁运中途允许了两次拍卖。从"金伯利进程"的整个矛盾行为过程来看，进程还是在努力维持自身的单一议题和相应的合法贸易圈设置，虽然曾因巨大的外部压力做过一些妥协。

三、对治理范围扩大与否的建议

目前，国际社会对"金伯利进程"是否应该扩大治理范围、如何扩大治理范围、扩大后的治理边界在哪里等问题众说纷纭。笔者认为，加强与其他"钻石诅咒"治理机制，以及国际政府间组织的合作，是比扩大进程自身治理范围更为温和合理的方式。

（一）现有建议

2012年末，米洛瓦诺维克在《"冲突钻石"需更新定义》一文中指出，"资助叛乱运动暴力"这一"冲突钻石"的传统定义已不足以应对与其他类型冲突相关的毛坯钻石。她认为，制度改革应致力于以下几点：证书必须继续致力于钻石免涉冲突；认证不需要应对人权、财务透明和发展，应只适用于明确与钻胚相关并经独立核实的冲突/暴力；应与其他冲突矿物质系统（如非洲大湖地区首脑会议认证系统，Great Lakes Summit，GLS①）保持一致②。吉莉安的计划是将原本针对叛乱组织的原钻扩展为任何与暴力相关的原钻，同时明确指出不继续扩展至其他"钻石诅咒"领域。

在 2013 年"金伯利进程"年会上，针对目前非洲部分国家小规模作坊式的开采方式所造成的个体采矿者安全隐患、环保和安全标准的违背、启动资金的监督缺失等情况，南非矿产资源部部长苏珊·沙班古（Susan Shabangu）呼吁一种合理、透明、优化的矿产开采制度，以促进钻石开采量的可持续增长，并推动整个非洲经济和社会的发展③。沙班古的倡议将治理范围拓展到普遍的"钻石诅咒"现象，涵盖人权维护、环境保护、经济和社会发展等综合性可持续发展目标。此次年会未通过任何有关"冲突钻石"的新定义，只是提出这是规则与程序委员会目前需要思考的问题④。

"全球证人"指出，由于治理颇有成效，"冲突钻石"议题已逐渐淡出政府议程，"金伯利进程"存在变为清谈馆

---

① 该组织致力于实现非洲大湖地区的持久和平与安全，其《安全、稳定与发展公约》涉及和平与安全、禁止非法开采自然资源、区域经济一体化、妇女儿童和难民权益保护等，参见 http：//greatlakessummit. org/.

② 米洛瓦诺维克：《"冲突钻石"需更新定义》；Zulu and Wilson，"Sociospatial Geographies of Civil War in Sierra Leone and the New Global Diamond Order"，p. 1107–1130.

③ 国际在线网站：《金伯利进程统一认证毛坯钻石 10 年大幅减少全球血钻贸易》，2013–11–20，http：//gb. cri. cn/42071/2013/11/20/6071s4328322. htm.

④ KP 网站："2013 Final Communique Plenary Johannesburg"，http：//www. kimberleyprocess. com/en/2013–final–communique–plenary–johannesburg.

（talking shop）的危机。进程需阐明和加强对人权的承诺，否则将失去消费者以及它原本要保护的钻石矿区居民的信任①。2014年5月，比利时向欧洲委员会提交决议案，要求将"金伯利进程"的认证范围扩展到"严重破坏人权"的钻石开采情况。鉴于欧盟是进程框架内的重要成员，进程面临有关"冲突钻石"定义更新的压力也越来越大②。

不过，Rough & Polished 通讯社的马泰奥·布泰拉（Matteo Buttera）认为，将人权加入"冲突钻石"定义不仅不能解决矛盾，反而会使局势更加复杂，因为"金伯利进程"现有结构不适合解决人权问题。使钻石远离人权侵犯需要彻底改变"金伯利进程"，使其成为一个全面的永久性国际组织，拥有固定的工作人员，包括数据监测和分析人员以及经常在恶劣环境中工作的驻外研究人员等；建立法律机构受理申诉、并对是否属于破坏人权这一点做出判决。现实的障碍之一是用于支付薪水、执行任务以及维护场地和器具等的数千万美元预算从何而来，障碍之二是如何定义钻石开采是否遵守人权。虽有1948年联合国创立的《世界人权宣言》（*Universal Declaration of Human Rights*，*UDHR*），但一直以来人权的地域标准、背后的文化差异和政治斗争十分复杂。承诺要与能力相匹配，如果"金伯利进程"不切实际地承诺保护人权，有可能导致这一制

---

① GW 网站：http：//www. globalwitness. org/campaigns/conflict/conflict-diamonds/kimberley-process.

② 布泰拉：《金伯利进程和人权保护：问题不在于定义》，2014-05-12，http：//www. rough-polished. com/ch/analytics/90734. html.

度声望的最终崩溃①。

（二）更为合理的处理方法

从之前关于"资源诅咒"现象、声誉载体和国际制度设计的相关分析中可以看出，"金伯利进程"不适合扩大治理范围，坚持对"冲突钻石"的单一定义有助于保护来之不易的制度成果。2012 年 5 月，安哥拉国家钻石公司（Endiama）董事局主席卡洛斯·桑布拉（Carlos Sumbula）在会见米洛瓦诺维奇时说，进程已经实现了预定的现实目标，有效地避免了钻石战争；该制度是避免未来世界钻石之争的重要力量，应继续以预防因钻石供求而开战为主旨②。

一个更为合理且具有操作性的方式可能是：维持"金伯利进程"原有议题范围或仅限于极小范围内的扩充，但加强与其他"钻石诅咒"领域治理机制以及国际政府间组织的合作。世界钻石委员会发言人卡森·格洛夫（Carson Glover）指出，国际上突破"钻石诅咒"还存在其他行动，如致力于改善作坊式钻石矿安全状况和工作条件的钻石业发展措施③、致力于推动贸易平等的拉帕波特钻石和宝石公平贸易倡议

---

① 布泰拉：《金伯利进程和人权保护：问题不在于定义》，2014－05－12，http：//www. rough-polished. com/ch/analytics/90734. html.

② 中国商务部网站：《安哥拉国家钻石公司董事长认为金伯利进程的预期目标已经实现》，2012 － 05 － 26，http：//www. mofcom. gov. cn/aarticle/i/jyjl/k/201205/20120508146321. html.

③ DDI 网站：2005 年 1 月 25—26 日，"非洲加拿大伙伴组织""全球证人"和戴比尔斯集团联合建立 DDI，http：//www. ddiglobal. org/. 关于 DDI 的重要性，详见 Dorothee Gizenga， "The Kimberley Process is not Enough"，*Modern Jeweler*，Oct. 2008，p. 12.

（Rapaport's Fair Trade Diamond & Jewelry Initiative，RFTDJI）和
责任珠宝实践协会（Council for Responsible Jewelry Practices，
CRJP）等①，它们与"金伯利进程"存在巨大的合作空间。
面对战后塞拉利昂采钻业建设问题，"金伯利进程"和钻石社
区发展基金（Diamond Area Community Development Fund，
DACDF）正在计划加入采掘业透明度行动计划，准备从透明
度、问责和良好管理（good governance）入手，逐步发展出一
个复杂的监管体系②，其效果有待观瞻。在国际组织层面，
2014年"金伯利进程"大会建议进程主席再次推动与联合国、
非盟和中非经济共同体（中部非洲国家经济共同体，Economic
Community of Central African States，ECCAS）的合作，沙班古
也呼吁进程加大与非盟的合作③。年会还指出，马诺河联盟
（Mano River Union，MRU）④ 正在发展一项遵从"金伯利进
程"的区域性方法，并已获得联合国和欧盟联合"财产权和
手工钻石发展项目"（Property Rights and Artisanal Diamond De-
velopment，PRADD）的资助⑤。这种多层面、多形式的机制

---

① Bieri，*"From Blood Diamonds to the Kimberley Process"*，p. 191-192.

② Roy Maconachie，"Diamonds，Governance and 'Local' Development in Post-conflict Sierra Leone：Lessons for Artisanal and Small-scale Mining in Sub-Saharan Africa?"，*Resources Policy*，34（1），2009，p. 71-79.

③ 国际在线网站：《金伯利进程统一认证毛坯钻石 10年大幅减少全球血钻贸易》，2013-11-20，http：//gb. cri. cn/42071/2013/11/20/6071s4328322. htm.

④ 马诺河联盟成立于1974年1月1日，总部设在弗里敦，会员国包括利比里亚、塞拉利昂、几内亚和科特迪瓦，主旨是致力于对外统一关税和推进经济合作。

⑤ KP网站："2014 Final Plenary Comuniqué Guangzhou（ENG）"，http：//www. kimberleyprocess. com/en/2014-final-plenary-comuniqu% C3% A9-guangzhou-eng.

间、组织间合作可能是在保证各方本职工作的前提下破解更大范围"钻石诅咒"的可行途径。

为重塑组织声誉、继续致力于更有效更持久地打击"冲突钻石"，"金伯利进程"自身从未停下改革和创新的脚步，目前亟须国际社会的信心和等待。2012 年 2 月 3 日，米洛瓦诺维奇表示，过去两年来，"金伯利进程"面临巨大困难，美国作为主席国将支持该机构正在进行的改革，重新审议其目标、取得的成绩和薄弱环节，从而更好地确定其核心功能，提高该进程的效率①。约书亚也指出，近几年，"金伯利进程"全体大会有很多关于改革的辩论，也成立了专门的改革委员会②。在 2014 年 6 月的上海联席会议上，世界钻石委员会主席爱德华·阿什切尔（Edward Asscher）表示，面对新的形势，进程需要不断创新，自我完善③。

津巴布韦案例告诉我们，并不需要也无法仰仗"金伯利进程"解决所有"钻石诅咒"问题，更不应该就治理范围扩大这一点过分指责和贬斥"金伯利进程"给制度的生存造成的压力，这违背了国际社会打击"冲突钻石"的初衷。"非洲加拿大伙伴组织"指出，"金伯利进程"对许多国家、公司和

---

① 新浪网：《美国担任全球抵制"血钻"的金伯利进程新任主席》，2012 - 02 - 08，http：//blog. sina. com. cn/s/blog_ 67f297b00102dxyq. html.

② 倪涛：《努力遏制"冲突钻石"贸易》，载《人民日报》2013 年 11 月 23 日，第 11 版，http：//finance. people. com. cn/n/2013/1123/c1004 - 23632635. html.

③ 国家质检总局网站：《金伯利进程2014 年联席会议在上海召开》，载《中国国门时报》，2014 - 07 - 02，http：//www. aqsiq. gov. cn/zjsp/hydb/201407/t20140702_ 416669. htm.

个人都太重要以至于不能失败①，我们不能失去进程对传统
"冲突钻石"的治理成效，任何改革都应以维持制度存在、确
保"冲突钻石"问题得到长期有效控制为前提。面对治理范
围扩大与否的争议和亟待解决的众多"钻石诅咒"问题，加
强与其他"钻石诅咒"领域的全球治理机制、国际政府间组
织的合作比"金伯利进程"自身扩大治理范围更为现实和
可靠。

---

① Smillie, "Diamonds and Human Security Annual Review 2009", PAC, Oct.,
2009, p. 2.

第七章 制度未来——责任共同体

　　"冲突钻石"是全球性道德伦理议题，除工具理性思维指导下的国际制度设计保证治理效果外，打击"冲突钻石"事业也离不开各利益相关者在观念和规范驱动下的相应行为，这其中被提及次数最多的一个词就是责任。本章描述责任背景下各利益相关者的积极言论和主动治理行为，指出"金伯利进程"制度未来要加强对利益相关者责任行动的关注和重视，扩大与负责任的利益相关者（responsible stakeholder）之间的沟通与合作，推动责任规范在更多利益相关者心中的内化，帮助建构一个想象中的、可能正在形成的以"冲突钻石"利益相关者为行为主体、针对"冲突钻石"议题的责任共同体。责任共同体作为区别于"金伯利进程"的非制度化、具备共同体特征的新全球治理模式，将协助"金伯利进程"的制度化全球治理模式，共同维持"冲突钻石"的长期治理效果。

　　2014 年 4 月 10 日的博鳌亚洲论坛（Boao Forum for Asia）开幕式上，中国国务院总理李克强首提构建亚洲"三个共同体"的论断，其中就包括责任共同体。他指出，维护和平发展的大环境是亚洲的责任。李克强口中的责任共同体是基于地理视角的，即在某个地理范围——亚洲内的行为体（主要指国家）都要承担本地区关于各领域各议题的责任，其特点是覆盖面集中、议题范围广，是地区性共同体。

本书将"责任共同体"这一术语引用过来，但是从议题视角进行定义的。针对某一特定议题的责任共同体，是指全球范围内对该议题负责的利益相关者群体。它们主动承担起自身对议题的责任，展开相应治理活动，共同推进和维护该议题的全球治理成果。利益相关者虽然角色多样（包括国家行为体和非国家行为体）、分布分散，但议题将大家凝聚起来，关于该议题的责任内化将指导他们的自觉治理行为。对某一议题负责的利益相关者集合——议题责任共同体（issue responsibility community）的特点是覆盖面离散、议题范围小，是全球性共同体。

第一节　责任共同体的责任背景

对议题的"责任"是责任共同体成员的精神核心和行为动力。所有关于某议题的新闻、报告、呼吁、单一行为体活动、双边合作模式和全球性治理尝试等都会推动利益相关者的责任意识和观念内化。虽然我们目前无法确定"冲突钻石"责任共同体的形成标志，但可以从以下三方面来衡量共同体的理念因素——责任得以普及和内化的可能性和程度，来作为塑造责任共同体的必要责任背景：（1）议题具有全球性，与道德、伦理相关；（2）议题广受关注并已启动相关治理尝试，有相应的国际制度则更好，需产生较为显著的、长期的治理效果并主动推动责任规范内化；（3）有关该议题的责任与各利益相关者自身的身份责任相匹配。

一、"冲突钻石"背后的伦理

作为一个以道德伦理责任为核心的隐性存在，议题责任共同体形成的客观前提是该议题被认定为道德伦理问题。"冲突钻石"符合这一点，钻石的冲突是伦理冲突（ethnic conflicts）[①]。20 世纪 90 年代，"血钻"肆虐的三个非洲国家都毫无政治结构、商业规则和社会伦理可言，完全沦为制造和输出罪恶的渊薮；其中尤以长期接受国际援助的英语国家——塞拉利昂"联阵"惨无人道的恶行给国际社会带来的伦理冲击最为强烈，被称为"塞拉利昂效应"（Sierra Leone effect）[②]。在那个"连上帝都讨厌的地方"[③]，"联阵"一方面声称代表贫困大众，另一方面却在控制区实行令人发指的恐怖统治。为了恐吓百姓、阻止他们私挖钻石[④]，"联阵"士兵或砍断其手足，或割下其嘴唇、舌头、耳朵和乳头，甚至连幼儿都不放过。反叛军还强迫众多 16 岁以下的男孩服用和注射毒品，进而长期控制他们的身体和灵魂，使其充当矿工和刽子手；一些胆怯畏

---

① Barbara Harlow, "The 'Kimberley Process'：Literary Gems, Civil Wars, and Historical Resources", *The New Centennial Review*, 3（2）, Jul., 2003, p. 219–240.

② Bieri, "*From Blood Diamonds to the Kimberley Process*", p. 35.

③ 人民网：《电影〈血钻〉揭露塞拉利昂钻石血腥内幕》，2007–02–01, http：//finance. people. com. cn/GB/67107/67666/5356075. html.

④ Greg Campbell, *Blood Diamond：Tracing the Deadly Path of the World's Most Precious Stones*, Boulder：Westview Press, 2002, p. 1–24.

缩的孩子会被在胸前刺上"RUF",以防止其脱离组织;大量少女被掳掠做"性奴"。据联合国儿童基金会估计,共有约4500～10000名年龄在16岁以下的儿童被迫成为"联阵"士兵,其中最小的只有7岁。人权观察组织1999年报告指出,"娃娃兵用手枪、步枪和大砍刀武装,积极参与杀人和大屠杀,割断其他儿童的手臂"①。

除生命与人权伦理外,"冲突钻石"问题背后的政治伦理、经济伦理、商业伦理、环境伦理和全球贫穷伦理等,都值得引起重视和思考②。"冲突钻石"可谓20世纪90年代非洲战争、杀戮、人权侵犯、贫困、发展停滞和环境恶化等伦理问题群的集中体现,提供了唤起国际责任的事实背景。

二、制度的规范性功能

国际制度有两大功能,一是约束和管理成员行为,二是推动观念在成员心中的内化,唤起成员的责任意识和行为进化。吉登斯(Giddens)指出,制度既有约束(constrain)功能也有助推(enable)功能,能赋予行为体以行动能力③。成员在制度框架内以规则为指导或标准,而规则本质上就是机制,是

① 王晔:《塞拉利昂的富国梦:钻石无法带来一切》,载《新世纪周刊》,2007-04-09,http://news.sina.com.cn/w/2007-04-09/145212734330.shtml.

② 释文修:《从佛教伦理角度思考"冲突钻石"》,2014-07-09,http://ethics.hongshi.org.tw/databasepage.aspx?nono=66.

③ Anthony Giddens, *New Rules of Sociological Method*, London: Polity Press, 1993。转引自王玮:《跨越制度边界的互动:国际制度与非成员国关系研究》,上海人民出版社2012年版,第16页。

成员的责任，但这种责任不一定是强制的①。

"冲突钻石"议题广受关注并引起了多方治理行动，形成了"金伯利进程"国际制度作为主导的全球治理框架。"金伯利进程"较为成功地约束和管理了利益相关者的行为，取得了显著治理效果；在制度的另一大功能领域——对责任规范的推动方面②，进程也做出了相关努力。自问世之日起，"金伯利进程"就一直用道德、伦理和责任武装自己，指出国家和公司对非洲处于"冲突钻石"噩梦中的人民负有责任③，应该在进程框架内担负起这个责任。"金伯利进程"之所以强调和推动责任规范，是由于它特有的制度属性。

（一）制度设计的特点

从国际制度角度看，规范对树立制度权威和实现成员遵约具有重要价值，是国际制度设计和作用过程中必须考虑的因素。鲁杰（Ruggie）指出，任何国际制度设计都是一个国际权威形成的过程，"权威=权力+合法性目标"。也就是说，权力必须用于合法性目标才能成为权威，而合法性目标是社会建构

---

① ［美］奥兰·扬：《世界事务中的治理》（史卫民译），上海人民出版社2007年版。

② Haufler, "The Kimberley Process Certification Scheme: An Innovation in Global Governance and Conflict Prevention", *Journal of Business Ethics*, 89, 2010, p. 403 - 416.

③ Winetroub, "A Diamond Scheme is Forever Lost: The Kimberley Process's Deteriorating Tripartite Structure and its Consequences for the Scheme's Survival", *Indiana Journal of Global Legal Studies*, 20（2）, 2013, p. 1425-1444.

而成的，是跟一系列社会规范联系在一起的①。基欧汉
（Keohane）认为，在有价值的制度下，工具动机和规范动机
联合发挥作用，规范对利益起作用②，促进了成员做出双重动
机综合评估下的遵约行为。

从声誉载体角度看，载体的声誉功能要发挥作用，必须存
在某种机制以维系这种声誉，一是组织对违规成员的惩罚，二
是组织对成员灌输的内化的价值体系。这个价值体系包括价值
观和行为规范，行为规范形成组织成员的共识（common
knowledge），即组织认同（organizational identity），规范进而渗
透内化到成员的价值观中，形成一种内在自我约束（self -
discipline）机制③。

在"金伯利进程"中，国际制度理论所指的规范、声誉
载体理论所指的组织认同，指的都是同一个概念——打击
"冲突钻石"的国际责任，具备同一项功能——维持进程作为
国际制度和声誉载体的有效性。但与目前"金伯利进程"的
工具性治理手段相比，进程对责任规范的重视和推动程度显然
不够。在目前已具备一定的国际地位和权威的条件下，进程有
能力且有必要在未来进一步发挥自身的规范性功能，促进责任

① John Ruggie, "International Regimes, Transactions, and Change: Embedded Liberalism in the Postwar Economic Order", *International Organization*, 36 (2), 1982, pp. 379–415.

② Keohane, "International Relations and International Law: Interests, Reputation, Institutions", Proceedings of the Annual Meeting (American Society of International Law), 93, Mar. 24–27, 1999, p. 379.

③ 王永钦：《声誉、承诺与组织形式——一个比较制度分析》，上海人民出版社 2005 年版，第51—52 页。

在利益相关者心中的内化。这样做有助于制度功能的全面发挥，进一步树立制度权威、提高成员遵约率，维持"冲突钻石"的长期治理效果。

（二）有限的制度化程度

责任对于"金伯利进程"的重要性还因它的低制度化程度。相对于具有完善的组织机构或明确的规范体系、形式相对正规的正式国际制度而言，非正式国际制度是指"以国际惯例或习俗等非正式的方式存在的制度类型，虽然没有明确的规则或正式的组织来认可或监督其实施，但是却能够依靠成员之间客观存在的共识来创造和维持"①。韦森（Wayson）指出："正式规则和非正式规则的区别在于后者往往是当事人自觉遵从的规则，且遇到违反这种规则而侵犯了他人的权利和利益时，除了自我意识中的道德不安和受侵害方的报复以外，并不存在第三方（主要是权威者如法院、政府和其他高位的权力或个人）对这种规则的强制推行。"②

"金伯利进程"是一个非营利的道德自律机制，严格来说不是国际组织，也不是协议（treaty）③，没有常驻办事机构和固定工作人员，其政策实施依赖于成员国立法和钻石行业的自

---

① 参见霍淑红：《新制度经济学视野中的政府间国际制度与国际非政府组织》，载《上海行政学院学报》2010 年第 3 期。

② 韦森：《博弈论制度分析史上的第一块里程碑》，载［美］安德鲁·肖特：《社会制度的经济理论》（陆铭、陈钊译），上海财经大学出版社 2003 年版，"中译本序"。

③ Smillie, "The Kimberley Process Certificate Scheme for Rough Diamond", Oct., 2005, http：//www. verifor. org/resources/case-studies/limberley-process. pdf.

觉行为，经费依赖于"责任公担"（burden sharing）和互信原则下成员国政府的捐款。但与完全的非正式制度相比，进程设立了证书及合法贸易圈，并配有相应的轮值主席国、定期会议、工作组和委员会等具体措施。应该说，"金伯利进程"介于非正式制度和正式制度之间，制度化程度有限。

进程建立在显性规则上的惩罚机制（如开除）存在很大的局限性。这种局限性来自监督的不完美和信息的不完备，因此隐性的内化价值体系——对"冲突钻石"议题的国际责任认同就显得尤为重要，认同使得成员如果违反了某些达成共识的行为规范，内心会受到谴责和感到不安。成员的认同感越强，它自己违规的激励就越小，而且还会有更强的激励来惩治其他违规的成员①。

推崇责任可以使"金伯利进程"不仅实现经济上的"责任公担"，更实现理念上的"责任公担"（responsibility - sharing）。在未来改革发展过程中推动利益相关者对"冲突钻石"议题的责任意识，是进程低制度化治理模式的有力补充。

三、利益相关者的责任匹配

基欧汉曾指出，在全球层次，存在着些许的责任机制，但它们是断裂的、不连续的；设计全球治理的可接受制度，需要

---

① 王永钦：《声誉、承诺与组织形式——一个比较制度分析》，上海人民出版社 2005 年版，第 51—52、59 页。

将责任感纳入规则制定和规则实施的机制之中①。

本书的责任共同体设想并不是凭空产生的，而是基于对一些被忽略事实的观察。许多"冲突钻石"利益相关者自身的身份和责任与"冲突钻石"议题背后的道德伦理责任是相匹配的。这体现为无论是否在国际制度的约束和管理之下，它们都选择开展主动的、自觉的、独立的打击"血钻"行动，责任已经在指导它们的行为。

"金伯利进程"与其中一些负责任的利益相关者展开了互动与合作，但不全面，且存在争议和相互冲突之处。鉴于责任规范的重要性，进程未来需要更加重视和珍惜这些由负责任的利益相关者主导的、断裂的、不连续的责任机制，处理好与它们的关系，在将责任纳入进程本身规范性功能的同时，推动责任共同体作为一种新全球治理模式的形成。

（一）非政府组织等的公益伦理责任

非政府组织、媒体及社会公益人士通常具有洞察事实真相的敏锐力、投身公益事业的爱心和呼吁全球治理的责任心。在"冲突钻石"议题中，"金伯利进程"的存在又给它们的公益事业带来了更多信心和制度层面的依靠，双方存在进一步合作的必要性和空间。

1. 非政府组织的责任

1952 年，联合国经济和社会理事会（经社理事会，Economic and Social Council，ECOSOC）将非政府组织定义为

① ［美］罗伯特·基欧汉：《局部全球化世界中的治理》，载《局部全球化世界中的自由主义、权力与治理》（洪华译），北京大学出版社 2004 年版，第 297 页。

"凡不是根据政府间协议建立的国际组织"。作为独立于政府和企业的非营利自愿组织，关注和平、人权、发展、环保等议题的非政府组织通常具有民间性、自治性、志愿性和公益性等特征，承担着全球公益伦理责任①，在众多全球性问题领域表现活跃。揭露和打击"冲突钻石"、与"金伯利进程"互动符合它们的公益责任。其中最为典型的就是"全球证人"。

作为一个对"冲突钻石"治理有突出贡献的小型非政府组织，"全球证人"由一批环保及人权运动人士于1995年成立，以"切断自然资源开采和冲突、腐败之间的关系"为宗旨，在伦敦北部一个没有电梯的办公楼里以年均50万英镑的活动经费运作。在首次曝光"血钻"内幕后，它与"大赦国际"等人权团体一起，强烈呼吁钻石应附加基本的伦理行为法则，钻石交易应担负道德责任②。2003年3月，"全球证人"发布了《更多的美元：基地组织如何潜入钻石贸易》（*A Few Dollars More：How Al Qaeda Moved Into the Diamond Trade*）的报告。这是首次由非政府组织发布有关恐怖主义与钻石关系的详细报告，将钻石业不负责任的行为推向道德批判的顶峰③。2004年，该团体和"非洲加拿大伙伴组织"发布联合报告指

---

① Anita Lacey and Suzan Ilcan, "Voluntary Labor, Responsible Citizenship, and International NGOs", International Journal of Comparative Sociology, 47 (1), 2006.

② 钻石之家网站：《钻石产地、交易及相关政治问题》，http：//www. zuans. com/zuanshi/baike/zuanshi_ 8. shtml.

③ Bieri, "*From Blood Diamonds to the Kimberley Process*", p. 121.

出，任何与钻石有关的行为者都有责任改善战后国家的状况，使塞拉利昂、安哥拉、几内亚和刚果（金）的钻石变为发展型资产——"发展钻石"（Development Diamonds），甚至是"繁荣钻石"（Prosperity Diamonds）①。

在成为"金伯利进程"创始观察员后，"全球证人"一直态度强硬、行动坚决。在进程建立之初，其发言人苏西·桑德斯（Susie Sanders）就表示，自己所在的组织会密切关注"金伯利进程"的实施情况②。2004 年 3 月 30 日的世界钻石委员会迪拜年会上，"全球证人"指责钻石零售商们所做的仅仅是"一种公关伎俩"③。在联合"大赦国际"调查了美英两国 330家大型珠宝店后，该组织指出，只有 38% 的店员表示接受过相关培训，58% 的零售商并不在意钻石原料是否属于"冲突钻石"。两组织于是呼吁各国政府管好钻石行业，维护世界和平④。2005 年"金伯利进程"年会闭幕式上，"全球证人"指责证书制度没能根除非洲"血钻"：一些"冲突钻石"泛滥的国家"政府管制脆弱，无法阻止钻石交易助长冲突"；某些成

---

① GW and PAC, "Rich Man, Poor Man Development Diamonds and Poverty Diamonds: the Potential for Change in the Artisanal Alluvial Diamond Fields of Africa", PAC and GW Publishing Inc. , 2004, p. 1–32.

② 《新民周刊》：《电影揭露南非钻石生产血腥内幕》，载《新民周刊》，2010–06–12，http：//ucwap. ifeng. com/worldcup2010/xz/news？aid = 4493985&p = 14.

③ 《中国日报》：《零售商销售"血腥钻石"遭猛烈抨击》，2004–03–30，http：//www. chinadaily. com. cn/gb/doc/2004–03/30/content_ 319199. htm.

④ 人民网：《国际特赦组织、英环保组织：370 万人死于钻石交易》，载《环球时报》2004 年 10 月 20 日，http：//www. people. com. cn/GB/guoji/1031/2936664. html.

员国发出的钻石交易许可证其实是将"冲突钻石"合法化。2006 年年会上,"全球证人"表示怀疑世界钻石委员会在妨碍公布各参加国钻石产量和交易的基本数据①。

退出"金伯利进程"后的"全球证人"依然没有停止脚步。2012 年 6 月 23 日,该组织发布了一份《打造一个平行政府?》的报告,指出国际社会必须采取行动,阻止预算外资金流入津巴布韦总统穆加贝手下的秘密警察手中,并呼吁是时候让钻石行业服从矿产供应链的国际标准,包括独立的第三方听众和常规公共曝光;政府应把"金伯利进程"标准列入法律以彰显其领导力②。

从"全球证人"10 余年的行动来看,责任一直是它重点强调和呼吁的理念,也是它自身行动的指南。该组织积极尽责地履行了"金伯利进程"观察员的使命;虽因人权议题退出进程,但之后的单独行动仍在推崇"金伯利进程"的国际权威,这说明"全球证人"组织的自身身份责任与打击"血钻"的责任完全匹配,未来"金伯利进程"可以考虑与之缓和关系,进而开展更多的责任共享与合作。

2. 媒体等的责任

除了非政府组织的先锋角色,媒体、学术界、社会公益人士等行为体对"冲突钻石"的责任基本经历了一个从后知到

---

① 《新民周刊》:《电影揭露钻石生产血腥内幕　明星纷纷抵制戴钻石》,载《新民周刊》2007 年 1 月 31 日,http://news.sohu.com/20070131/n247958189.shtml.

② GW 网站: "Financing a parallel government?", Jun. 20, 2012, http://www.globalwitness.org/library/financing-parallel-government-Zimbabwe.

主动的过程。这些行为体相对分散且充满个体特征，一般不会以团队形式加入"金伯利进程"制度，但进程也不能忽略他们的单独责任行动对"冲突钻石"治理事业的影响，这些行为体也在积极关注"金伯利进程"。

（1）媒体

新闻媒体日益增长的全球影响力和高公信力、拥有的高文化素质从业群体和广泛的专家人才资源，赋予了它们以社会、地区乃至全球责任，责任又进而给予媒体以新的力量①。"社会化媒体为慈善及公益组织提供了平台，让它们可以听到来自世界各地需要帮助的人们的声音，从而更好地改变这个世界"，盖茨基金会（Bill & Melinda Gates Foundation）全球首席传播官凯珍说②。基欧汉认为，全球治理与现代传播技术（包括语言翻译技术）相结合，开始造就公共空间，某些人士跨越地理距离就公共政策进行交流；公共空间里听到的和反映出的批评有助于责任感的产生③。

1999年，多次冒生命危险用摄影机揭露塞拉利昂内战惨相的塞国记者索里沃斯·萨姆拉荣获罗里·佩克奖（Rory Peck Award，颁奖地点在伦敦，以表彰那些关注时事的自由摄影家）。2000年2月，一部由他拍摄制作的纪录片——《哭泣

---

① ［法］吉尔·利波维茨基：《责任的落寞：新民主时期的无痛伦理观》（倪复生、方仁杰译），中国人民大学出版社2007年版，第270页。

② 刘萌：《责任改变世界——联合国全球契约引领全球企业大变革》，北京工业大学出版社2013年版。

③ ［美］罗伯特·基欧汉：《局部全球化世界中的治理》，载《局部全球化世界中的自由主义、权力与治理》（洪华译），北京大学出版社2004年版，第297页。

的弗里敦》在 CNN 播出。CNN 称萨姆拉为世界上最勇敢的战地记者，《时代》周刊将其列入"对世界事务有突出贡献的 30人"①。在"金伯利进程"成立后，一些知名媒体关于"冲突钻石"及进程发展情况的报道数量明显上升②。

（2）学术界

考虑到研究型工作的特点，学术界对"钻石诅咒""冲突钻石"及"金伯利进程"的关注显然要晚于非政府组织和媒体，但它们的研究报告、学术论文和书籍具有学理性，不仅有助于提升议题的理论深度，为解决更大范围内的"资源诅咒"总结经验，还可以给联合国和各国制定政策、"金伯利进程"技术改进和机构改革、钻石行业评估和行动创新等多方利益相关者的行为提供参考，有利于"冲突钻石"问题的实际解决。这其中以德国学者弗兰齐斯卡·比尔利 2010 年出版的著作③，以及经济学、国际法、国际关系等学术领域的多篇学术论文和各类专家调研报告为代表。

（3）公益人物及作品

部分个人，特别是政商界要人、名人的责任意识和效应不容忽视，如 2000 年 12 月 2 日，美国国会众议员托尼·霍尔（Tony Hall）组织了约 100 名示威者在华盛顿蒂芙尼商店前抗议④，试图对钻石大佬施压。一些隐射事实的艺术形式往往更

---

① 《中国青年报》：《"摄像机就是我的武器"》，2012-11-28，http：//qnck. cyol. com/html/2012-11/28/nw. D110000qnck_ 20121128_ 1-31. htm.

② Bieri，"*From Blood Diamonds to the Kimberley Process*"，p. 38-42.

③ Bieri，"*From Blood Diamonds to the Kimberley Process*".

④ Bieri，"*From Blood Diamonds to the Kimberley Process*"，p. 72.

能走进普通民众的内心，唤起他们的责任意识和行为。

2006 年，好莱坞犯罪电影《血腥钻石》以坎贝尔《血腥钻石》一书为创作蓝本，并由"非洲加拿大伙伴组织"2000年研讨会报告提供大量背景资料，以叙事体手法生动展现了塞拉利昂"血钻"内幕，折射出政府、商人及普通消费者所缺失的伦理意识，唤起了钻石业、消费者和记者的责任①。主演詹妮弗·康奈利（Jennifer Connelly）说："我想我对影片的感悟就是，渴望成为更加理性的消费者……消费者可以向珠宝商询问：'你能出示证明吗？你能证明这些钻石清白吗?'"② 明星界反"血钻"先锋、主演莱昂纳多·迪卡普里奥（Leonardo DiCaprio）和导演爱德华·兹维克（Edward Zwick）也表示，他们拍片的动机是告诫全球消费者在购买前应验明钻坯开采的非冲突性③。钻石来源正当与否成为 2007 年第 79 届奥斯卡颁奖典礼的关注焦点。众多好莱坞大腕都要求经纪人和一些珠宝专家确保自己佩戴的不是"冲突钻石"，其中包括迪卡普里奥、康奈利、说唱歌手坎耶·韦斯特（Kaye West）、名模夏奈尔·伊曼（Chanel Iman）和两届奥斯卡影后简·方达（Jane Fonda）等。更多的演艺界和体育界明星做出"只购买清白钻

① Rekha Sharma, "News on the Rocks: Exploring the Agenda-Setting Effects of Blood Diamond in Print and Broadcast News", *Media*, *War & Conflict*, 5 (3), 2012, p. 239-253.

② 《深圳晚报》：《奥斯卡抵制"滴血钻石"》，2007-01-08，http：//www. sznews. com/epaper/szwb/content/2007-01/08/content_ 753372. htm.

③ 新浪网：《〈血腥钻石〉主题说教票房前途充满悬念》，2006-12-01，http：//ent. sina. com. cn/m/f/2006-12-01/14221351913. html.

石"的表率。"大赦国际"一工作人员呼吁"娱乐界的领军人物应当扮演提醒者的关键角色"①，这会帮助全球消费界达成共识：不加分辨地购买钻石，就可能变相成为非洲惨剧的"杀手"或"帮凶"②。

《血腥钻石》不是唯一一部提到"冲突钻石"的影片。2002 年上映的《择日而亡》(*Die Another Day*) 中的一个关键物品就是"冲突钻石"。影片提到朝鲜官员与非洲"叛乱钻石"走私商之间的"钻石换武器"勾当，并谎称钻石来自新开发地冰岛。几处细节描述影射出"冲突钻石"的一些特征：1）故事发生在联合国制裁期间，但这丝毫没有妨碍非洲"叛乱钻石"进入朝鲜高官的口袋。2）剧中反派将钻石比作"天堂碎片"，代表着梦想，更是实现梦想的手段；它不只是战争物资，更是控制地球的武器。《择日而亡》的科幻题材处理方式设想了"冲突钻石"可能带来的毁灭性灾害，表达了制片方对这一问题的关切。类似电影还有揭露石油内幕的《塘鹅报告》(*The Pelican Brief*) 以及揭示气候问题的《难以忽视的真相》　(*An Inconvenient Truth*) 等，这些影片都带有明显的道德情怀，反映出创作者对"资源诅咒"问题的公益心和责任心。

媒体、学术界、公益人物及作品，有时会对打击"冲突钻石"事业产生意想不到的效果，其全球受关注度甚至超过

---

① 搜狐网：《〈滴血钻石〉瞄准奥斯卡　莱昂纳多心仪新题材》，2006-12-05，http：//news. sohu. com/20061205/n246817309. shtml.

② 搜狐网：《奥斯卡今天拒绝"滴血钻石"》，2007-02-26，http：//news. sohu. com/20070226/n248348536. shtml.

了"金伯利进程"。它们的责任行动值得进程关注，进程也有必要适时与这些相对分散单一的行为体加强交流与合作。

（二）国际组织及民族国家的政治伦理责任

联合国、世界贸易组织等正式国际组织赋予了"金伯利进程"以更高的合法性，世界银行的调查报告、国际法庭的审判增加了"冲突钻石"的全球关注度和治理信心，反映出国际组织的责任意识。负责任的国家观日益成为民族国家外交政策的重要组成部分，这在反"血钻"事务中也得到了体现。以上两类利益相关者的国际角色定位具有很强的政治性，承担着政治伦理责任。

1. 国际组织的责任

2000 年 6 月，在人权和可持续发展组织的推动下，世界银行发布了一份《内部冲突的经济原因及其对策》的报告，阐述了有关钻石争夺导致内战的论点。在澳大利亚、巴西、加拿大、以色列、日本、韩国、菲律宾、塞拉利昂、泰国、阿联酋和美国等国的推动下，2003 年 2 月 26 日，世贸组织就其成员杜绝"冲突钻石"贸易的行为通过了一项豁免（WT/GC/W/498）：鉴于对"冲突钻石"议题的人道主义关怀，以与"金伯利进程"相一致的方式，认可禁止或限制与未参加该进程的成员进行毛坯钻石贸易所采取的必要措施①。"金伯利进程"成员国都是世贸组织成员，此项豁免是世贸组织首次在立法层面承认不符合自身规则的国际制度的合法性，反映出世

---

① WTO 网站：《WTO 对钻石贸易的"金伯利进程"的豁免》，2003-02-26，http：//www.wto.org/english/news_ e/news03_ e/goods_ council_ 26fev03_ e.htm.

贸组织对"冲突钻石"治理事业的责任①。

联合国体制有助于全球伦理的落实，如安理会的决议②和制裁、维和部队、有关国家责任和企业责任的倡议，以及国际特别法庭对相关罪犯（如利比里亚前总统泰勒）的审判等③。

1989 年 12 月，泰勒率利比里亚全国爱国阵线（"爱阵"，National Patriotic Front of Liberia，NPFL）发动内战，1997 年 7 月当政后局势依然不稳，2003 年 8 月流亡尼日利亚。这场被称作"娃娃们的战争"④ 的内战共导致约 2 万人丧生、300 万人流离失所。资助泰勒作战的是他本人经营的一个黑帮经济实体⑤，主要业务就是走私"血钻"。90 年代中期，利比里亚"官方"钻石年出口额在 3 亿～4.5 亿美元，远远超出其国内产值；而1999—2000 年的年出口额甚至高达 30 亿美元⑥。2003 年，联合

①　彭景：《论"冲突钻石"映射下的贸易与人权》，载《东岳论丛》2012 年 10 月（第 33 卷第 10 期），第 157—162 页。相关研究可参见 Joost Pauwelyn，"WTO Compassion or Superiority Complex?：What to Make of the WTO Waiver for 'Conflict Diamonds'"，*Michigan Journal of International Law*，24，Summer，2003，p. 1177–1207.

②　Mungbalemwe Koyame，"United Nations Resolutions and the Struggle to Curb the Illicit Trade in Conflict Diamonds in Sub-Saharan Africa"，*African Journal of Legal Studies*，1（2），May，2005.

③　释文修：《从佛教伦理角度思考"冲突钻石"》，2014-07-09，http：// ethics. hongshi. org. tw/databasepage. aspx？nono=66.

④　［英］马丁·梅雷迪斯：《非洲国：五十年独立史》（亚明译），世界知识出版社 2011 年版，第 559 页。

⑤　［英］马丁·梅雷迪斯：《非洲国：五十年独立史》（亚明译），世界知识出版社 2011 年版，第 517 页。

⑥　Kirsten Keith，"Blood Diamonds and War Crimes：the Case against Charles Taylor"，*Southern Cross University Law Review*，15，2012，p. 99–110.

国塞拉利昂特别法庭正式对这位"西非最臭名昭著的军阀"①
提起诉讼。2007 年 12 月 19 日，安理会第 1792 号决议对有关泰
勒及其亲友个人财产清查工作缺乏进展表达关切，呼吁利比里
亚政府加强行动②。2012 年 4 月 26 日，特别法庭在海牙发布公
告称，泰勒于 1991—2002 年犯下的战争罪、反人类罪、恐怖袭
击、谋杀、强奸等 11 项罪名成立。据《每日电讯报》消息，时
年 64 岁、有着西非"混世魔王"之称的泰勒是非洲历史上首
位、也是自纽伦堡审判以来第一位被指控战争罪而在国际法庭
受审的国家领导人③。此案的关键证据来自英国超级模特娜奥
米·坎贝尔（Naomi Campbell）接受泰勒赠予联阵"血钻"的
证词，还有泰勒的小舅子辛道尔·里夫斯（XinDoyle Reeves）
秘密与特别法庭联系并提供泰勒犯罪的大量内幕。

　　在各国政府官员、非政府组织活动家和塞拉利昂战争难
民看来，联合国特别法庭对这位"血钻总统"犯罪史的清算
和判决意义深远，推动了国际社会的反"血钻"责任意识，
给予非洲人民以关怀和信心④。国际政府间组织因其正式性、
官方性和权威性，总能在反"冲突钻石"责任建设方面扮演
高屋建瓴式的重要角色，对"金伯利进程"来说意义重大。

_____

①　［英］马丁·梅雷迪斯：《非洲国：五十年独立史》（亚明译），世界知识
出版社 2011 年版，第 557 页。
②　UN 网站：《第 1792（2007）号决议》，http：//www. un. org/zh/sc/docum
ents/resolutions/07/s1792. htm.
③　人民网：《利比里亚"血钻总统"被判 50 年监禁》，2012-05-31，http：//
world. people. com. cn/GB/18037787. html.
④　施王照：《无法漂白的非洲血钻》，2012-05-10，http：//www. legaldaily.
com. cn/zmbm/content/2012-05/10/content_ 3561865. htm？node=7579.

2. 民族国家的责任

谈及国家的国际责任就必然要涉及国家主权。主权的传统概念仅指权利；自冷战结束，责任主权（sovereignty as responsibility）[1] 兴起，并得到了安南的拥护[2]。2001 年，干预与国家主权国际委员会（International Commission on Intervention and State Sovereignty，ICISS，加拿大）正式提出"责任主权"概念：一个国家对自己国民有责任，也对保护它的国民的国际社会有责任；例如国家不能或不愿履行主权责任时，责任就转向了国际社会[3]。2005 年 9 月的联合国世界峰会（United Nations World Summit，UNWS）全体一致通过了这一概念，使它成为国际人道主义行动的基础和进化中的国际机制最根本的原则[4]。在国际关系学界，早在 20 世纪 80 年代初，批判学者和建构主义学者就开始挑战传统主权概念，认为主权是历时的、进化中的、因情况而定的、抽象无定形的、道德意义上的社会

① F. M. Deng, "Frontiers of Sovereignty: A Framework of Protection, Assistance, and Development for the Internally Displaced", *Leiden Journal of International Law*, 8 (2), 1995, p. 249 - 286; Deng S. Kimaro, T. Lyons, et al. eds. , *Sovereignty as Responsibility: Conflict Management in Africa*, Washington, D. C. : Brookings Institution, 1996.

② Kofi Annan, "The Question of Intervention: Statements by the Secretary General", N. Y. : UN, 1999.

③ Independent Commission on Intervention and State Sovereignty, "The Responsibility to Protect", Ottawa: IDRC, 2001.

④ Francis M. Deng, "Global Engagement", in John W. Harbeson and Donald Rothchild eds. , *Africa in World Politics*, Boulder: Westview Press, 2013, p. 207, 310.

建构①。瓦特尔（Vattel）指出，暴政和压迫的主权国家应该被剥夺非干涉原则的保护②，主权是可以被让渡的。罗马教皇让·保罗二世（Jean Paul II）用"主要的道德问题"来形容生态危机，24 国政府首脑为此庄重宣布："为了整个人类的共同财产，愿交出其一部分国家主权。"③

布尔（Bull）很早就提出，在无政府状态的国际关系中，国家拥有权力就要负相应的责任④。温特（Wendt）也强调，国家身份与国际责任的建构是相互的⑤。国际法的核心就是责任，涉及国家合作的义务、对跨国犯罪的责任、"透明化"责任、对人权的责任、遵守《国际环境法》的责任等⑥。在"冲突钻石"议题中，国家应扮演负责任的"冲突钻石"利益相关者角色，特别是消费国负责任的集体行动⑦，对消灭"冲突

① Luke Glanville, "The Antecedents of 'Sovereignty as Responsibility'", *European Journal of International Relations*, 17 (2), 2010, p. 233-255.

② E. de Vattel, *The Law of Nations or Principles of the Law of Nature*, *Applied to the Conduct and Affairs of Nations and Sovereigns*, PA: T. & J. W. Johnson, Law Booksellers, 1853, as quoted in Glanville, "The Antecedents of 'Sovereignty as Responsibility'", *European Journal of International Relations*, 17 (2), 2010, p. 23 3-255.

③ ［法］吉尔·利波维茨基：《责任的落寞：新民主时期的无痛伦理观》（倪复生、方仁杰译），中国人民大学出版社 2007 年版，第 241 页。

④ Heyley Bull, *The Anarchical Society: A Study of Order in World Politics*, London: Macmillan, 1977, p. 206-209.

⑤ Alexander Wendt, *Social Theory of International Politics*, Cambridge: Cambridge University Press, 1999.

⑥ James Crawford, Alain Pellet, and Simon Olleson eds. , *The Law of International Responsibility*, Oxford: Oxford University Press, 2010, p. 1, 695-814.

⑦ Mike Faber and Roland Brown, "Changing the Rules of the Game: Political Risk, Instability and Fairplay in Mineral Concession Contracts", *Third World Quarterly*, 2 (1), Jan. , 1980, p. 100-119.

钻石"乃至破解生产国"资源诅咒"具有重要作用。

（1）英国和加拿大

在 2000 年世界钻石大会上，英国负责非洲事务的前反种族隔离积极分子彼得·海恩（Peter Hain）对"血腥钻石"进行了严厉谴责，并呼吁"必须制止安哥拉、塞拉利昂和刚果国内处于水深火热战乱之中的人民本可避免的战争灾难……消费者应该从珠宝商处获得保证，所购买的钻戒不含任何'血腥钻石'"。加拿大驻联合国大使罗伯特·福勒（Robert Fowler）提出，未来钻石业的健康发展"有赖于在座诸位成为'良民'公司"。2001 年 3 月，联合国发表了《福勒的报告》（Fowler's Report），其中披露了安哥拉"血钻"背后一长串无视联合国制裁、助纣为虐的钻石商人、武器贩子和政府官员名单，涉及多位非洲国家现任或前任领导人①。

"血钻"问题曝光期间，英国正处于工党（Labour Party）史上最长一次连续执政（1997—2010）中，积极打击钻石为冲突和政治暴力融资的行为符合当时英国的道德伦理外交理念，首相托尼·布莱尔（Tony Blair，任期 1997—2007）曾关切地称非洲为"世界良知的伤疤"，外长库克更是一名人权主义者。加拿大外交向来关注道德、人道援助、可持续发展等议题，并在此类问题的研究和治理方面颇具传统和能力，这份关于"血钻"的前瞻性报告就是体现。

---

① 廖新军：《滴血的钻石》，载《国际金融报》2000 年 7 月 28 日，http：// www. people. com. cn/GB/channel2/19/20000728/163010. html.

（2）刚果（布）

当刚果（布）再次加入"金伯利进程"时，开始强调国际责任。2004 年 7 月 9 日，该国被发现走私刚果（金）、中非等国钻石，输出量是国家生产力的百倍，达 300 万～500 万克拉，价值上百万美元①。第二天，刚果（布）即遭"金伯利进程"驱逐，直至 2007 年情况改善后才得以再次加入②。

2007 年 11 月 13 日，主题为"打击非法买卖钻石"的中部非洲专家会议在布拉柴维尔（Brazzaville）召开，有包括刚果（金）、安哥拉、刚果（布）和中非等产钻国代表参加。刚果（布）矿业、能源和水利部部长菲利普（Philip）在开幕式致辞中说，产钻国应积极承担国际责任、履行国际义务，支持和推动"金伯利进程"。为此，他还主张在"金伯利进程"国际验证体制和中非经济共同体之间建立一个协调机构③。

（3）美国

2010 年 6 月，斯迈利指出："如果全球第一大钻石消费国——美国能有所行动，那将提供巨大帮助。"④ 2012 年 6 月

---

① Victoria Gomelsky, "Congo Republic Gets Expelled From Kimberley Process", *National Jeweler*, 98（16）, Aug. 16, 2004, p. 24.

② Selah Hennessy, "Congo's Diamond Industry Let Back into Kimberly Process", *Voice of America*, Nov. 9, 2007, http：//www. globalpolicy. org/component/content/article/181/33665. html.

③ 新华网：《刚果（布）呼吁中部非洲联合打击钻石走私》，2004－11－14，http：//news. xinhuanet. com/world/2004－11/14/content_ 2215823. htm.

④ Melik, "Diamonds：Does the Kimberley Process work？", http：//www. bbc. co. uk/news/10307046, Jun. 28, 2010.

7—8 日，美国国际开发署、世界银行的社区和小规模采矿项目（Communities and Small-Scale Mining，CASM）和钻石业发展措施在华盛顿世界银行总部召开了一次钻石和发展会议，主题为"加强手工和小规模采矿的发展潜力"。议题包括手工开采常规结构的规范化、手工开采的影响、土地使用权/财产权、生活水平和社会福利、环境问题以及行业部分的互动问题等①。会上，来自经济合作与发展组织（经合组织，Organization for Economic Cooperation and Development，OECD）、采掘业透明度行动计划、世界银行集团（World Bank Group，WBG）、美国泰特拉（Tetra）公司、美国国务院和"金伯利进程"等机构代表均作发言②。此次会议的意义在于开启了美国主导下致力于改善钻石开采情况的国际努力。

一些国际组织和民族国家或在各种言论中表达和呼吁对"冲突钻石"的责任，或开展自发行动促进"冲突钻石"问题的治理，可见"冲突钻石"背后的伦理责任与它们本身所重视的政治伦理责任相匹配。国际组织和国家的责任行动能协助"金伯利进程"治理"血钻"，成员国的责任意识对促进制度遵约具有积极作用。

（三）公司及消费者的经济伦理责任

"冲突钻石"能产生危害的关键在于它作为商品的流通价值，因此，公司及消费者负责任的经济行为是阻断"血钻"

---

① KP 网站：http：//www.kimberleyprocess.com/web/kimberley-process/development-and-assistance.

② 发言内容详见 http：//www.kimberleyprocess.com/en/documents 下相关网页。

最致命的方法。目前的规范环境包括企业社会责任①、消费者责任等观念，与打击 "血钻" 的责任相匹配。在此背景下继续推进这两大行为体的反 "血钻" 责任内化是 "金伯利进程" 可以努力的方向。

1. 企业责任

跨国企业的社会责任，是指在特定的法律框架、社会规范和经营环境下，企业在履行其基本经济职能的同时，需要从企业长期利益和社会公共利益出发，自觉、主动地采取符合社会目标和公众利益、适应社会与其变化的各种社会行动方案，为社会发展做出积极贡献②。1923 年，英国学者欧利文·谢尔顿（Oliver Sheldon）首提企业社会责任的概念，并把它与公司经营者满足企业内外各种人群需要的责任联系起来，包含了道德因素③。世界银行对此下的定义是："企业与关键利益相关者的关系、价值观、遵纪守法以及尊重人、社区和环境有关的政策和实践的集合。"④ 1999 年 1 月的达沃斯世界经济论坛年会上，安南提出 "全球契约" 设想，同年成立联合国全球契约组织（United Nations Global Compact，UNGC），旨在推进企业

① Marketa D. Evans, "New Collaborations for International Development: Corporate Social Responsibility and Beyond", *International Journal*, 62（2）, Spring, 2007, p. 311-325; Jem. Bendell, *The Corporate Responsibility Movement: Five Years of Global Corporate Responsibility Analysis from Lifeworth*, 2001-2005, Shefield, UK: Greenleaf Publishing, 2009.

② 欧阳峣等：《跨国企业的社会责任》，中国经济出版社 2009 年版，第 54 页。

③ 王中杰：《公司社会责任治理》，中国发展出版社 2011 年版，第 3 页。

④ 金十七：《企业的社会责任》，载《管理学家》，2006-04-27，http://finance.sina.com.cn/leadership/mqywh/20060427/16392536458.shtml.

的可持续发展和履行社会责任，参与解决全人类面临的重大问题，并给企业树立了人权、劳工、环境和反腐等方面的十项原则①，首次政策对话就讨论了冲突问题②。2006 年 4 月，安南主持了一个由来自 16 个国家的世界主要投资机构负责人参与的国际"负责任投资（responsible investment）原则"签字仪式③。企业社会责任逐渐"进入日常商业话语的主流"④，关注公共福祉和公益事业的"公民企业"（corporate citizen）时代到来了⑤。

　　现代企业是无特色的、机械的、纪律严明的、技术专家治理的、完全受效益和效率支配的；而后现代企业则自称承载着一定的意义与价值，钟情于发掘灵魂、探求"商业伦理"，呼吁商业眼光要高于利润，朝向作为社会成员的责任⑥。1987年，有 94% 的美国资方精英认可商业伦理的第一重要性，有超过 60% 的高级管理者将其视为实现企业良好管理的必要手

---

　　①　刘萌：《责任改变世界——联合国全球契约引领全球企业大变革》，北京工业大学出版社 2013 年版。

　　②　Global Compact Policy Dialogue, "Report of the First Global Compact Policy Dialogue", Mar. 21 - 22, 2001, http：//www. unglobalcompact. org/Issues/conflict_ prevention/meetings_ and_ workshops/01_ ny_ report. html.

　　③　刘萌：《责任改变世界——联合国全球契约引领全球企业大变革》，北京工业大学出版社 2013 年版。

　　④　Ian Jones, Michael Pollitt, and David Bek, *Multinationals in their Communities：A Social Capital Approach to Corporate Citizenship Projects*, London：Palgrave Macmillan, 2007, p. 49.

　　⑤　［法］吉尔·利波维茨基：《责任的落寞：新民主时期的无痛伦理观》（倪复生、方仁杰译），中国人民大学出版社 2007 年版，第 277—305 页。

　　⑥　T. L. Beauchamp and N. E. Bowie, *Ethical Theory and Business*, N. J.：Prentice Hall. 1993.

段。在当今时代，凸现社会和道德责任感是企业的长期战略利益所在，也是关键行销策略①，道德伦理是企业获得成功的基石，亦即"伦理的回报"，责任成为"无形资产"。公司对人权、劳工、环境和反腐标准的承诺反映出公司为适应制度和环境而实行的伦理战略②。如利维·斯特劳斯公司（Levi Sreauss & Co.）在发展中国家实行非剥削劳动政策，在全球范围内赢得了良好声誉③。

"也许发生在狮子山的事是我们的问题"，一位造访过截肢者收容营的钻石业者骇然表示。弗雷姆在致 2000 年世界钻石大会开幕词时，呼吁从事钻石加工和贸易的商人承担起道义责任，拒绝非法钻石④。中国常驻联合国副代表张义山也指出，企业加强道德责任感，提高行业自律性，严格执行安理会相关决议，对于防止冲突升级是十分重要的⑤。2007 年"金伯利进程"联席会议上，伊扎科夫强调钻石业从业人士、行业

① ［美］Herbert M. Bohlman and Mary Jane Bundas：《商法：企业的法律、道德和国际环境》（张丹等译），清华大学出版社 2004 年版，第 40 页。

② Patrick Bernhagen and Neil J. Mitchell，"The Private Provision of Public Goods：Corporate Commitments and the United Nations Global Compact"，*International Studies Quarterly*，54，2010，p. 1175–1187.

③ ［美］Herbert M. Bohlman and Mary Jane Bundas：《商法：企业的法律、道德和国际环境》（张丹等译），清华大学出版社 2004 年版，第 4 页。

④ 李支援：《世界钻石大会呼吁拒绝血腥钻石》，载《北京晨报》2000 年 7 月 19 日，http：//news. sina. com. cn/world/2000-07-19/109037. html.

⑤ 中国常驻联合国代表团网站：《中国常驻联合国副代表张义山大使在安理会关于"企业在预防冲突、维和及冲突后建设和平中的作用"问题公开会上的讲话》，http：//www. china-un. org/chn/dbtxx/czdbt/zhdjh/t84857. htm.

214

协会以及消费者应为如何让钻石脱离道德和伦理恶名加强沟通①。他在 2008 年世界钻石委员会年会上表示："与'冲突钻石'的斗争必须被视为是整个行业的义务。"②

"钻石必须是道德正确的"，戴比尔斯发言人崔希·彼得森（Tracy Peterson）说③。奥本海默也表示，结束"冲突钻石"贸易不仅是出于对行业潜在破坏力以及钻石纯洁性的原因，还有这样做本身就是对的④。集团目前只出售自己开采的毛坯钻石，并呼吁其他公司也这样做；还设立了最佳实践原则（Best Practice Principle，BPP），规定所有戴比尔斯家族成员公司、合资伙伴、合同商、看货商必须遵守商业责任、社会责任和环境责任⑤。

据蒂芙尼董事长迈克·科瓦斯基（Michael Kowlaski）说，蒂芙尼的运作保证了产品从原料到制作都合乎伦理道德并担负起社会责任。公司不会从有冲突的地区购买材料，也承诺在获得开矿土地特权后给予纳税人更为合理的补偿。蒂芙尼目前正在努力建构一个全球矿业的认证体系，将珠宝行业及联盟、消

---

① 新华网：《世界钻石委员会号召根除"血钻"》，2007-05-11，http：//news. xinhuanet. com/world/2007-05/11/content_ 6085166. htm.

② 新浪网：《钻石业必须牢记与冲突钻石作持续斗争》，载《中国黄金报》2008 年 7 月 4 日，http：//finance. sina. com. cn/money/nmetal/20080704/14025056527. shtml.

③ 安德鲁·寇本：《钻石的真相》，载《国家地理杂志（中文版）》2002 年 3 月号，第 8、28 页。

④ Bieri，"*From Blood Diamonds to the Kimberley Process*"，p. 82.

⑤ 朱立明：《从钻石巨头德比尔的 BPP 到珠宝业的社会责任体系》，2013-10-22，http：//www. yicai. com/news/2013/10/3051259. html.

费者、社会和环境类非政府组织、市民社会、政府融合进来①。

伦敦珠宝商、"钻石大王"劳伦斯·格拉夫（Laurence Graff）所在的南非钻石公司（South African Diamond Corporation, SADC）除参与"金伯利进程"框架外，还采取了一套更为严格的体系：采用微型代码详细说明每颗钻石的产地、生产过程以及产地的财富平均程度等②。

由400多家知名行业上下游企业参与的责任珠宝业协会设定了一系列实务规范和认证体系，并联合多个利益相关者发起源头责任审查和供应链调研活动，通过各种商品交易会、区域研讨会、标准委员会、产销监管链和伙伴战略合作等对包括钻石在内的珠宝行业上下游进行源头责任监管和企业社会责任的品牌引导③。

企业从纯利益走向利益与责任的结合是当下趋势。在钻石领域，戴比尔斯、蒂芙尼和南非钻石公司等跨国企业，责任珠宝业协会等责任机制已经开展了大量责任行动。"金伯利进程"可以加强对负责任企业的表彰宣传和模式推广，促进企业责任在整个钻石行业的内化。

---

① Michael Kowlaski，《珠宝商的良知：创新供应链拒绝"血钻"》，载《21世纪经济报道》，2014-03-03，http://finance.ifeng.com/a/20140303/11783010_0.shtml.

② Alex Perry，《被诅咒的石头》载《南方都市报》2010年12月12日，http://epaper.oeeee.com/C/html/2010-12/12/content_1250036.htm.

③ 朱立明：《从钻石巨头德比尔的BPP到珠宝业的社会责任体系》，2013-10-22，http://www.yicai.com/news/2013/10/3051259.html.

2. 消费者责任

进入 21 世纪以来，"负责任消费"日益受到推崇，即消费者进行购买活动时，除考虑自身的直接采购获益外，还要兼顾消费行为对该销售机构的员工、其他消费者及公众等其他利益相关者，乃至地球生态等多方面的影响，从道德伦理、可持续发展等角度出发选择消费品。消费者的经济行为看似微小，但由于消费者是市场所有个体的集合，这种集合的累加效果会影响生产企业乃至整个产业。负责任的消费者是推动企业社会责任事业的重要力量。

市场研究机构益普索（Ipsos）等的调查显示，高达81%的消费者愿意购买与自己关心的公益活动有关的产品；工作超过5年的消费者更加看重企业的社会责任形象。另有数据显示，消费者所关注的位居前四的企业社会责任为：产品质量占76.8%，环境保护占59.9%，诚信经营占47.4%，慈善事业与社会公益占24.3%[1]。

然而，消费者责任尚未落到实处。在非政府组织的推动下，星巴克开始销售"公平贸易"咖啡，即保证咖啡生产流程的工人受益，但销售一直没有起色[2]。在"冲突钻石"议题上，虽然非政府组织极力推进"良知消费"（ethical consumerism）[3]，

---

① 朱立明：《从钻石巨头德比尔的 BPP 到珠宝业的社会责任体系》，2013－10－22，http：//www.yicai.com/news/2013/10/3051259.html.

② 刘萌：《责任改变世界——联合国全球契约引领全球企业大变革》，北京工业大学出版社 2013 年版。

③ Falls， "Picturing Blood Diamonds," *Critical Arts：South－North Cultural and Media Studie*，25（3），2011，p.441－466.

但 2000 年的数据显示消费者并没有受到影响，钻石当年的销售业绩还创了新高。

世界宣明会非法钻石贸易专家罗莉·安德森（Rory Anderson）建议，消费者在购买钻石时参考的"4C"评估标准——重量（carat）、切工（cut）、纯净度（clarity）和色泽（color）中，还应附加一个"C"：冲突（conflict）。"钻石买家应询问卖家是否能证明钻石不是'血钻'，钻石交易额每年高达 600 亿美元，即便其中只有百分之一用于购买冲突中使用的武器，也会导致每年数千人丧生"[1]。有媒体呼吁消费者应多多关注作为大额购物的钻石的原产国及其状况，行使发言权。只有每个人都实实在在地行动，才能真正斩断"冲突钻石"的血色产业链[2]。

对于消费者来说，从过去可能从未听说过塞拉利昂这个国家，到形成强烈的不购买"冲突钻石"的责任意识，需要时间。毕竟消费者遍布全球，无法进行统一管理，非政府组织和媒体的呼吁不可能遍及所有人。圣地亚哥（Santiago）指出，国家和公司层面反"血钻"规范的传播效果要好于消费者层面[3]。在针对"冲突钻石"的消费者责任的建设过程中，"金

<hr/>

[1] 杨美萍：《好莱坞明星抵制"滴血钻石"》，载《新闻晚报》2007 年 1 月 14 日，http://news.sina.com.cn/w/2007-01-14/123910996832s.shtml.

[2] 安德鲁·寇本：《钻石的真相》，载《国家地理杂志（中文版）》2002 年 3 月号，第 28 页。

[3] Anne Pitsch Santiago, "Guaranteeing Conflict Free Diamonds：From Compliance to Norm Expansion under the Kimberley Process Certification Scheme", *South African Journal of International Affairs*, 21（3），2014, p. 413-429.

伯利进程"有望发挥更为广泛的宣传和教育作用。

第二节 责任共同体的共同体治理模式

从目前的情况来看,"冲突钻石"被认定为道德伦理议题,这点不存在争议;"金伯利进程"推动责任内化的规范性功能是制度存在和发展不可或缺的部分,未来还有待加强;"冲突钻石"利益相关者的自身责任与打击"冲突钻石"事业的伦理责任只实现了部分匹配,即只有一些非政府组织、媒体、学术机构及人员、公益人物、国际组织、国家、公司及消费者具备了反"血钻"的责任意识并开展相应行动,未来需进一步扩大匹配范围和匹配程度,这也离不开"金伯利进程"的努力。在形成了上述责任背景后,责任共同体的"责任"部分就基本实现了,接下来要建构责任共同体的"共同体"部分,以充分利用共同体中一些区别于传统治理模式的先进之处。

一、共同体概念

共同体概念在哲学、政治学、人类学和社会学思想中有着悠久的历史,它不仅被用来描述一套以地方为基础的社会关系——这仍是最常见的用法,也用来指称那些更广泛的、想象的(甚至是虚拟的或全球的)人类群体①。

---

① [英]多米尼克·布莱恩(Dominic Bryan):《共同体政治》,转引自李义天主编:《共同体与政治团结》,社会科学文献出版社 2011 年版,第 61 页。

20 世纪 50 年代中期，西方学术界对于共同体充满迷惑而又常常冲突的不同定义多达 94 种①。目前学术界比较公认的是鲍曼（Bauman）的定义："社会中存在的、基于主观或客观上的共同特征（包括种族、观念、地位、遭遇、任务、身份等）（或相似性）而组成的各种层次的团体组织。"②

关于共同体的定义，可分为强调客观因素和强调主观因素两类。滕尼斯（Tönnies）区分共同体与社会时就把前者建立在自然基础上，如血缘、地缘等，认为其是"一种原始的或者天然状态的人的意志的完善的统一体"③。麦基弗（MacIver）也认为，共同体是"基于共同利益基础之上的任何共同生活的区域，如，村庄、城镇、国家以及更大的区域"④。另一类共同体概念更加注重精神，布林特（Brint）眼中的共同体是"具有共同的活动或信念，由情感、忠诚、

---

① G. Hillery, "Definitions of Community: Area of Agreement", *Rural Society*, 20 (4), 1955, p. 111-123, 转引自郑琦：《论公民共同体：共同体生成与政府培育作用研究》，中国社会出版社 2011 年版，第 20 页；Willard M. Oliver, *Community-oriented Policy: A Systemic Approach to Policing*, N. J. : Prentice Hall, 1998, p. 216.

② ［德］齐格蒙特·鲍曼：《共同体》（欧阳景根译），江苏人民出版社 2003 年版，第 1 页。类似观点可参见 T. Brennan, P. John, and G. Stoker, "Re-Energising Citizenship: What, Why and How?", in T. Brennan, P. John, and G. Stoker, eds. , *Re-Energising Citizenship: Strategies for Civil Renewal*, Basingstoke: Palgrave Macmillan, 2007, p. 13.

③ ［德］费迪南·滕尼斯：《共同体与社会：纯粹社会学的基本概念》（林荣远译），北京大学出版社 2010 年版。

④ R. MacIver, *Society: Its Structure and Changes*, N. Y. : R. Long & RR Smith, Inc. , 1931, p. 62. 转引自郑琦：《论公民共同体：共同体生成与政府培育作用研究》，中国社会出版社 2011 年版，第 22 页。类似观点可参见 Richard T. Schaefer and Robert P. Lamm, *Society*, N. Y. : McGraw-Hill, Inc. 1992, p. 546.

共同价值和个人情感关系而联系起来的一群人"①。韦伯（Weber）则更强调情感，认为共同体关系建立在主观感觉上，而不是社会关系所具有的合理性上②；是一种共享经历和互动中产生的"我们感"（we-ness）③。俞可平综合两者，但更强调主观方面，认为共同体不单是一群具有共同特征的人的集合，更重要的是：它是一个整体，在这个整体中有着某种共同的价值、规范或目标，而且每个成员都将共同的目标当作自己的目标④。

在国际关系学界，卡尔·多伊奇（Karl Deutsch）被认为是将"安全共同体"（security comminuty）理论与欧洲一体化实践相结合的典型代表。他强调共同体意识（sense of community）、制度与惯例，以及全体居民对和平变革的长期可靠的期待⑤。彼得·哈斯（Peter Hass）的"认知共同体"

---

① S. Brint,"Gemeinschaft Revisited：A Critique and Reconstruction of the Community Concept"，*Sociological Theory*，19（1），2001，p. 8. 转引自郑琦：《论公民共同体：共同体生成与政府培育作用研究》，中国社会出版社 2011 年版，第 22 页。类似观点可参见 Gerard Delanty，*Community*，London：Routledge，2003，p. 2.

② Max Weber，*The Theory of Social and Economic Organization*，trans. by A. M. Henderson and T. Parsons，N. Y. ：The Free Press，1964，p. 126，转引自李义天：《共同体与政治团结》，社会科学文献出版社 2011 年版，第 8 页。

③ Stephan D. Mastrofski，"Community Policy as a Reform：A Cautionary Tale"，in *Community Policing：Rhetoric or Reality?* Jack R. Greene and Stephen D. Mastrofski eds. ，N. Y. ：Praeger Publishers，1988，p. 49.

④ 俞可平：《从权利政治学到公益政治学》，载《自由与社群》（刘军宁等），生活·读书·新知三联书店 1998 年，第 75 页。

⑤ Karl W. Deutsch et al. ，*Political Community and the North Atlantic Aears：International Organization in the Light of Historical Experience*，Princeton，N. J. ：Princeton University Press，1957，p. 5.

（epistemic community）强调学习、专家角色和共有知识，即对全球治理的共有观念①。伊曼纽尔·阿德勒（Emanuel Adler）等建构主义者进一步提出"多元安全共同体"（pluralistic security community），强调共享认同、价值观和意图，成员间联系和互动产生知识，形成长期互惠的责任和义务，具有利他主义的特征②。

可以换一条思路去澄清"共同体"的内涵，它在不同语境和不同研究需要中可以有不同用法。为了获得对共同体的真理性认识，只需将事物本身的真实情况"如其所是地"揭示出来，这才是更为坦诚的姿态③。从这个理念出发，本书的责任共同体基于事实，如尼斯贝特（Nisbett）所言，远远超越单纯的地域性共同体④，它打破地理范围的限制，或者说地理范围就是全世界，其成员分散分布于世界各个角落；强调以共同关注的问题为起点⑤，并拥有解决问题的合作意愿，以责任为公共精神的内在本质，即由"冲突钻石"利益相关者带着身份和地位、遭遇和承诺、任务和目标、观念和规范、道德和情感以及

①　Peter M. Hass，"Sepecial Issue on Knowledge，Power and International Policy Coodination"，*International Organization*，46（1），1992.

②　Emanuel Adler and Michael Barnett，"A Framework for the Study of Security Communities"，in Adler and Barnett，eds.，*Security Communities*，Cambridge：Cambridge University Press，1998，p. 30-37.

③　李义天：《共同体与政治团结》，社会科学文献出版社2011年版，第4页。

④　［美］克雷格·卡尔霍恩（Craig Calhoun）：《共同体：为了比较研究而趋向多变的概念》。转引自李义天：《共同体与政治团结》，社会科学文献出版社2011年版，第7页。

⑤　Herman Goldstein，*Problem-Oriented Policing*，N. Y.：McGraw Hill Publisher. Co.，1990，p. 26.

时间上的连续性等因素共同组成的一个群体。与布林特、韦伯强调主观因素，哈斯关注共有知识，阿德勒注重沟通与利他主义有相通之处。责任共同体中的成员积极参与消灭"血钻"的公共事务，存在成员之间的互助与合作，如个人为国际法庭提供证词、非政府组织为公益电影提供资料等；还有共同参与的外部社会组织，如"金伯利进程"、各种国际会议等。

二、共同体作为全球治理模式

对共同体的偏爱正如吉登斯所言，"在政治光谱的每一面，我们都能看到对社会破裂的担忧，以及对复兴共同体的召唤"[①]。不能确定人类共同体理念是否真的是实现大规模资源转移的动力[②]，但"共同体在今天的流行，可以被看做人们对于全球化而产生并加剧的团结和归属危机的一种回应"[③]。共同体作为一种全球治理模式的积极作用还表现在，即使实际上不存在严格意义的共同体，人们依然可以以"共同体"的旗号或名义来增进社会凝聚力[④]。

全球主义（globalism）认为，世界是人类和其他物种的唯

[①] Giddens, *"Beyond Left and Right"*, Cambridge: Polity Press, 1994, p. 124. 转引自李义天：《共同体与政治团结》，社会科学文献出版社2011年版，第21页。
[②] ［英］赫德利·布尔：《无政府社会：世界政治秩序研究》（张小明译），世界知识出版社2003年版，第69页。
[③] Gerard Delanty, *Community*, London: Routledge, 2003, p. 1-2.
[④] 李义天：《共同体与政治团结》，社会科学文献出版社2011年版，第23页。

一共同体①，个人、团体、民族、国家等国际关系行为体对"全球村"负有某种责任，各行为体在统筹复杂的、经常冲突的各种利益时，需要以"共同体"意识作为出发点②。世界一体主义（one-worldism）③正在呼吁世界管理（governing）从统治（government）向治理（governance）转变④，这需要共同体发挥作用。

全球共同体通常被定义为一个基于全球意识的跨国网络。全球意识指的是这样一种理念，即存在一个超越不同国家和民族社会的更为广阔的世界，任何个人和团体在那个更广阔的世界中都共享一定的利益和关切⑤。它区别于布尔所定义的国际社会：当一组国家意识到具有某些共同的利益和价值观，认为自己在处理相互间关系时应该遵守一套共同的规则和实施共同的运行机制时所形成的社会⑥。

———

① ［美］约瑟夫·A.凯米莱利、吉米·福尔克：《主权的终结？日趋"缩小"和"碎片化"的世界政治》（李东燕译），浙江人民出版社2001年版，第212页。

② 王逸舟：《探寻全球主义国际关系》，北京大学出版社2005年版。

③ Marvin S. Soros, "The Commons and Lifeboat as Guides for International Ecological Policy", *International Studies Quarterly*, 21 (4), Dec., 1977, p. 647–674.

④ Basia Spalek ed., *Counter-terrorism*, London: Palgrave Macmillan, 2012, p. 40.

⑤ 王立新：《译序》，载［美］入江昭（Akira Iriye）：《全球共同体：国际组织在当代世界形成中的角色》（刘青等译），社会科学文献出版社2009年版，第11—12页。

⑥ Heyley Bull, *The Anarchical Society: A Study of Order in World Politics*, London: Macmillan, 1977p. 13.

表11 国际社会与全球共同体的比较①

	国际社会	全球共同体
关注议题	国家利益至上和民族国家文化的特殊性	人类共同利益、全球公共问题和普遍正义，代表了理念、制度和生活方式的一致和趋同
基本单位	主权国家	跨国行为体，包括国际组织、国际非政府组织和跨国公司
原则	主权至上、不干涉内政	关注其他国家的内部事务
内部关系	由于国家对自私的国家利益的追求而内在地蕴藏着冲突	友爱、互助、合作精神和相互依赖意识
对安全的理解	国家安全	人类安全，也就是保障世界各地的人们免于环境伤害、免受人权暴行和各种歧视

全球共同体目前还不能取代国际社会，但随着时间的推进，全球共同体有望作为一种思想状态和组织形式逐渐腐蚀主权国家的影响力和国际体系，使我们进入后威斯特法利亚时代②。

如果说"金伯利进程"制度化形式是威斯特法利亚体系下以民族国家为国际社会主体的传统格局与"冲突钻石"作

---

① 王立新：《译序》，载［美］入江昭（Akira Iriye）：《全球共同体：国际组织在当代世界形成中的角色》（刘青等译），社会科学文献出版社2009年版，第8—12页，本表为作者自制。

② 王立新：《译序》，载［美］入江昭（Akira Iriye）：《全球共同体：国际组织在当代世界形成中的角色》（刘青等译），社会科学文献出版社2009年版，第8—12页。

为一个亟待治理的全球性议题之间相妥协的产物，因为它部分打破了主权和国家利益至上的原则，让参与国做出了一定的妥协和利益牺牲，还涵盖了其他非国家跨国行为体，但仍以国家为正式成员，强调"冲突钻石"对国家和地区安全的危害；那么共同体作为一种非制度化形式就是后威斯特法利亚时代完全脱下"威斯特法利亚紧身衣"（Westphalia straitjacket）的产物，共同体形式的全球治理模式打破国家间限制，在责任共享的观念指导下开展行为体之间互助友爱的合作行动，国家安全不再具有优先性，成员的目标是追求普遍的正义、道德伦理、人类共同利益和人类安全。

由于"冲突钻石"议题乃至更大范围的"资源诅咒"议题的治理更多地要求包括国家和非国家行为体在内的利益相关者拥有一个崇高的道德伦理观念，建立责任和义务共享机制，为实现资源生产国国民福祉，使世界各地人民免受冲突、独裁暴政、贫穷、人权侵犯和环境破坏等危害而努力，因此共同体模式可能更为适用。

三、责任共同体的内部作用机制

结合上述对更为完善的责任背景的展望，以及对共同体作为一种新的全球治理模式的设想，本书构建一个以议题利益相关者为行为主体、以议题为核心的责任共同体。它的内部作用机制可以用责任的三角模型（triangle model of responsibility）来体现。任何特定情境条件下的责任都可理解为已发生的或预期中的特定事件（event）、赋予该事件的行为规范（prescription）以及个体具有的与该事件和规则相关联的身份

（identity）三者之间的互动①。

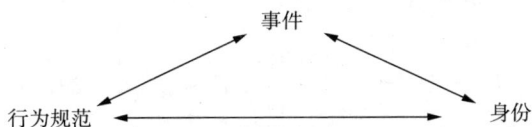

图 10　责任的三角模型

制度可以加强模型中三者之间的关系，即制度不仅能推动具有某身份的行为体对某事件做出相应行为，也能促进该事件背后的行为规范在具有某身份的行为体心中实现内化。制度推动下责任的三角模型可以表示为：

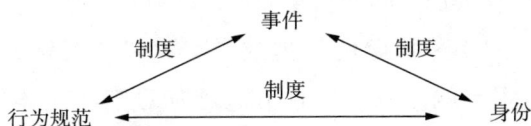

图 11　制度推动下责任的三角模型

将此模型应用于"冲突钻石"中，这个已发生的或预期中的特定事件就是"冲突钻石"，它包括现存的"冲突钻石"以及未来可能出现的新"冲突钻石"；赋予该事件的行为规范即"冲突钻石"背后的道德伦理；个体具有的与该事件和规则相关联的身份即"冲突钻石"利益相关者拥有的身份，而它们的身份联结着各式各样的自身责任。"金伯利进程"作为

---

① B. R. Schlenker, T. W. Britt, Pennington, et al. , "*The Triangle Model of Responsibility, Psychological Review*", 101, 1994, p. 632 – 652，转引自况志华、叶浩生：《责任心理学》，上海教育出版社 2008 年版，第 93 页。

制度化形式，充当这个三角关系的推动者。责任作为理念因素，在这个三角模型中自由流动。

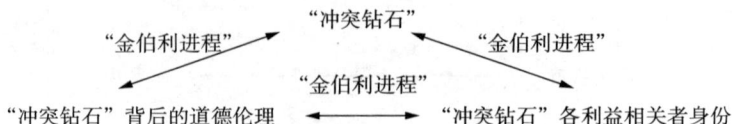

图 12   "金伯利进程"推动下"冲突钻石"责任的三角模型

四、国际制度与责任共同体的关系

按照贾丁斯（Jardins）的观点，实体的或非实体的历史存在物可以调整人们之间的相互关系，以强制性或潜移默化的方式影响乃至决定①议题的治理效果。对"冲突钻石"而言，"金伯利进程"就是以强制性方式施加影响的实体历史存在物，而责任共同体则是以潜移默化的方式施加影响的非实体历史存在物。

国际制度能促进责任规范的内化和责任共同体的形成，责任共同体可以被认为是责任化进程（responsibilization process）中国际制度对成员进行观念内化后的产物，同时也是利益相关者自觉追求议题责任的结果。它具有相对独立性，其成员可以脱离制度而单独行动，其行为的主要驱动力是责任规范。国际制度中包含功利性特征和规范性特征，而责任共同体则主要显示为规范性特征。

----

① ［美］戴斯·贾丁斯：《环境伦理学——环境哲学导论》（林官明等译），北京大学出版社 2002 年版，第 13、71 页。

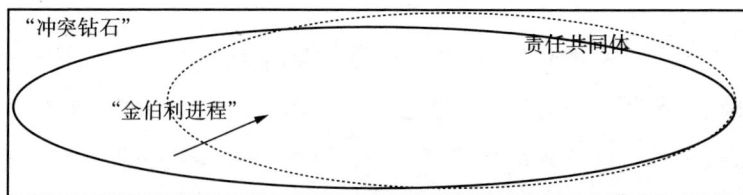

图 13 "冲突钻石"议题中"金伯利进程"与责任共同体的关系

目前,"金伯利进程"覆盖全球 99.8% 的钻石,作为制度实体在图中以实线椭圆表示;责任共同体是一个隐性概念,目前没有显性事件或特征表明已经形成,因此用虚线椭圆表示。制度和责任共同体不一定重合。两者重合部分代表既是进程参与者又表现为承担"冲突钻石"国际责任的利益相关者。左侧在进程框架内的两椭圆非重合部分指的是仅把"金伯利进程"当作声誉载体的进程会员,随着观念的内化,会有更多的进程会员进入两椭圆重合部分,这有赖于"金伯利进程"的推动。右上侧属于责任共同体但游离于进程框架之外的部分指的是担负治理"冲突钻石"的责任但与进程脱离关系或者一直不存在关系的行为者,如 2011 年脱离进程的"全球证人"以及某些自主行动的媒体、学术机构及人员、公益人士和消费者等。

制度在现阶段是重要的,"全球证人"在退出进程后虽极力推进欧盟和钻石业界继续制裁津巴布韦,欧盟也在 2013 年 2 月同意继续实施制裁,但在随后的 9 月就解除了制裁,这说明"金伯利进程"对津巴布韦的合法性认证是其他国际行为者的重要参考,而钻石行业则更不会过多理会一个非政府组织的呼吁。

但一个虚拟①的责任共同体概念是有意义的。人类社会的任何制度都是暂时的，可能衰落甚至消亡，但利益相关者对某一议题的责任意识却能长存于心；以共同体为核心的全球治理模式打破了传统的国家和主权约束、融入更多的国际行为体，实现了从利益至上向道德伦理至上的观念进化，治理目标更为长远，更加适用于"冲突钻石"乃至"资源诅咒"这样的全球性问题。

责任共同体是无形的，我们对责任共同体形成后"金伯利进程"是否还有必要存在的理想化判断方法是将进程废除，观察"冲突钻石"问题是否大范围"重现江湖"；但这在现实中是不可能的，可以认为工具机制和规范机制共同起作用。"冲突钻石"的良好治理效果一方面得益于"金伯利进程"制度的长期存在，另一方面则是反"血钻"责任规范的内化和一个可能正在形成中的责任共同体的作用。本书不是去论证责任共同体是否已经形成，只是认为责任的内化确实存在，利益相关者在面对"冲突钻石"议题时的确选择共同承担责任，共同体的理念适合治理"冲突钻石"问题。"21 世纪可能就是一个伦理的世纪"、一个礼赞"责任感"的世纪②，我们可以

---

① 正如入江昭谈及人权时所说，一个根据人权界定的共同体正在被构建——借用在随后十年中被广泛使用的一个词来说，这是一个"想象的"共同体。参见 [美] 入江昭（Akira Iriye）：《全球共同体：国际组织在当代世界形成中的角色》（刘青等译），社会科学文献出版社 2009 年版，第 115 页。

② [法] 吉尔·利波维茨基：《责任的落寞：新民主时期的无痛伦理观》（倪复生、方仁杰译），中国人民大学出版社 2007 年版，第 232—233 页。

希冀这个责任共同体有可能形成。

另外，责任共同体成员对治理范围的划定往往比较宽泛和模糊，会涉及与钻石相关的一切诅咒现象。如在人权问题上，布泰拉认为可以发挥联合国和民族国家的更大责任①。"金伯利进程"面对治理范围扩大与否的争议时需要加大国际合作，在选择合作伙伴时可优先考虑具有共同体意识的、负责任的利益相关者。

虽然制度化形式的"金伯利进程"和非制度化形式的责任共同体不一定吻合，但为了一个共同的最终目标——消灭"冲突钻石"并保持治理效果的长期化，"金伯利进程"应及时捕捉并推崇以责任为核心的思潮和运动，加强与负责任的利益相关者的合作，继续推动"冲突钻石"责任意识在更多利益相关者心中的内化，使整个"冲突钻石"全球治理行动朝着共同体模式进化，使共同体治理模式成为"金伯利进程"制度化治理模式的有力补充，这是发展"金伯利进程"制度和彻底消灭"冲突钻石"全球努力的方向。

第三节　"冲突钻石"全球治理进程

综合第三章至第六章的观点，笔者在此提炼出"冲突钻石"全球治理进程：

---

① 布泰拉：《金伯利进程和人权保护：问题不在于定义》，2014－05－12，http：//www. rough－polished. com/ch/analytics/90734. html.

第一步，"冲突钻石"作为一个违反道德伦理的全球性问题出现，规范倡议者和先行者开展早期曝光和施压活动，部分利益相关者启动自主的声誉重塑和治理措施，在发现自身行动无法有效而经济地恢复声誉时选择建立国际制度作为其声誉载体；

第二步，"金伯利进程"的国际制度形式、其制度设计中的单一议题和合法贸易圈设定保证了治理的有效性；

第三步，由于"资源诅咒"问题的相互关联性，以及制度设计中的单一议题和合法贸易圈设定，"金伯利进程"发展到一定阶段必然陷入治理范围扩大与否的争议，坚持单一议题的同时加强国际合作是切实可行的方案；

第四步，利益相关者的自身责任与"冲突钻石"背后的道德伦理责任相匹配、"金伯利进程"国际制度推动责任规范在利益相关者心中的内化，两者共同提供一个非制度化治理模式——责任共同体形成的责任背景，未来可能形成的责任共同体作为一种具有共同体特征的新治理模式，将与"金伯利进程"一起，共同维持"冲突钻石"问题的长期治理效果。这四个步骤不是完全割裂的，在时间上也会出现重叠或交错的情况，但整体发展趋势是进步的。

声誉载体、国际制度形式及其设计与责任共同体作为"金伯利进程"过去、现在和未来三阶段中可能是最为突出和有价值的特征，共存并共同发挥作用，而非后者取代前者。也就是说，在制度成立之后，它的声誉载体角色仍是保证成员遵约的重要原因；即使未来责任共同体有望建立，国际制度的制度化形式仍是确保"金伯利进程"成功治理"冲突钻石"的重要机制之一。只是随着制度的推进，保证制度有效性的机制增多了。

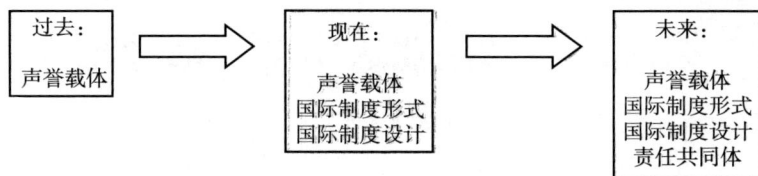

```
┌─────────┐        ┌───────────┐        ┌───────────┐
│ 过去：  │  ⟹    │ 现在：    │  ⟹    │ 未来：    │
│ 声誉载体│        │ 声誉载体  │        │ 声誉载体  │
└─────────┘        │ 国际制度形式│       │ 国际制度形式│
                   │ 国际制度设计│       │ 国际制度设计│
                   └───────────┘        │ 责任共同体 │
                                        └───────────┘
```

图14 "金伯利进程"三阶段作用机制

"冲突钻石"全球治理进程是一个涵盖制度过去（创建过程）、制度现在（成效及争议）和制度未来（展望及建议）的三阶式进化过程，可能适用于更为广阔的"资源诅咒"问题群，从而为其他"资源诅咒"的全球治理行动提供参考。

第八章　采掘业透明度行动计划
（EITI）

当前，"资源诅咒"领域另一个著名的国际制度就是采掘业透明度行动计划（EITI）。本章从声誉载体、国际制度设计和责任共同体三个角度考察该计划的过去、现在和未来，试图探讨"冲突钻石"全球治理进程的借鉴意义。

第一节　采掘业透明度行动计划概况

按照弗洛里妮（Florini）的定义，透明度是指"信息被告知外部行为者，使他们能知晓情况、参与决策并评估内部行为者的决定"①。采掘业透明度行动计划的目的是促使石油、天然气和矿产资源行业的开采收入被外界知晓、促进外部行为者参与采掘业资金的管理与评估。它包含一个确保采掘业透明度的国际评估标准，具体要求是：自愿参与该计划的油气和矿产

---

① Ann Florini, *The Right to Know*, N. Y. : Columbia University Press, 2007, p. 5.

公司必须公开其支付给资源东道国的费用，参与该计划的资源东道国政府必须公开其从外国资源公司那里获得的资金数目。

2002 年 9 月，时任英国首相布莱尔在约翰内斯堡可持续发展世界峰会（World Summit on Sustainable Development）上首次提出采掘业透明度行动计划①。该计划于 2003 年 6 月 17 日在伦敦正式成立，来自政府、公司和市民社会的共 140 名代表②一致通过了 12 项原则③。计划在实验期（2003.6—2005.3）内于尼日利亚、阿塞拜疆、加纳和吉尔吉斯斯坦开展试点，由英国国际发展局（Department for International Development, DFID）负责管理，其中阿塞拜疆和尼日利亚两国成功展现了 EITI 原则的可操作性和现实意义，使计划吸引了更多国家参与。利比里亚还在 2009 年多哈会议上被董事会评为最佳实施国（Best EITI Implementing Country）。

2004 年，EITI 设立了多捐助方信托基金（EITI Multi-Donor Trust Fund）。该基金由世界银行管理，多个经合组织成员国注资，负责向参与国提供技术协助以推动其实施 EITI。2005 年 3 月 17 日，第二次 EITI 伦敦大会决定成立一个国际咨

---

① UK Government, "Statement of Principles and Agreed Actions, EITI", http：//webarchive. nationalarchives. gov. uk/+/http：/www. dfid. gov. uk/pubs/files/eitidraftreports-statement. pdf.

② 英国国际发展局网站："Final Attendee List, Extractive Industries Transparency Initiative（EITI）London Conference 17 June 2003", http：//www. dfid. gov. uk/pubs/files/eitidraftreportattendance. pdf.

③ 英国国际发展局网站："Statement of Principles and Agreed Actions, EXTRACTIVE INDUSTRIES TRANSPARENCY INITIATIVE（EITI）London Conference, 17 June 2003", http：//www. dfid. gov. uk/pubs/files/eitidraftreportstatement. pdf.

询小组（International Advisory Group，IAG），并任命"透明国际"创始人彼得·艾根（Peter Eigen）为 EITI 主席。在国际货币基金组织（International Monetary Fund，IMF）和世界银行的赞助下，EITI 进入正式实施阶段。

2006 年 6 月，国际咨询小组发布报告，建议成立一个由政府、采掘业公司、市民社会组织、机构投资者（institutional investors）和国际组织代表共同组成的多重利益相关者董事会（multi-stakeholder Board），用以发展和监督 EITI 的实施，并设立一个独立的国际秘书处（International Secretariat）。10 月 11 日，董事会和秘书处在第三次 EITI 奥斯陆（Oslo）大会①上成立。瑞典前外交官乔纳斯·莫贝里（Jonas Moberg）担任秘书长，并将奥斯陆定为 EITI 总部所在地。本次会议还通过了新的石油和采矿行业透明度标准。

在随后的几年里，由计划标准共发展出 23 条要求，即 EITI 规则（EITI Rules），并在 2011 年 3 月 2 日第五次 EITI 巴黎（Paris）大会上被采纳；此次大会还更新了董事会成员，由英国前国际发展大臣（Secretary of State for International Development）克莱尔·肖特（Clare Short）担任 EITI 主席。

2013 年 5 月 24 日，EITI 标准（EITI Standard）代替了 EITI 规则，新标准对如何公布油气和矿产领域的活动情况提出了新要求并给予指导，其管理范围还包含许可证透明化、运输和国家石油销售领域。计划决定进一步加强自我监督，并鼓

---

① Government. no 网站："The EITI Oslo Conference：Making Transparency a Global Norm"，https：//www. regjeringen. no/en/dokumenter/eiti_ conference/id419568/.

励各方讨论如何使资源收入的效益长期化。

目前有 51 国正在实施这项标准。国家加入 EITI 标准要完成以下 4 步：政府公开承诺、设立目标并发展工作计划、建立包括公司和市民社会在内的多重利益相关者团队，完成前三步后经董事会审核成为候选国（candidate）；第四步要求国家在两年半时间内完成 7 项具体要求，通过验证（validation）后成为实施国（compliant）。

表 12　采掘业透明度行动计划参与国①

加入时间	实施国
2004	尼日利亚
2007	喀麦隆、乍得、毛里塔尼亚、蒙古、挪威、秘鲁、刚果（布）、几内亚、哈萨克斯坦、吉尔吉斯斯坦（因进展不大而暂停）、马达加斯加、马里、东帝汶
2008	科特迪瓦、刚果（金）、塞拉利昂
2009	利比里亚、阿尔巴尼亚、布基纳法索、莫桑比克、坦桑尼亚、赞比亚
2010	加纳、印度尼西亚、多哥
2011	中非（因政局不稳而暂停）、危地马拉、特立尼达和多巴哥
2012	伊拉克（因进展不大而暂停）、圣多美和普林西比、所罗门群岛（因进展不大而暂停）

① EITI 网站：https://eiti.org/countries 下相关网页。

（续表）

加入时间	实施国
2013	乌克兰、阿富汗、菲律宾、塞内加尔、洪都拉斯、塔吉克斯坦（因进展不大而暂停）
2014	哥伦比亚、埃塞俄比亚（因未达指标而暂停）、缅甸、巴布亚新几内亚、塞舌尔、英国
2015	马拉维
2016	多米尼加、德国
2017	亚美尼亚、墨西哥、圭亚那、苏里南

由于报告、独立审计和监管不充分，刚果（金）2013 年被降为候选国，2014 年 7 月恢复实施国身份。赤道几内亚、加蓬和也门被除名（delist），阿塞拜疆、美国和尼日尔被撤销（withdraw）成员国资格，法国和澳大利亚则表达了参与该组织的兴趣①。

EITI 伙伴组织包括：八国集团（Group 8）、二十国集团（Group 20）、欧盟、非盟、美国石油协会（American Petroleum Institute，API）、经合组织、非洲发展银行（African Development Bank，AfDB）、亚洲发展银行（Asian Development Bank，ADB）、澳非矿业集团（Australia-Africa Mining Industry Group，AAMIG）、英联邦秘书处（Commonwealth Secretariat）、EI Source Book、Institutions de enhancement、欧洲重建与发展银行（European Bank for Reconstruction and Development，

---

① EITI 网站：https：//eiti. org/countries/other.

EBRD）、欧洲投资银行（European Investment Bank，EIB）、美洲开发银行（Inter-American Development Bank，IDB）、德国复兴信贷银行（KFW Bankengruppe）、国际采矿及金属协会（International Council on Mining and Metals，ICMM）、法语国家国际组织（International Organization of La Francophonie，OIF）、石气生产商国际组织（International Organization of Oil and Gas Producers，OGP）、开放政府伙伴关系（Open Government Partnership）、国际货币基金组织和世界银行集团[1]。大约有 90 家油气和矿产资源公司支持 EITI，它们公开签署（endorse）计划并负责秘书处的日常开销：市值超过 100 亿美元的公司每年负担 5 万美元，市值在 50 亿~100 亿美元的公司每年负担 3 万美元，市值小于 50 亿美元的公司每年负担 1 万美元[2]。94 家管理总资产超过 16 万亿美元的机构投资者也签署了该计划[3]。有 9 个市民社会组织参与：天主教海外发展机构（Catholic Agency for Overseas Development，CAFOD）、救济与发展援助天主教组织（CORDAID）、"全球证人"、自然资源治理研究所、开放社会研究所（Open Society Institute，OSI）、牛津饥荒救济委员会、"付款公布"联盟、天主教救济会（Secours Catholique）和"透明国际"[4]。

---

① EITI 网站：https：//eiti. org/supporters/partner-organisations.

② Schuler，"A Club Theory Approach to Voluntary Social Programs：Multinational Companies and the Extractive Industries Transparency Initiative"，*Business and Politics*，14（3），2012，p. 9.

③ EITI 网站：https：//eiti. org/supporters/institutionalinvestors.

④ EITI 网站：https：//eiti. org/supporters/civil-society.

第二节　计划作为声誉载体

在采掘业透明度行动计划的产生过程中，"全球证人""付款公布"等非政府组织以"提高透明度能克服'资源诅咒'"的学术结论为依据，充当了声誉压力源的角色；油气和矿产国政府、英国石油公司（British Petrolem，BP）等跨国企业、世界银行和国际货币基金组织等国际组织、跨国企业母国政府充当了声誉压力受体的角色：在双方的共同努力下，采掘业透明度行动计划作为声誉载体得以诞生。

一、声誉压力源

20世纪90年代初，有关如何有效利用自然资源资金的议题越来越成为当地和国际人士破解非洲"资源诅咒"努力的中心①。许多学者建议提高资源资金的透明度和监督力度、赋予当地人以更多的参与权和管理权，由国内和国际非政府组织充当老师、经纪人和协调人②。这些学术观点为声誉压力源的倡议提供了理论支持。

---

① Princen and Finger, "Environmental NGOs in World Politics：Linking the Local and the Global", as quoted in M. R. Auer, "Who Participates in Global Environmental Governance? Partial Answers from International Relations Theory", *Policy Sciences*, 33 (2), 2000, p. 155–180.

② Martin Nie, "Drivers of Natural Resource-Based Political Conflict", *Policy Sciences*, 36 (3/4), Dec., 2003, p. 307–341.

　　"全球证人"率先揭露安哥拉政府利用本国石油收入资助战争的行为。1999 年，该组织发布了一篇《原油的觉醒：安哥拉冲突中的石油角色和银行业角色》的报道，呼吁提高透明度，认为国际石油公司（International Oil Companys，IOC）、外国银行和安哥拉政府有责任公开石油业收入的流动和运作信息①。1999 年，人权观察组织一份《石油的代价：尼日利亚石油生产社区的公司责任与人权破坏》的报告，将石油行业与众多政治、经济和社会权利的破坏联系在一起②。尼日利亚社会活动家肯萨罗-维瓦（Ken Saro-Wiwa）则长期抨击石油业造成的人权侵犯和环境恶化现象。另有激进分子指责采掘业不保护当地社区、破坏环境、资助腐败和非民主政府的行为与世界银行的指令不符，世界银行应采取措施改变采掘业现状。1999 年，得知土耳其、格鲁吉亚、阿塞拜疆准备建设巴库—第比利斯—杰伊汉（Baku-Tbilisi-Ceyhan，BTC）输油管，非政府组织立即向中亚地区投资者以及海外投资者，特别是英国施压，要求实现石油收入透明化③。1994—2003 年间，非政府组织还就法国政府、法国埃尔夫国有石油公司和几个非洲国家〔主要是加蓬、刚果（布）和安哥拉〕之间三方关系的不透明、

　　① GW, *A Crude Awakening: The Role of Oil and Banking Industries in Angola's Conflict* , London, 1999.

　　② HRW, *The Price of Oil: Corporate Responsibility and Human Rights Violations in Nigeria's Oil Producing Communities*, N. Y. , 1999.

　　③ Gillies, "Reputational Concerns and the Emergence of Oil Sector Transparency as an International Norm", *International Studies Quarterly*, 54, 2010, p. 110, 116.

逐利和腐败行为展开深度调研①。在经济优先委员会（Council on Economic Priorities，CEP）、威尔士亲王商业领袖论坛（Prince of Wales Business Leaders Forum，PWBLF）和国际警报（International Alert，IA）组织共同的研究成果《和平的商业》（*The Business of Peace*）中，创建了公司行为如何避免资源国冲突的议程，指出透明化是必要的②。

2002 年，"全球证人"与美国投资家兼开放社会研究所（曾建立收入监测项目，调查从里海地区石油公司到政府的资金流）创始人、耗资 80 亿开展各项倡议的乔治·索罗斯（George Soros）共同创建了总部位于伦敦的"付款公布"联盟，呼吁"石油、天然气和矿产公司必须公开净税款、支付款、提成和其他费用，作为继续留在国际证券交易和金融市场的条件"。该联盟成员包括众多关注人权、儿童和环境议题的非政府组织，到 2007 年拥有覆盖 56 国的 305 个组织。它们的目标是北美和欧洲公司及其政府，呼吁政府立法将"企业全面公开款项"定为义务。该联盟还推动并帮助当地市民社会组织参与资源富庶的发展中国家的国内事务③。

二、声誉压力受体

面对压力，阿塞拜疆于 1999 年建立了"阿塞拜疆国家石

---

① Shaxson, *Poisoned Wells：The Dirty Politics of African Oil*, N. Y.：Palgrave Macmillan, 2007.

② Jane Nelson, *The Business of Peace：The Private Sector as a Partner in Conflict Prevention and Resolution*, London：Prince of Wales Business Leaders Forum, 2000.

③ PWYP, *George Soros and NGOs Call for Rules to Require Corporations to Disclose Payments*, London, 2002.

油基金"（State Oil Fund of the Azerbaijan Republic）；哈萨克斯坦也于 2000 年建立了"哈萨克斯坦国家基金"（National Fund for the Republic of Kazakhstan），并宣称这些机制将保证资金的透明化管理。

　　众多跨国公司都选择了透明化运动作为挽回声誉的手段，这样做能使自己免受剥削资源国政府的指控，并在塑造新制度的过程中维护自身利益①。这其中以英国石油公司②、挪威国家石油公司（Statoil）和荷兰皇家壳牌集团（Royal Dutch / Shell Group of Companies）最为积极。英国石油公司自 2001 年起发布公司安哥拉业务的财务年度信息，包括生产量数据、支付给政府的 1.11 亿美元定金和给安哥拉国家石油公司（Sonangol）的款项等，并承诺会公开更多，它所设立的财物透明新标准还得到了人权观察组织的表彰③。

　　世界银行于 2001—2003 年开展采掘业审查（Extractive Industries Review，EIR），最后的结果虽未满足市民社会的期许，但也开启了国际金融机构作为投资者和技术提供者参与采掘行业审查的新模式，实现了从过去只关注国家的宏观需要向反腐、消除贫困等具体发展目标的转变④，特别是最为棘手的

---

① Gillies, "Reputational Concerns and the Emergence of Oil Sector Transparency as an International Norm", *International Studies Quarterly*, 54, 2010, p. 110-115.

② 有关 BP 在阿塞拜疆的举措及风险，详见 Lars H. Gulbrandsen and Arild Moe, "BP in Azerbaijan: A Test Case of the Potential and Limits of the CSR Agenda?", *Third World Quarterly*, 28 (4), 2007, p. 813-830.

③ HRW, *The Oil Diagnostic in Angola: An Update*, N. Y., 2001.

④ Gillies, "Reputational Concerns and the Emergence of Oil Sector Transparency as an International Norm", *International Studies Quarterly*, 54, 2010, p. 116-117.

当地社会和环境问题。世界银行还指出，良好管理能保护国家免受"资源诅咒"①。

但公司和国际组织的自发运动的实施效果并不好。在非洲产油国和矿产国，国营公司已经变成一张腐败大网的中心②。在乍得和安哥拉，政府和国营公司掌握着选择国际合作伙伴的主动权，公司无法承受单方面公开款项所导致的合约解除和经济损失。在英国石油公司公开财务信息后不久，安哥拉政府就以中止与公布信息的公司签订合同为威胁③。油价的上涨导致公司透明化运动的利益损失成本——尤其是失去合同并与开采国的关系变糟——超过了声誉价值，这使得起初积极公开款项的英国石油公司和壳牌又退守到与埃克森美孚（Exxon Mobil）、法国道达尔石油公司（Total Oil）等的同一战线。国际货币基金组织试图推进安哥拉财政透明的行动也是困难重重；世界银行虽进行了采掘业审查，但缺乏实现良好管理的具体措施。英国石油公司首席执行官约翰·布朗（John Browne）勋爵指出：单一方法不起作用④。

2001 年，英国首相布莱尔、财政大臣戈登·布朗（Gordon Brown）、英国国际发展局官员、国际金融机构工作人员和众

---

① WB, *Final World Bank Group EIR Management Response*, Washington, D. C., 2004.

② ［英］马丁·梅雷迪斯：《非洲国：五十年独立史》（亚明译），世界知识出版社 2011 年版，第 255 页。

③ Nicholas Shaxson, *Poisoned Wells*：*The Dirty Politics of African Oil*, N. Y.：Palgrave Macmillan, 2007, p. 216.

④ J. Browne, *Beyond Business*：*An Inspirational Memoir From a Remarkable Leader*, Phoenix, 2010.

多国内外非政府组织共同讨论并认可透明化有利于解决发展中国家的发展问题，也能帮助对抗那些批评英国投资 BTC 管道的人。至此，原本受非政府组织声誉压迫的英国政府转而主动推进透明化。2002 年，英国国际发展局认定"付款公布"的措施过于激进，于是与市民社会代表共同修订了一个替代方案，使之更容易被开采国、非政府组织、捐赠者、国际石油与矿产公司接受①，这就是采掘业透明度行动计划。2003 年 9 月，世界银行宣布正式认可 EITI，并派国际重建与发展银行（International Bank of Reconstruction and Development，IBRD）和国际开发协会（International Development Association，IDA）参与其中②。大批国家和公司也表示愿意加入。

三、计划声誉嵌入的金字塔

采掘业透明度行动计划就是一个被采掘业利益相关者共同接受的、用以低成本高效率重塑声誉的声誉载体。国家驱动（country-led）——以约束和改造国家为主的 EITI 及时将国际社会的关注点从公司和银行业转向发展中国家政府，重塑了公司与银行业的"品牌"（branding）③ 和声誉。几乎没有发现消

---

① Gillies，"Reputational Concerns and the Emergence of Oil Sector Transparency as an International Norm"，*International Studies Quarterly*，54，2010，p. 115-119.

② WB Operation Evaluation Department，*Extractive Industries and Sustainable Development：An Evaluation of World Bank Group Experience*，Washington，D. C.，2005.

③ M. Potoski and A. Prakash，"A Club Theory Approach to Voluntary Programs"，In M. Potoski and A. Prakash eds.，*Voluntary Programs：a Club Theory Perspective*，Cambridge，MA：MIT Press，2009，p. 29.

费者对国际油气和矿业巨头的潜在抵制作用，跨国公司挽救声誉的行动通常被看作是对市民社会的回应。虽然公开收入对资源供应国来说可能造成经济损失，但却有利于本国恢复声誉进而获得国际金融机构、跨国公司及其母国以及 EITI 提供的技术和资金援助。

EITI 的成立意味着非政府组织的前期行动有了高规格的国际制度成果，它们在国际制度框架内继续开展透明化运动将更为官方和有效。跨国公司母国和国际金融机构也出于声誉考虑支持制度创建，国际金融机构以其国际政府间组织的身份充当了 EITI 的声誉庇护者。上述采掘业多重利益相关者共同形成了一个声誉嵌入的金字塔，由采掘业透明度行动计划充当承上启下的声誉载体角色。

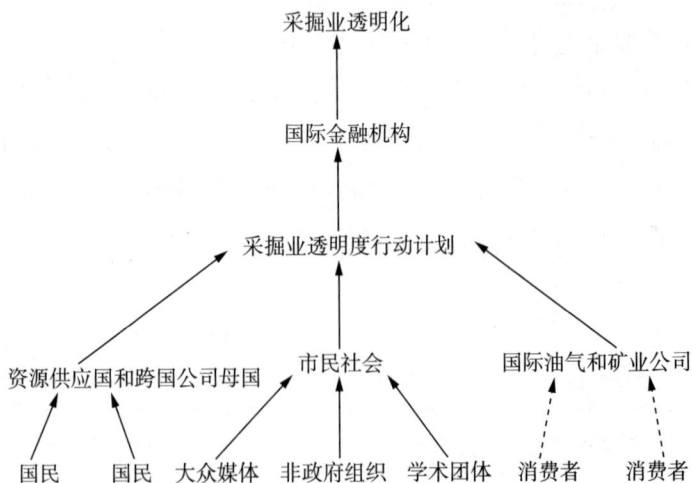

图 15　采掘业透明度行动计划声誉嵌入的金字塔

第三节　计划的设计与争议

采掘业透明度行动计划的国际制度定位，使它优于非政府组织、跨国公司、国际金融机构、资源国和跨国公司母国的单独行动。这一点与"金伯利进程"相似，较其他"资源诅咒"领域的全球治理方案拥有更多优势。

在议题设置方面，EITI 的治理范围——石油、天然气和矿产资源的透明度，显然要比"金伯利进程"的"冲突钻石"大得多，而且没有直击根本的诅咒现象，只限于透明度问题；计划没有划定强有力的合法贸易圈范围，它的核心措施是公司公开"支付"、资源国政府公开"收入"。

一、计划作为国际制度

采掘业透明度行动计划又一次体现了国际制度在突破"资源诅咒"方面的优势。它是一个联合资源开采国、跨国公司母国政府、采掘行业、机构投资者、市民社会团体和国际金融组织等采掘业多重利益相关者的志愿性社会项目（Voluntary Social Program，VSP）[①]，采用"大帐篷"（big tent）

---

① Schuler, "A Club Theory Approach to Voluntary Social Programs: Multinational Companies and the Extractive Industries Transparency Initiative", *Business and Politics*, 14 (3), 2012, p. 1–24.

方法，即包容各种不同的政治和社会观点①，具有普遍性和灵活性。

与"付款公布"只针对公司的严厉手段相比，EITI 更为公允和温和。之前几个国际石油公司开展的透明化运动与商业合同的保密性原则相冲突，特别是与资源生产国政府的经济体制和惯例相悖，在公司和政府没有协商一致的情况下开展单独行动会直接影响双方的合作关系。但采掘业透明度行动计划的正式成员是国家，这使得透明化的成本由资源国政府和跨国公司共同承担。另外，国际制度使实施国内部的所有本国公司和外国公司都必须遵守 EITI 标准，这确保了所有公司处于同一竞争平台。

二、计划的议题设置

采掘业透明度行动计划涉及的资源领域很广，包括石油、天然气这两大能源资源和几乎所有矿产资源，采掘业是 60 多个发展中国家的关键产业②。EITI 邀请所有拥有采掘产业的国家和大量采掘业公司参与，在政策实施过程中需要与各国石油、天然气和矿产管理部门以及各家资源开采公司沟通。相比之下，虽然"金伯利进程"涉及的国家数目也很多，但只需

① Gillies, "Reputational Concerns and the Emergence of Oil Sector Transparency as an International Norm", *International Studies Quarterly*, 54, 2010, p. 120.

② Gavin Hilson and Roy Maconachie, "The Extractive Industries Transparency Initiative: Panacea or White Elephant for Sub-Saharan Africa?", *Mining, Society, and a Sustainable World*, 2010, p. 469.

跟国内钻石管理部门合作，监督国际钻石市场和钻石从业者即可，工作量相对较小。

从治理的诅咒现象来看，反腐可以说是 EITI 的第一目标，更长远的可能还包括促进资源国经济发展、改善民生等，因此被称为"瑞士军刀"（swiss army knife）型的政策工具①。但资源与上述每一个目标之间的关系链都很长，并不是良好的资源管理就能克服上述诅咒现象的。从治理的具体目标来看，EITI只要求资金透明化即可，没有要求公司拥有反腐立场②。虽然不良管理（poor governance）和不透明被普遍认为是造成政府腐败和其他"官能不良"的重要因素③，但它在减少腐败和突破诅咒中的作用很难显现。根据"透明国际"清廉指数排名④的数据，在实施 EITI 多年后，部分国家的腐败状况依然没有得到改善。而"金伯利进程"只负责治理叛乱集团控制下的钻石引起的冲突和战争，因果链较短，治理成功率较高，治理效果也比较容易衡量。

---

①　Haufler，"Disclosure as Governance：The Extractive Industries Transparency Initiative"，*Global Environmental Politics*，10（3），Aug.，2010，p. 55.

②　J. G. Frynas，"Oil Industry's Increasing Focus on CSR"，*Petroleum Economist*，Feb. 1，2010，http：//www. petroleum-economist. com/Article/2731323/.

③　Philippe Le Billon，"Securing Transparency：Armed Conflicts and the Management of Natural Resource Revenues"，*International Journal*，62（1），Winter，2006/2007，p. 93-107.

④　"透明国际"网站 www. transparency. org 下相关网页。

表13　部分参与 EITI 的发展中国家2006 年与 2011 年
清廉指数排名对比表

国　家	2006 年	2011 年	国　家	2006 年	2011 年
蒙　古	99	120	阿富汗	172 (2007)	180
中非（暂停）	130	154	阿尔巴尼亚	111	95
加　纳	70	69	布基纳法索	79	100
吉尔吉斯斯坦（暂停）	142	164	特立尼达和多巴哥	79	91
利比里亚	150 (2007)	91	乍　得	156	168
马　里	99	118	科特迪瓦	151	154
毛里塔尼亚	84	143	刚果（金）	156	168
多　哥	130	143	危地马拉	111	120
尼日利亚	142	143	几内亚	160	164
印度尼西亚	130	100	秘　鲁	70	80
伊拉克（暂停）	160	175	哈萨克斯坦	111	120
东帝汶	111	143	莫桑比克	99	120
赞比亚	111	91	刚果（布）	142	154
马达加斯加	84	100	塞拉利昂	142	164
喀麦隆	138	134	坦桑尼亚	93	100

可以看出，与"金伯利进程"相比，EITI 涉及的资源种类非常多，由此涉及的利益相关者——国家和公司及其业务领域也相当庞杂；另外，EITI 致力于突破资源的政治性诅咒——腐败，目标是资源国政府，这本来就比"金伯利进程"治理不为国际社会所认可的叛乱组织难度要大；同时，EITI 涉及的资源和诅咒之间的因果链很长很复杂，近期的透明化目

标顶多算是起始阶段，这更使得计划的反"资源诅咒"效果在短期内难以显现，目前的效率和权威性不如针对单一议题的"金伯利进程"。

三、计划的核心措施

就治理的资源产业环节来看，EITI 只要求资源开采国政府公开资源收入，并没有询问政府如何利用这份收入，即政府支出，缺乏"支出透明化"（spending transparency）[1] 措施；对公司，EITI 只要求其公开付给资源国政府的费用，且仅针对石油、天然气和矿产产业链上游的开采公司。也就是说，EITI 政策只针对资源开采阶段，不包括商品贸易。2008 年 4月，世界银行启动 EITI++，即在采掘业所有收入链中实现透明化[2]，但由于 EITI 本身的低遵约标准[3]，透明化运动还是主要依赖发展中国家的自觉行为，制度单方面将管理范围扩展至资源产业链的其他环节作用不大。而"金伯利进程"虽然也重点关注钻石原石开采环节的国家和公司，但已经将管理范围扩展到了钻石的一整条产业链，它的成员国涵盖钻石生产国、加工国、贸易国和消费国政府，监管的公司也包括原钻供应

---

① J. G. Frynas，"Corporate Social Responsibility and Societal Governance：Lessons from Transparency in the Oil and Gas Sector"，*Journal of Business Ethics*，93，2010，p. 163–179.

② WB 网站："About the EITI Multi-donor Trust Fund"，2010，http：//go. worldbank. org/155CQ1CCG0.

③ Hilson and Maconachie，"Good Governance and the Extractive Industries in Sub-saharan Africa"，*Mineral Processing & Extractive Metallurgy Review*，30，2009，p. 52–100.

商、钻石加工商和珠宝零售商等钻石产业链上的每一个环节，治理链条更为完整。

从制度的核心措施来看，EITI 要求政府满足透明化标准，不然可能被暂停实施国或候选国身份，这一制裁[1]措施的效力是有限的。虽然 EITI 强调本制度可以"提供国家在外国投资者和国际银行界中的可信度（credibility）和未来发展的潜力"[2]，但不参与 EITI 对国家而言损失并不大，因为可见的损失更多是在西方世界的声誉层面和获得投资者、金融机构和部分国家的投资和援助层面；由于 EITI 目前的覆盖范围有限，国家完全可以在 EITI 以外寻找到更为合适的合作者（如中国、俄罗斯）。但"金伯利进程"的核心措施——合法贸易圈就不同了。贸易圈覆盖了全球绝大部分钻石进出口国，不参与进程意味着失去大量的钻石交易机会，除去声誉方面的因素，"金伯利进程"贸易圈本身的合法性和商业价值就足以吸引国家参与其中了。"金伯利进程"的良性循环表现为：参与的成员越多，制度的合法性和商业价值就越大，进而更容易吸引国际行为体参与。

四、计划的治理范围扩大争议

与"金伯利进程"如出一辙，采掘业透明度行动计划也

---

[1] The Economist, "Extracting Oil, Burying Data", Feb. 25, 2012, http://www.economist.com/node/21548214.

[2] Hilson and Maconachie, "The Extractive Industries Transparency Initiative: Panacea or White Elephant for Sub-Saharan Africa?", *Mining*, *Society*, *and a Sustainable World*, 2010, p. 469.

遇到了有关治理范围扩大与否的批评和争议，且时间更早，是在 EITI 并没有完全实现采掘业透明化目标的情况下出现的。出现争议的原因之一是"资源诅咒"问题的连带性；另一方面是由于 EITI 在起初的制度设计中就没有明确认证要解决哪一个诅咒问题，并试图用笼统的"提高透明度"措施解决腐败、经济发展、民生、环境等一系列与采掘业有关的政治、经济、社会和环境诅咒，这必然导致 EITI 遇到的后续治理范围扩大问题比之"金伯利进程"更为棘手和复杂。

某国际金融机构一高级官员评论道："让我们不要把 EITI 的作用想得太天真。它是一个不错的开头，但人们不应该夸大它作为一个政策工具的重要性。"透明度只与一个更大的管理改革努力的一部分有关，它无法单独逆转负面的寻租国家趋势[1]。有学者指出，透明度本身的效果很有限，要靠其他制度辅助[2]。世界资源研究所[3]、世界银行集团[4]等机构已经开始要求 EITI 扩大治理范围。肖特主席撰文指出，EITI 是必要的，但不足够，只有推进问责制，实现资源的更好管理，才能使百

---

[1] Gillies, "Reputational Concerns and the Emergence of Oil Sector Transparency as an International Norm", *International Studies Quarterly*, 54, 2010, p. 122.

[2] Ivar Kolstad and Arne Wiig, "Is Transparency the Key to Reducing Corruption in Resource-rich Countries?", *World Development*, 37 (3), 2009, p. 521 – 532; I. Kolstad, A. Wiig, and A. Williams, "Mission Improbable: Does Petroleum-related Aid Address the Resource Curse?", *Energy Policy*, 37, 2009, p. 954–965.

[3] Silva, "What Will it Take to End the 'Resource Curses'?", May 12, 2014, http://www.wri.org/blog/2014/05/what-will-it-take-end-"resource-curses".

[4] George Caspary, "Practical Steps to Help Countries Overcome the Resource Curse: the Extractive Industries Transparency Initiative", *Global Governance*, 18 (2), Apr., 2012, p. 171.

姓获益。它不仅仅是一个标准载体，还是一个改革非透明、非高效和糟糕的自然资源管理设计的全球运动①。

但基于"金伯利进程"的经验教训，EITI 治理范围的扩大还为时尚早。后续的配套措施，如市民社会参政、问责制、政治体制改革等，很可能超出 EITI 的能力范围，如面对市民社会被视为威胁和刺激的阿塞拜疆②、等级制度和文化鲜明的马达加斯加③等。要破解由腐败延伸开来的社会、经济和环境等领域的诅咒现象，目前的 EITI 更是无能为力。

即使透明化这一近期目标离真正破解"资源诅咒"很远，EITI 还是应该首先达到最基本的透明化再说。可以参照古普塔（Gupta）的全球政治事务的"步骤性转向"（procedural shift）④ 理论，在资金透明化的范围（公司支付和资源国收入）方面进行渐进式拓展，但不应涉足过多议题。作为一项正式程度和全球影响力有限的国际制度，采掘业透明度行动计划目前应致力于实现并维持采掘业透明度，然后再逐步开展与油气矿产资源其他诅咒治理机制和国际组织的合作，以期破解

---

① Clare Short，"The Development of the Extractive Industries Transparency Initiative"，*Journal of World Energy Law and Business*，7（1），2014，p. 14.

② HRW 网站："Azerbaijan：Transparency Group Should Suspend Membership"，Aug. 14，2014，http：//www. hrw. org/news/2014/08/14/azerbaijan-transparency-group-should-suspend-membership.

③ Shirley M. Smith，Derek D. Shepherd，and Peter T. Dorward，"Perspectives on Community Representation within the Extractive Industries Transparency Initiative：Experiences from South-East Madagascar"，*Resources Policy*，37（2），Jun. ，2012，p. 241–250.

④ Aarti Gupta，"Transparency under Scrutiny：Information Disclosure in Global Environmental Governance"，*Global Environmental Politics*，8（2），2008，p. 1–7.

更大范围内的"资源诅咒"。

第四节 采掘业透明度责任共同体

我们从议题的道德伦理性质、采掘业透明度行动计划的实施效果和规范性功能、采掘业各利益相关者本身的责任与采掘业透明度议题背后的责任匹配状况等三方面来考察，目前是否存在适合采掘业透明度责任共同体形成的责任背景。

一、采掘业透明度问题的性质

"透明国际"的贿赂支付数据（Bribe Payer's Index）显示，在19个被调查行业中，油气业排名第四，是贿赂公共官员的主要领域①。鲁杰也探讨过石油业和人权虐待的关系②。应该说油气和矿产行业的"资源诅咒"问题属于道德伦理议题，这点不存在争议。但采掘业不透明不等于"资源诅咒"，没有直接的因果关系证明采掘业不透明会导致与油气矿产资源相关的腐败与独裁、冲突与战争、百姓穷困、人权侵犯和环境破坏等负面现象。EITI虽有崇高的道德目标，但关注其中一

---

① TI, "Bribe Payer's Index 2011", https：//www. transparency. org/whatwedo/publication/bpi_ 2011.

② Ruggie, "Interim Report of the Special Representative of the Secretary-General on the Issue of Human Rights and Transnational Corporations and Other Business Enterprises", *U. N. Doc. E/CN.*, Apr., 2006, p. 97.

个环节的做法①使它离资源生产的环境议题、本土人群福利、劳工权利、腐败等问题距离很远，"资源诅咒"议题的道德伦理性没有在采掘业透明度议题上得到直接体现。

与"冲突钻石"的直接后果相比，采掘业不透明带给国家的危害相对隐性间接；即使有影响，也远不如"冲突钻石"拥有者——反政府武装发动内战所带来的有悖于和平、发展、人道主义的后果那么直观和悲惨。因此道德伦理观念对提高采掘业透明度的推动力远不如它在"冲突钻石"问题上的作用力。

二、计划的效果及规范性功能

克里根（Corrigan）等认为，EITI 缓和了资源富足对 GDP 的负面影响，提高了政府构建和落实政策的能力，加强了法律规则，但对民主、政治稳定和反腐败方面基本没用②。希尔森（Hilson）等也指出，EITI 促进了东道国的制度改革，但并不能减少腐败、动员市民社会参政、建立官员问责制等，该计划没能构建"良好治理"的蓝图③。有 71% 的受访者认为，EITI

① Liliane C. Mouan，"Exploring the Potential Benefits of Asian Participation in the Extractive Industries Transparency Initiative：the Case of China"，*Business Strategy and the Environment*，19，2010，p. 372.

② Caitlin C. Corrigan， "Breaking the Resource Curse：Transparency in the Natural Resource Sector and the Extractive Industries Transparency Initiative"，*Resources Policy*，40，Jun.，2014，p. 17 – 30；Hilson and Maconachie， "The Extractive Industries Transparency Initiative：Panacea or White Elephant for Sub-Saharan Africa?"，*Mining，Society，and a Sustainable World*，2010，p. 469.

③ Gavin Hilson and Roy Maconachie， " 'Good Governance' and the Extractive Industries in Sub-Saharan Africa"，*Mineral Processing & Extractive Metall. Rev.*，30，2009，p. 52–100.

标志着政府在处理腐败和吸引投资方面的可信度
（credibility），有64%的人认为增加了透明度，只有43%的人
认为增加了市民对政府活动的监管①。奥尔瑟（Ölcer）的工作
报告指出，36%的候选国在政治权利和公民自由方面是不自由
的，这表明EITI没有在国家—市民关心的问题上取得意义重
大的进步②。既然没有在缓解"资源诅咒"方面取得明显成
效，也就无从谈及制度成效的持续时间。

在制度推动观念内化的规范性功能方面，EITI强调推进
采掘业透明度是每个资源国和行业开采公司的责任，获得了一
定数量的国家和公司支持。但由于EITI所推崇的透明度没有
显示出突破"资源诅咒"的直接效果，各利益相关者又开始
怀疑透明度规范的意义和价值。

三、利益相关者的责任匹配

非政府组织推进透明度的公益伦理责任一直都在，但媒
体、学术机构及人员、公益人物等对采掘业透明度的关注度和
行动数量明显不如"冲突钻石"领域。金融类国际组织对采
掘业透明化运动的重视可部分归因于该运动与它们保持同发展
中国家的关系、消除贫困的目标相吻合。而在国家层面，透明

---

① Susan Ariel Aronson, "Limited Partnership: Business, Government, Civil Society, and the Public in the Extractive Industries Transparency Initiative（EITI）", *Public Administration*, Dec. 31, 2011, p. 50–63.

② Dilan Ölcer, "Extracting the Maximum from the EITI", OECD Development Centre Working Paper, 2009, p. 276.

度责任似乎只在西方盛行，对于中国、印度等东方国家来说缺乏吸引力[①]。受国家影响，目前承担起透明度责任的公司多为西方大型跨国公司，而中国国有企业、印尼许多小公司[②]等反应不大。由于采掘业透明度运动只关注采掘产业上游，因而几乎没有与消费者责任发生关系。

（一）非政府组织的责任

非政府组织一直启用透明—责任战略推动采掘业利益相关者开展透明化运动。在 EITI 成立后，"付款公布"和"透明国际"等团体继续推动公司在竞拍数额、合同和支出方面的透明化，促进所在国的法制化，以及其他与采掘业有关的管理改革；已经发布了多项针对 EITI 的"建设性批评"[③]。收入监测研究所还为记者和市民分发有关"资源诅咒"和 EITI 的教育材料[④]。在塞拉利昂，市民社会活动家成功促使政府在 2008

_____

① Mouan，"Exploring the Potential Benefits of Asian Participation in the Extractive Industries Transparency Initiative：the Case of China"，*Business Strategy and the Environment*，19（6），2010，p. 374.

② Ölcer and Helmut Reisen， "Extracting More From EITI"，*Policy Insights*，88，Feb.，2009.

③ Save the Children and GW，*Making It Add Up：A Constructive Critique of the EITI Reporting Guidelines and Source Book*，London：2005；PWYP and RWI，"Eye on EITI：Civil Society Perspectives and Recommendations on the Extractive Industries Transparency Initiative"，2006，http：//revenuewatch. org/reports/EyeonEITIReport. pdf.

④ Senate Foreign Relations Committee， "The Petroleum and Poverty Paradox：Assessing US and International Community Efforts to Fight the Resource Curse"，Report to Members，110th Cong. 2nd Sess.，Oct. 16，2008，p. 110-149.

年同意了 EITI 标准；他们在乌干达也取得了类似成果①。

全球报告倡议组织 2008 年开启了一项推进收入透明化倡议（Promoting Revenue Transparency Initiative，PRTI），一个多重利益相关者致力于建立社会和环境表现情况报告的普遍框架②。另一个包括 64 国和 200 多个市民社会组织的大型国际倡议"开放政府伙伴关系"（Open Government Partnership，OGP）则致力于更大程度的透明化、问责制和市民参与。其中的开放和开采工作组（Working Group on Openness and Extractives，WGOE）负责采掘业透明度问题，由加纳政府和世界资源委员会共同主持，并期待建立更大范围的国际透明共同体（international transparency community）③。据报道，世界资源研究所、挪威正在帮助乌干达民间组织推进采掘业透明化、问责制和对环境友好④。

由此可见，参与 EITI 的非政府组织继续推动 EITI 发展和更大范围内的透明化，EITI 框架外的非政府组织也积极开展多项透明化运动。采掘业透明度责任符合众多非政府组织的观念和使命，EITI 未来与这些组织存在很大的合作空间。

---

① National Advocacy Coalition on Extractives（NACE），"Civil Society Communique on the Implementation of EITI in Sierra Leone"，PWYP，Sep. 23，2006.

② Klaus Dingwerth and Margot Eichinger，"Tamed Transparency：How Information Disclosure Under the Global Reporting Initiative Fails to Empower"，*Global Environmental Politics*，10（3），2010，p. 74-96.

③ Silva，"What Will it Take to End the 'Resource Curses'？"，May 12，2014，http：//www. wri. org/blog/2014/05/what-will-it-take-end-"resource-curses".

④ Peter Veit and Florence Landsberg，"Q & A：Avoiding the Resource Curse in Uganda"，Apr. 8，2011，http：//www. wri. org/blog/2011/04/qa-avoiding-resource-curse-uganda.

（二）国际组织与民族国家的责任

国际货币基金组织通过了《财政透明度良好行为守则》及相关手册，在其会员国内提倡财政透明，要求它们遵守守则，并对实施过程予以监测。它还联合世界银行通过政策建议、政策性项目贷款和技术援助等方式促进更为有效的资源收入管理。世界银行也涉足市民社会的能力建设问题①。

2003 年，八国集团在埃维昂（Evian）发表《反腐败和提高透明度宣言》，公开支持 EITI。同时表达支持的还有众多经合组织成员国，包括澳大利亚、比利时、荷兰、挪威、西班牙和瑞典。在 EITI 推动下，利比里亚、圣多美、尼日利亚和加纳开始鼓励市民参与有关采掘业的讨论②。哥伦比亚大学（Columbia University）与圣多美政府联合开展了有关民主资源政策和管理的公共研讨会③。美国和澳大利亚在 EITI 候选国（如东帝汶）资助媒体增强项目（media-strengthening projects)④。利比里亚 EITI 主管表示，唯有让市民介入，政府

---

① WB，"Engagement with Civil Society：An EITI Implementation Case Study，Extractive Industries for Development"，Washington，D. C. ，12，Nov. ，2009.

② NACE，"Civil Society Communique on the Implementation of EITI in Sierra Leone"，PWYP，Sep. 23，2006.

③ C. Albuquerque et al. ，*Final Report on Columbia University Support for the National Forum in Sao Tome e Principe*，N. Y. ：Columbia University Earth Institute，2004.

④ Senate Foreign Relations Committee， "The Petroleum and Poverty Paradox：Assessing US and International Community Efforts to Fight the Resource Curse"，Report to Members，110th Cong. 2nd Sess. ，Oct. 16，2008.

才能成功实现资源管理①，为此，该国开展了公共论坛。蒙古和加纳也在利用 EITI 平台展开治理议题的辩论②。

在 EITI 框架之外，加拿大总理斯蒂芬·哈珀（Stephen Harper）表示，将推进矿业透明度以减少全球贫困，加政府要求本国采掘业公司公开付给外国政府的费用，以作为获得对方土地使用权的条件。超过 80 国通过了《自由信息法》（Freedom of Information Acts，FOIAs），以保证市民获得信息的权利。另有一些国家的资源法律特别强调了公开公司支付的重要性。2012 年，乌干达虽在石油（开采、提取和生产）法案中设立了一个保密条款，但立法者声明不会影响公司信息的公开③。

然而，从会员国数目上看，目前采掘业透明度行动计划和"金伯利进程"的比例为 48∶81，主要差距在于中东、北非等产油国，包括占全球油气开采量90%的安哥拉、阿尔及利亚、伊朗和沙特④，以及拥有巨大海外开采前景的中国等亚洲国家。

① A. M. Sayeh, "Statement Made by the Liberia EITI Chairperson, Hon. Antoinette M. Sayeh at the Signing of the LEITI Memorandum of Understanding", Apr. 4, 2008, http: //www. leiti. org. lr/.

② S. Darby and K. Lempa, "Advancing the EITI in the Mining Sector: Implementation Issues", EITI Multi-Donor Trust Fund: Washington, D. C. , 2007.

③ Peter Veit, Natalya Lozovaya, and Catherine Easton, "Ending the ' Resource Curse': Canada Commits to Make Mining More Transparent", Jun. 13, 2013, http: //www. wri. org/blog/2013/06/ending-resource-curse-canada-commits-make-mining-more-transparent.

④ Ölcer, "Extracting the Maximum from the EITI", OECD Development Centre Working Paper, 2009.

作为一个有一定指挥力的（commandable）倡议，EITI 致力于破解"资源诅咒"的长远目标虽然很好，但它似乎在西方世界之外缺乏政治合法性，说明采掘业透明度问题对国家的声誉施压和责任规范的内化力量不如"冲突钻石"。

中国参与 EITI 涉及一些立法问题，且透明化原则和价值观与中国文化、哲学及经济利益不符①。有观察家指出，亚洲国家不参与，创造了一个非平等的竞技场，他们于是抨击中国企业一味追逐私利、不顾全球治理②。也有学者指出，中国不参与 EITI 的原因是不认同责任监督和提高透明度能提高效益、减少风险③，也怀疑 EITI 是西方援助者推行民主化和自由化"良好统治"的工具及推进跨国银行业进程④的手段。中国的声誉可以依赖儒家文化的"道德领导"（moral leadership）哲学、通过自发的负责任投资行为来维持，不需要 EITI 这个声誉载体。布朗勋爵认为，EITI 争取中国的支持和加入会产生

① Liliane C. Mouan, "Exploring the Potential Benefits of Asian Participation in the Extractive Industries Transparency Initiative: the Case of China", *Business Strategy and the Environment*, 19 (6), 2010, p. 367–376.

② Alisa Zomer, Peter Veit, and Janet Ranganathan, "Avoiding the Resource Curse: Spotlight on Uganda Oil", Oct. 19, 2010, http://www.wri.org/blog/2010/10/avoiding-resource-curse-spotlight-uganda-oil.

③ Peter Konijn, "China and the Resource Curse in Africa", Discussion Paper Workshop, Nov. 3–4, 2011, Paris.

④ S. Bracking, "Hiding Conflict over Industry Returns: a Stakeholder Analysis of the Extractive Industries Transparency Initiative", Brooks World Poverty Institute Working Paper, 91, 2009.

象征性和实践意义①。联合国贸易和发展会议（联合国贸发会议，United Nations Conference on Trade and Development，UNCTD）也指出，EITI 得到中国、印度、马来西亚和俄罗斯等国的支持至关重要②，但这显然不是件容易的事情。

（三）公司及消费者的责任

埃克森美孚公司表示："我们相信透明化倡议应该应用于所有公共贸易的、私人的和国有的公司，我们支持 EITI、八国集团透明化倡议（Group of Eight Transparency Initiative，GETI）和《联合国反腐败公约》（*United Nations Convention Again Corruption*）。"③ 好的管理和透明度被认为是西方主导捐助者优先考虑的事情。

事实上也存在边缘者。加拿大塔里斯曼（Talisman）能源公司在许多西方公司离开苏丹后继续在那里作业多年，似乎对广泛的批评熟视无睹。在它最终撤离后，印度国家石油公司随即买下了该区域的开采权④。与国家情况类似，中石油、俄罗斯卢克石油（Lukoil）和马来西亚国家石油公司（Petronas）等目前并没有考虑透明度问题。

---

① Mouan，"Exploring the Potential Benefits of Asian Participation in the Extractive Industries Transparency Initiative：the Case of China"，*Business Strategy and the Environment*，19，2010，p. 367-368.

② 董夏、李瑞民：《采掘业透明度行动计划（EITI）与资源业可持续发展》，载《国际石油经济》2008 年 7 月，第 40 页。

③ Michael Socarras，"Beyond Transparency：EITI Stretches 'Civil Society' Role"，*Oil & Gas Journal*，Apr. 2，2012，p. 110，114.

④ BBC 网站："Talisman Pulls out of Sudan"，2003，http：//news. bbc. co. uk/1/hi/business/2835713. stm.

吉利斯认为，对涉足发展中国家石油工业的公司、政府和国际组织来说，透明的商业运作和收益流动已经被广泛奉为合意的和负责任的社会行为[1]。事实并非如此。采掘业透明度被广大利益相关者接受的程度、透明度责任与各利益相关者自身责任的匹配程度远远低于反"冲突钻石"责任，其中最核心的原因在于，透明度与反腐等反"资源诅咒"目标相距甚远，并不被公认为是促进全世界和平、发展、民主、人道主义和环境保护等的必要手段，且事实已经证明 EITI 的实施对突破"资源诅咒"几乎无用。可以说，目前并不存在一个适合塑造采掘业透明度责任共同体的背景。

基于上述分析可以看出：（1）目前采掘业透明度运动完成了第一阶段的制度创建过程，主要由采掘业透明度行动计划来充当声誉载体；（2）该计划的国际制度定位是合理的，但它治理范围和手段不如"金伯利进程"的单一议题和合法贸易圈那样简单高效，因而对油气矿产"资源诅咒"的治理效果不佳；（3）EITI 面临的治理范围扩大与否的争议是"资源诅咒"领域的国际制度必然会遇到的问题，也与它本身的制度设计有关，处理方法是不应扩大治理范围，而应首先致力于完成制度的基本目标，而后再寻求与其他相关治理机制和国际组织的合作；（4）计划所推崇的透明化规范的内化程度不如反"血钻"规范，透明化责任与一些重要的采掘业利益相关者自身责任的匹配度不高，可以说形成采掘业透明度责任共同

---

[1] Gillies, "Reputational Concerns and the Emergence of Oil Sector Transparency as an International Norm", *International Studies Quarterly*, 54, 2010, p. 103.

体的责任背景不充分、在全球范围内形成共同体的可能性不大。采掘业收入透明化最多可算作破解油气矿产"资源诅咒"的起始阶段，该运动目前的国际制度形式——采掘业透明度行动计划还存在成员规模、国际地位、治理效果、制度设计、规范内化和责任匹配等多方面的不足。未来的采掘业全球治理可以从钻石领域中吸取更多经验：如坚持单一资源和单一诅咒现象的治理范围、建立合法贸易圈、加强采掘业责任的全球推广等。

第九章 结 论

　　"资源诅咒"多发生在自然资源丰富且大量出口的发展中国家。反观发达国家，虽也不乏资源富庶国，但它们经济发达、体制健全，往往更注重本国的长期资源战略布局和可持续发展；即使出口，发达国家也掌握着资金、技术、定价、配额、关税以及国际制度建设等方面的主导权，"资源诅咒"现象极少发生。对比发展中国家的"资源诅咒"和发达国家的"资源福祉"，我们可以断定："资源诅咒"是可以解决的，它到底是不是鬼神的诅咒，在治理之前我们首先应该具备信心。

　　全球治理的最大难处在于：用统一的手段去处理不统一的情况，手段永远跟不上情况的变化。作为一个长期存在的世界级难题，"资源诅咒"内含的资源类型和诅咒现象多样而复杂，再加上发生的时间和地域差别，实难找出一个有效的普世性对策。而在这个多元世界中，三大主要趋势——个人权力的扩展、资源匮乏和持续贫困背景下的可持续发展压力①，越来越要求我们对"资源诅咒"问题加强关注。目前人类在"资

---

　　① Corlet Imprimeur, "*Global Trends 2030–Citizens in an Interconnected and Polycentric World*", EU Institute for Security Studies, 2012, p. 11–12.

源诅咒"领域的全球治理尝试才刚刚起步，针对不同资源和不同诅咒的治理方法和效果也相差甚远。作为迄今为止最为成功的"资源诅咒"全球治理模式。"冲突钻石"的治理历程和"金伯利进程"发展史值得学者和决策者们的回顾与总结，从中得出的理论和实践经验不仅有助于全球钻石管理事业自身的发展，也对克服其他"资源诅咒"具有一定的借鉴和推广价值。

一、基本结论

本书的基本结论是：国际制度是当前"资源诅咒"全球治理模式中的有效形式，基于大致的时间顺序可以把国际制度作用于"资源诅咒"的过程分为三个阶段（含四大要点）：

第一，面对"资源诅咒"这个有悖于道德伦理的全球性问题，声誉是推进各利益相关者参与全球治理的重要因素。规范倡导者和先行者开展早期曝光和施压活动，作为声誉压力受体的部分利益相关者会随之启动自主的声誉重塑和治理行动。当利益相关者发现自身无法有效而低成本地化解声誉风险时，他们会主动寻求和创建致力于解决该问题的国际制度来帮助自己恢复声誉，国际制度作为声誉载体得以产生。

第二，由于"资源诅咒"问题的特点，国际制度在破解"资源诅咒"方面具有优势；在制度设计中确立单一议题的治理范围和建立合法贸易圈能保证制度的有效性。

第三，由于"资源诅咒"问题的相互关联性，制度发展到一定阶段必然会被赋予更多的使命和要求，包括处理一切与该资源种类有关的诅咒问题；但由于制度的声誉载体角色，以及其单一议题和合法贸易圈的制度设计都不适合处理更多的诅咒现象，此时制度会陷入治理范围扩大与否的争议；一个可行的方案是继续维持单一议题的治理范围，但加强与其他相关治理机制和国际组织的合作。

第四，国际制度的规范性功能会促进针对道德伦理议题的责任规范在利益相关者心中的内化，再加上利益相关者自身责任与议题责任相匹配，这两点提供了责任共同体形成的责任背景。责任共同体具有共同体治理的特征，是未来可能形成的一个与国际制度并存且部分重叠的非制度化新全球治理模式。它将与国际制度一起，维持某一"资源诅咒"问题的长期治理效果。

以上四点不是孤立和断裂的，而是描述了整个"资源诅咒"治理的国际制度过去、现在和未来一脉相承的动态发展过程。这四点也不是完全按时间顺序先后发生的，可能会出现重叠和交错的情况，比如说国际制度作为声誉载体的建立过程就伴随着责任意识在小范围内的培养、制度的有效性还未实现就可能面临治理范围扩大的争议等。

二、有待深入研究的议题

本书文稿建立在全面了解"资源诅咒"、国家资源战略、"金伯利进程"和钻石行业等背景知识的基础上，所引发的思考和可供国际关系学科研究的问题是丰富的、孤立的和欠关注的。

（一）国际制度三阶段理论的融合

本书第三至六章提炼的观点，基本上是根据"金伯利进程"过去（创建过程）、现在（成效及争议）和未来（展望及建议）的时间顺序展开的，重点分析和强调了声誉载体、国际制度形式及其设计、责任共同体在各阶段的突出作用，但这三点绝不是淘汰式、取代式的，而是重叠式、协作式的。声誉载体在制度成立后依然发挥作用，国际制度在可预见的未来仍然太重要以至于不能被淘汰。

随着制度的发展，更多机制特点可能共同发挥作用，它们之间也存在一个协调和合作的空间。有关制度成立后声誉载体角色如何发挥作用，未来保证国际制度有效性的改革和进步空间在哪里，扩大国际合作以处理议题扩大争议该如何选择对象和合作模式，责任共同体如何构建、何时形成、如何发挥作用以及持续多久，声誉载体、国际制度和责任共同体如何协同发挥作用等，都是有待深入研究的问题。

（二）对未来的应对

未来全球钻石市场及治理前景是动态的、开放的、进步的，"金伯利进程"须与时俱进，因此有关如何顺应新现象的研究空间是广阔的。

第一，打破钻石稀缺、以非洲为主产地的旧思维。实际上，钻石在地球深处的储量十分可观，只是目前的开采技术不够发达而已。科技的进步将使更多钻石矿在印度、巴西、澳大利亚、俄罗斯、加拿大、格陵兰岛、南极[1]等国家和地区，甚至月球[2]上被发现。对非洲作为传统钻石开采地依赖程度的降

---

① 孝文：《南极首次发现金伯利岩或蕴藏丰富钻石》，2013-12-23，http://tech.sina.com.cn/d/2013-12-23/09409031541.shtml；中国新闻网：《南极有钻石？研究发现金伯利岩石或挖出富矿》，2013-12-19，http://www.chinanews.com/gj/2013/12-19/5636996.shtml.

② Cheap-Diamond 网站："Top Diamond Producing Countries"，http://www.cheap-diamond.com/Countries/.

低，将有助于缓解 "钻石诅咒"，同时需要寻找非洲经济新的增长点。

第二，降低对天然钻石的崇拜。一种更为遥远的展望是用人造钻石取代天然钻石，虽然它目前的年产量不到 50 万克拉，占天然钻石年开采量 1.28 亿克拉的比例不足 0.5%[①]，尚不足以对原钻市场构成威胁。但随着实验室钻石（lab diamond）生产速度的加快和成本的逐渐降低，可能给钻石市场行情、行业巨头决策及消费者观念带来一场革命。实验室钻石不存在冲突、人权、环境等问题，且与天然钻石从外观上看没有区别[②]。

第三，动摇等级和地域分明的非透明传统钻石产业链。一个更为大胆的想法是，钻石销售可能最终被中国的虚拟电子交易市场——阿里巴巴（Alibaba）所取代。从毛坯钻石、抛光钻石到钻石饰品，阿里巴巴可一次性提供所有类型钻石的销售平台，或可打破长久以来的交易方式，帮助消灭钻石的传统黑市[③]。

"资源诅咒" 议题也面临着新的未知局面。每一种资源和诅咒都处于动态变化之中。新的资源会被发现，如科研人员已

---

① 卡米拉·爱普卡：《6 秒钟，分辨真假钻石》，载英国《金融时报》，2014-04-29，http：//www. ftchinese. com/story/001055988.

② 有关人造钻石的前景可参见 Kori Kelley, "Are Mined Diamonds Forever? The Emergence of Lab Diamonds and the Suppression of Conflict Diamonds", *The Georgetown Int'l Envtl. Law Review*, 20, Apr., 2008, p. 451–472.

③ 布泰拉：《下一个世界钻石中心可能是中国的虚拟中心》，2014-09-16，http：//www. rough-polished. com/ch/analytics/93235. html.

经在南极洲发现黄金、铂金、铜、铁和煤；新的诅咒也可能出现，如最近时兴的"碳诅咒"（Carbon Curse）[1]；原有诅咒的危害性可能随着时间的推移、人们认知结构的改变或者有针对性的治理而增强或减弱；资源本身的价值也会因地缘政治博弈、消费结构调整和科技进步等因素增强或减弱。如何使"资源诅咒"领域国际制度的创建过程、作用机制及发展趋势及时跟进"资源诅咒"现象的发展变化，尽可能降低诅咒危害性或对危害实行预警，而非总是被动应对，是未来研究中意义重大的议题。

（三）"资源诅咒"治理中的中国角色

在津巴布韦问题上，西方国家对马兰吉钻石的人权控诉及对外国投资违规和缺乏透明度的指责背后不仅仅是针对钻石问题本身，还透视出 21 世纪全球大国对非洲资源及影响力的争夺。

2010 年 9 月 18 日，英国《每日邮报》发表了一篇《穆加贝的黑色秘密：与中国红色军队合作的 8000 亿英镑钻石订单》的不实报道，指责中国军队利用奴工、造成所谓"血钻门"等[2]，但没能提供任何有关中国军人在当地的照片。英媒如此"污蔑"的动机很简单，作为老牌殖民主义国家，英国对中国

---

[1]　Joerg Friedrichs and Oliver Inderwildi, "The Carbon Curse: Are Fuel Rich Countries Doomed to High CO$_2$ Intensities?", *Energy Policy*, 62, Nov. , 2013, p. 1356–1365, http://www. sciencedirect. com/science/article/pii/S0301421513007192.

[2]　凤凰网：《英媒炒作"血钻门"：抹黑解放军掠非洲矿》，2010–09–24，http://phtv. ifeng. com/program/jqgcs/detail_ 2010_ 09/24/2614927_ 0. shtml.

成为非洲第三大贸易伙伴、最具实力的 "域外参与者"① 表示不满。此前，澳大利亚媒体就于 2008 年披露所谓 "津巴布韦与中国秘密航班" 将津军官及象牙、钻石等 "非法货物" 送往中国以换取武器和奢侈品的事件，但随后即遭澳大利亚政府公开否认②。

中国未来有效应对此类 "污蔑" 的前提是对 "资源诅咒"、资源国际形势、国际权力结构、各国资源战略和资源国内部政局等具备全面的了解和理论的提炼，而在 "资源诅咒" 治理层面的突破性举措是使此番言论绝迹、造福全人类的最佳选择。同时，作为一个具备普世道德性、拥有全球号召力的议题，"资源诅咒" 治理的国际制度创建将在未来引起资源进出口国更大程度的重视，如何发挥智慧并占据先机对一国提升 "资源权力" 意义重大。

有学者已经提出，中国的发展和国际合作模式挑战 "资源诅咒" 和依附理论③，中国是否能以自己的东方哲学和思维去看待和解决 "资源诅咒" 问题，建立一种中国主导下的 "资源诅咒" 全球治理模式，从而打破一直以来由西方主导的惯有模式，将是一个富有创造力和长远意义的研究问题。

"资源诅咒" 的发生地——欠发达国家的前途是我们时代

---

① ［英］马丁·梅雷迪斯：《非洲国：五十年独立史》（亚明译），世界知识出版社 2011 年版，"序言" 第 2 页。

② 新华网：《英媒造谣到解放军头上》，2010-09-20，http：//news. xinhuanet. com/world/2010-09/20/c_ 12588349_ 2. htm.

③ R. Gonzalez-Vicente, "China's Engagement in South America and Africa's Extractive Sectors：New Perspectives for Resource Theories", *Pacific Review*, 24（1），2011，p. 67.

最紧迫（pressing）的国际政治经济问题之一，会深刻影响全世界的前途。2014 年，由于埃博拉（Ebola）疫情的爆发和肆虐，三个资源富庶国——利比里亚、塞拉利昂和几内亚未能参加当年的"金伯利进程"年会①。这再一次提醒全世界："资源诅咒"问题不解决、世界各国的发展状况之间的差距之大是如何在这个全球化时代威胁其他国家和全球市民安全的②。全球涉足钻石行业的人有 1000 万左右，全球涉足采掘业的人有 35 亿左右，其中 15 亿人每天生活开销不足 2 美元③。

　　"资源诅咒"的全球治理是一个关系到全人类未来的大工程，每一个人都应担负起对自然资源可持续利用的责任④。本书的研究怀揣着一个最基本的道德目标，即恢复自然资源本身的价值。自然资源是大自然对人类的恩赐（blessing），而不是诅咒（curse）⑤。

---

　　① KP 网站："2014 Final Plenary Comuniqué Guangzhou（ENG）"，http：//www. kimberleyprocess. com/en/2014-final-plenary-comuniqu％C3％A9-guangzhou-eng.
　　② 李妍：《资源战争》，山东大学出版社 2014 年版，第 53 页。
　　③ Hilson and Maconachie，"The Extractive Industries Transparency Initiative：Panacea or White Elephant for Sub-Saharan Africa？"，*Mining*，*Society*，*and a Sustainable World*，2010，p. 469.
　　④ 张保文编著：《责任成就卓越》，华夏出版社 2010 年版，第 247 页。
　　⑤ Joseph Stiglitz，"We Can Now Cure Dutch Disease"，*The Guardian*，Aug. 18，2004.

附　　录

附录1　"金伯利进程"相关大事记

1998年6月12日，联合国安理会第1173号决议：安哥拉非法钻石禁运；

1998年12月1日，"全球证人"首次披露安哥拉"血钻"内幕；

2000年3月29日，戴比尔斯集团战略改革启动；

2000年5月11—12日，"金伯利进程"倡议出台；

2000年7月5日，联合国安理会第1306号决议：塞拉利昂非法钻石禁运；

2000年9月7日，世界钻石委员会成立；

2000年12月1日，第55届联大第55/56号决议：确立"冲突钻石"定义；

2000年，美国颁布《清白钻石贸易法案》；

2001年5月7日，联合国安理会第1343号决议生效：利比里亚钻石禁运；

2002 年 7 月 18 日，欧盟开始遵守"金伯利进程"相关决议；

2002 年 11 月 4—5 日，《关于"金伯利进程"认证机制的因特拉肯宣言》；

2003 年 1 月 1 日，"金伯利进程国际证书制度"生效；

2003 年 2 月 26 日，世界贸易组织通过杜绝"冲突钻石"贸易豁免；

2003 年 6 月 4 日，塞拉利昂钻石解禁；

2003 年，"全球证人"和"非洲加拿大伙伴组织"获诺贝尔和平奖联合提名；

2004 年 10 月 29 日，"金伯利进程"年会指出，进程已覆盖全球钻石贸易的 99.8%；

2005 年 12 月 15 日，联合国安理会第 1643 号决议：科特迪瓦钻石禁运；

2007 年 4 月 27 日，利比里亚钻石解禁；

2008 年，津巴布韦马兰吉钻石矿被爆侵犯人权；

2008 年，委内瑞拉自动退出"金伯利进程"；

2009 年 11 月，"金伯利进程"对津巴布韦马兰吉钻石实施禁运；

2010 年 8 月 11 日，津巴布韦马兰吉钻石拍卖；

2011 年 11 月 3 日，津巴布韦马兰吉钻石解禁；

2011 年 12 月，"全球证人"退出"金伯利进程"；

2013 年 5 月 23 日，中非共和国被暂停"金伯利进程"成员国资格；

2013 年 8 月 2 日，"金伯利进程"拥有 54 个成员，覆盖

81 个国家；

2014 年 1 月 1 日，中国担任"金伯利进程"第十一个轮值主席国；

2014 年 4 月 29 日，科特迪瓦钻石解禁。

附录2　常见术语字母缩写表

African Diamonds Producers Association，ADPA　非洲钻石生产国协会

African Union，AU　非洲联盟

Amnesty International，AI　"大赦国际"

AntewerpWorld Diamond Center / Congress，AWDC　安特卫普世界钻石中心/大会

Baku-Tbilisi-Ceyhan，BTC　巴库—第比利斯—杰伊汉输油管

British Petroleum，BP　英国石油公司

Cable News Network，CNN　美国有线电视新闻网

Civil Society Coalition，CSC　"民间社会联盟"

Conflict Diamonds，CD　"冲突钻石"

Conflict Minerals，CM　"冲突矿物"

Corruption Perception Index，CPI　清廉指数

Department for International Development，DFID　（英国）国际发展局

Diamond Development Initiative，DDI　钻石业发展措施

European Commission, EC　欧洲委员会

European Union, EU　欧洲联盟

Extractive Industries Review, EIR　采掘业审查

Extractive Industries Transparency Initiative, EITI　采掘业透明度行动计划

Forces Nouvelles, FN　新军

Global Governance, GG　全球治理

Global Reporting Initiative, GRI　全球报告倡议

Global Witness, GW　"全球证人"

Human Rights Watch, HRW　人权观察

International Diamond Manufacturers Association, IDMA　国际钻石加工厂商会

International Financial Institution, IFI　国际金融机构

International Governmental Organization, IGO　国际政府间组织

International Monetary Fund, IMF　国际货币基金组织

International Oil Companys, IOC　国际石油公司

International Political Economy, IPE　国际政治经济学

Kimberley Process Certification Scheme, KPCS　"金伯利进程国际证书制度"

Kimberley Process, KP　"金伯利进程"

No Dirty Gold, NDG　"拒绝肮脏黄金"

Nongovernmental Organization, NGO　非政府组织

Oil Curse, OC　"石油诅咒"

Open Society Institute, OSI　开放社会研究所

Organization for Economic Cooperation and Development, OECD　经合组织

Organization of the Petroleum Exporting Coutries, OPEC　石油输出国组织

Partnership Africa Canada, PAC　"非洲加拿大伙伴组织"

Public Relations, PR　公共关系

Public-Private Partnerships, PPPs　公私伙伴关系

Publish What You Pay, PWYP　"付款公布"

Reputation Management, RM　声誉管理

Resource Curse, RC　"资源诅咒"

Responsible Jewellery Council, RJC　责任珠宝业协会

Revenue Watch Institute, RWI　收入监测研究所

Revolutionary United Front, RUF　革命联合阵线

Transparency International, TI　"透明国际"

Uniao Nacional Para Independência Total de Angola, UNITA "安盟"

United Nations International Children's Emergency Fund, UNICEF　联合国儿童基金会

United Nations General Assembly Resolution, UNGAR　联合国大会决议

United Nations Security Council, UNSC　联合国安全理事会

United States Agency for International Development, USAID 美国国际开发署

World Bank Group, WBG　世界银行集团

World Customs Organization, WCO　世界海关组织

World Diamond Congress, WDC　世界钻石委员会

World Federation of Diamond Bourses, WFDB　世界钻石交易所联合会

World Trade Organization, WTO　世界贸易组织

World Vision, WV　世界宣明会

参考文献

一、中文著作

［1］况志华、叶浩生：《责任心理学》，上海教育出版社2008年版。

［2］李妍编：《资源战争》，山东大学出版社2014年版。

［3］李义天主编：《共同体与政治团结》，社会科学文献出版社2011年版。

［4］刘萌：《责任改变世界——联合国全球契约 引领全球企业大变革》，北京工业大学出版社2013年版。

［5］柳润墨：《资源阴谋》，科学出版社2011年版。

［6］缪荣：《公司声誉》，经济管理出版社2008年版。

［7］欧阳峣等：《跨国企业的社会责任》，中国经济出版社2009年版。

［8］秦亚青：《权力·制度·文化：国际关系理论与方法研究文集》，北京大学出版社2005年版。

［9］王学东：《外交战略中的声誉因素研究——冷战后中国参与国际制度的解释》，天津人民出版社2007年版。

［10］王逸舟：《探寻全球主义国际关系》，北京大学出版

社 2005 年版。

[11] 王永钦:《声誉、承诺与组织形式——一个比较制度分析》,上海人民出版社 2005 年版。

[12] 王中杰:《公司社会责任治理》,中国发展出版社 2011 年版。

[13] 赵丽红:《"资源诅咒"与拉美国家初级产品出口型发展模式》,当代世界出版社 2010 年版。

[14] 郑琦:《论公民共同体:共同体生成与政府培育作用研究》,中国社会出版社 2011 年版。

[15] [美] 保罗·罗伯茨:《石油的终结:濒临危险的新世界》(吴文忠译),中信出版社 2005 年版。

[16] [美] 戴斯·贾丁斯:《环境伦理学——环境哲学导论》(林官明等译),北京大学出版社 2002 年版。

[17] [美] 丹尼·罗德里克:《新全球经济与发展中国家:让开放起作用》(王勇译),世界知识出版社 2004 年版。

[18] [英] 赫德利·布尔:《无政府社会:世界政治秩序研究》(张小明译),世界知识出版社 2003 年版。

[19] [法] 吉尔·利波维茨基:《责任的落寞:新民主时期的无痛伦理观》(倪复生、方仁杰译),中国人民大学出版社 2007 年版。

[20] [日] 加藤尚武:《资源危机》(曹逸冰译),石油工业出版社 2010 年版。

[21] [美] 莉萨·马丁、贝思·西蒙斯:《国际制度》(黄仁伟、蔡鹏鸿等译),上海人民出版社 2006 年版。

[22] [美] 罗伯特·吉尔平:《国际关系政治经济学》

（杨宇光等译），上海人民出版社 2006 年版。

[23]［美］罗伯特·吉尔平：《全球政治经济学：解读国际经济秩序》（杨宇光、杨炯译），上海人民出版社 2006 年版。

[24]［美］罗伯特·基欧汉：《局部全球化世界中的自由主义、权力与治理》（洪华译），北京大学出版社 2004 年版。

[25]［英］马丁·梅雷迪斯：《非洲国：五十年独立史》（亚明译），世界知识出版社 2011 年版。

[26]［美］玛格丽特·E. 凯克、凯瑟琳·辛金克：《超越国界的活动家：国际政治中的倡议网络》（韩召颖、孙英丽译），北京大学出版社 2005 年版。

[27]［美］迈克尔·T. 克莱尔：《资源战争》（童新耕、之也译），上海译文出版社 2002 年版。

[28]［德］米歇尔·鲍曼：《道德的市场》（肖君、黄承业译），中国社会科学出版社 2003 年版。

[29]［英］奥蒂主编：《资源富足与经济发展》（张效廉译），首都经济贸易大学出版社 2006 年版。

[30]［美］奥兰·扬：《世界事务中的治理》（史卫民译），上海人民出版社 2007 年版。

[31]［德］齐格蒙特·鲍曼：《共同体》（欧阳景根译），江苏人民出版社 2003 年版。

[32]［美］入江昭：《全球共同体：国际组织在当代世界形成中的角色》（刘青等译），社会科学文献出版社 2009 年版。

[33]［英］苏珊·斯特兰奇：《国家与市场》（杨宇光等译），上海人民出版社 2012 年版。

[34]［澳］约瑟夫·A. 凯米莱利、吉米·福尔克：《主

权的终结？日趋"缩小"和"碎片化"的世界政治》（李东燕译），浙江人民出版社 2001 年版。

[35]［美］约瑟夫·格里科、约翰·伊肯伯里：《国家权力与世界市场：国际政治经济学》（王展鹏译），北京大学出版社 2008 年版。

[36]［美］约瑟夫·S. 奈、约翰·D. 唐纳胡主编：《全球化世界的治理》（王勇等译），世界知识出版社 2003 年版。

[37]［英］朱迪·丽丝：《自然资源：分配、经济学与政策》（蔡运龙、杨友孝、秦建新等译），商务印书馆 2005 年版。

二、中文期刊文章

[1] 董夏、李瑞民：《采掘业透明度行动计划（EITI）与资源业可持续发展》，载《国际石油经济》2008 年 7 月。

[2] 韩亚芬、孙根年、李琦：《资源经济贡献与发展诅咒的互递关系研究——中国 31 个省区能源开发利用与经济增长关系的实证分析》，载《资源科学》2007 年第 6 期。

[3] 胡援成、肖德勇：《经济发展门槛与自然资源诅咒——基于我国省际层面的面板数据实证研究》，载《管理世界》2007 年第 4 期。

[4] 霍淑红：《新制度经济学视野中的政府间国际制度与国际非政府组织》，载《上海行政学院学报》2010 年 5 月第 11 卷第 3 期。

[5] 李影：《"福音"还是"诅咒"——自然资源与经济增长关系研究综述》，载《经济论坛》2009 年第 6 期。

[6] 林子璇：《吴淑珍、钻石、TIFFANY 密码》，载《新

新闻周刊》2006 年第 1033 期。

[7] 鲁金萍：《广义"资源诅咒"的理论内涵与实证检验》，载《中国人口·资源与环境》2009 年第 1 期。

[8] 彭景：《论"冲突钻石"映射下的贸易与人权》，载《东岳论丛》2012 年 10 月（第 33 卷 | 第 10 期）。

[9] 邵帅、齐中英：《西部地区的能源开发与经济增长——基于"资源诅咒"假设的实证分析》，载《经济研究》2008 年第 4 期。

[10] 王文行、顾江：《资源诅咒问题研究新进展》，载《经济学动态》2008 年第 5 期。

[11] 王娅奇：《"金伯利进程"失败了吗?》，载《亚非纵横》2013 年第 5 期。

[12] 徐康宁、韩剑：《中国区域经济的"资源诅咒"效应：地区差距的另一种解释》，载《经济学家》2005 年第 6 期。

[13] 詹世明：《非洲"冲突钻石"的产生及影响》，载《西亚非洲》2002 年第 5 期。

[14] 赵奉军：《关于"资源诅咒"的文献综述》，载《重庆工商大学学报（西部论坛）》2006 年第 2 期。

[15] 赵普、金小波：《变"资源诅咒"为"资源话语权"——资源富集地区经济增长的战略博弈选择》，载《求索》2010 年第 8 期。

[16] [美] 安德鲁·寇本：《钻石的真相》，载《国家地理杂志（中文版)》2002 年 3 月号。

三、中文网站资料

[1] 凤凰网，http：//www. ifeng. com/

[2] 国际在线，http：//gb. cri. cn/

[3] 国家质量监督检疫检验总局，http：//www. aqsiq. gov. cn/

[4] 环球网，http：//www. huanqiu. com/

[5] 人民网，http：//www. people. com. cn/

[6] 新华网，http：//www. xinhuanet. com/

[7] 央视网，http：//www. cctv. com/

[8] 中国网，http：//www. china. com. cn/

[9] 中国常驻联合国代表团，http：//www. china-un. org/chn/

[10] 中国商务部，http：//www. mofcom. gov. cn/

[11] 中国驻安哥拉大使馆经济商务参赞处，http：//ao. mofcom. gov. cn/

[12] 中国驻加纳大使馆经济商务参赞处，http：//gh. mofcom. gov. cn/

[13] 中国驻津巴布韦大使馆经济商务参赞处，http：//zimbabwe. mofcom. gov. cn/

[14] 中国驻南非大使馆经济商务参赞处，http：//za. mofcom. gov. cn/

四、英文著作

Adler, Emanuel, and Michael Barnett eds. , *Security*

Communities, Cambridge: Cambridge University Press, 1998.

Auty, Richard M. , *Sustaining Development in Mineral Economies: The Resource Curse Thesis*, London: Routledge, 1993.

Bannon, Ian, and Paul Collier eds. , *Natural Resources and Violent Conflict: Options and Actions*, World Bank, 2003.

Barnett, Michael N. , and Martha Finnemore, *Rules for the World: International Organizations in Global Politics*, Ithaca, New York: Cornell University Press, 2004.

Beauchamp T. L. , and N. E. Bowie, *Ethical Theory and Business*, New Jersey: Prentice Hall. 1993.

Bendell, Jem. , *The Corporate Responsibility Movement: Five Years of Global Corporate Responsibility Analysis from Lifeworth*, 2001-2005, Shefield, UK: Greenleaf Publishing, 2009.

Bieri, Franziska, *From Blood Diamonds to the Kimberley Process: How NGOs Cleaned up the Global Diamond Industry*, Farnham: Ashgate, 2010.

Campbell, Greg, *Blood Diamond: Tracing the Deadly Path of the World's Most Precious Stones*, Boulder: Westview Press, 2002.

Carlsnaes, Walter, Thomas Risse, and Beth A. Simmons eds. , *Handbook of International Relations*, Second Edition, London: Sage Publication, 2002.

Carpenter, Daniel, *Reputation and Power*, Princeton and Oxford: Princeton University Press, 2010.

Collier, Paul, *Natural Resources, Development and Conflict:*

参考文献

Channels of Causation and Policy Interventions, World Bank, 2003.

Crawford, James, Alain Pellet, and Simon Olleson eds., *The Law of International Responsibility*, Oxford: Oxford University Press, 2010.

Davies, Gary, Rosa Chun, Rui Vinhas Da Silva, and Stuart Roper, *Corporate Reputation and Competitiveness*, London and N. Y. : Rouledge, 2003.

Davis, Michael C. , Wolfgang Dietrich, Bettina Scholdan, and Dieter Sepp, eds. , *International Intervention in the Post-Cold War World*: *Moral Responsibility and Power Politics*, N. Y. : M. E. Sharpe, 2004.

Deutsch Karl W. , et al. , *Political Community and the North Atlantic Aears*: *International Organization in the Light of Historical Experience*, Princeton, N. J. : Princeton University Press, 1957.

Fombrun, Charles, *Reputation*: *Realizing Value from the Corporate Image*, Boston: Harvard Business School Press, 1996.

Goldstein, Herman, *Problem-Oriented Policing*, N. Y. : McGraw Hill Publisher Co. , 1990.

Green, Tinothy, *The World of Diamonds*: *The Inside Story of the Miners, Cutters, Smugglers, Lovers and Investors*, N. Y. : William Morrow & Co. , 1984.

Hart, Matthew, *Diamonds*: *A Journey to the Heart of an Obsession*, Marble Falls: Walker Publishing Co. , 2001.

Humphreys, Macartan, Jeffrey D. Sachs, and Joseph

287

E. Stiglitz, eds. , *Escaping the Resource Curse*, N. Y. : Columbia University Press, 2007.

Jones, Ian, Michael Pollitt, and David Bek, *Multinationals in their Communities: A Social Capital Approach to Corporate Citizenship Projects*, London: Palgrave Macmillan, 2007.

Karl, Terry Lynn, *The Paradox of Plenty: Oil Booms and Petro-States*, Berkeley: University of California Press, 1997.

Kimaro, Deng S. , T. Lyons, et al. eds. , *Sovereignty as Responsibility: Conflict Management in Africa*, Washington, D. C. : Brookings Institution, 1996.

Mailath, George J. , and Larry Samuelson, *Repeated Games and Reputations*, Oxford: Oxford University Press, 2006.

Risse, Thomas, Stenphen C. Ropp, and Kathryn Sikkink, *The Power of Human Rights: International Norms and Domestic Change*, Cambridge: Cambridge University Press, 1999.

Shaxson, Nicholas, *Poisoned Wells: The Dirty Politics of African Oil*, N. Y. : Palgrave Macmillan, 2007.

Smith, Adam, *Lecture on Jurisprudence*, Ronald Meek, David Raphael, and Peter Stein eds. , N. Y. : Oxford University Press, 1978 [1790] .

Tietenberg, Tom, and Lynne Lewis, *Environmental and Natural Resource Economics*, Eighth Edition, An Shumin ed. , Beijing: Renmin University of China Press, 2012.

Tomz, Michael, *Reputation and International Cooperation: Sovereign Debt across Three Centuries*, NJ: Princeton University

Press, 2007.

Weingast, Barry, and Donald Wittman eds. , *The Oxford Handbook of Political Economy*, Oxford: Oxford University Press, 2006.

Wendt, Alexander, *Social Theory of International Politics*, Cambridge: Cambridge University Press, 1999.

五、英文论文

Ayres, Christopher, "The International Trade in Conflict Minerals: Coltan", *Critical Perspectives on International Business*, Vol. 8, No. 2, 2012.

Bar-Isaac, Heski, and Steven Tadelis, "Seller Reputation", *Foundations and Trends in Microeconomics*, Vol. 4, No. 4, 2008.

Bates, Rob, "Dirty Gold: The Next Conflict Diamonds?" *Jewelers' Circular Keystone*, Vol. 176, No. 5, May, 2005.

Bernhagen, Patrick, and Neil J. Mitchell, "The Private Provision of Public Goods: Corporate Commitments and the United Nations Global Compact", *International Studies Quarterly*, No. 54, 2010.

Blanco, Luisa R. , Jeffrey B. Nugent, and Kelsey J. O'Connor, "Oil Curse and Institutional Changes: Which Institutions are Most Vulnerable to the Curse and under What Circumstances?" *Contemporary Economic Policy*, Vol. 33, No. 2, Apr. , 2015.

Brint, S. , "Gemeinschaft Revisited: A Critique and Reconstruction of the Community Concept", *Sociological Theory*, Vol. 19,

No. 1, 2001.

Caspary, George, "Practical Steps to Help Countries Overcome the Resource Curse: the Extractive Industries Transparency Initiative", *Global Governance*, Vol. 18, No. 2, Apr., 2012.

Cave, Adam H., "Environmentally Responsible Management in International Business: a Literature Review", *Multinational Business Review*, Vol. 22, No. 1, 2014.

Chrisman, Laura, "The Sight, Sound, and Global Traffic of Blackness in Blood Diamond", *African Studies Review*, Vol. 55, No. 3, 2012.

Clare, Joe, and Vesna Danilovic, "Multiple Audiences and Reputation Building in International Conflicts", *Journal of Conflict Resolution*, Vol. 54, No. 6, 2010.

Colgan, Jeff D., "Oil and Revolutionary Governments: Fuel for International Conflict", *International Organization*, Vol. 64, No. 4, Fall, 2010.

Collier, Paul, and Anke Hoeffler, "On Economic Causes of Civil War", *Oxford Economic Papers*, No. 50, 1998.

Corrigan, Caitlin C., "Breaking the Resource Curse: Transparency in the Natural Resource Sector and the Extractive Industries Transparency Initiative", *Resources Policy*, No. 40, Jun., 2014.

Cullen, Holly, "Is There a Future for the Kimberley Process Certification Scheme for Conflict Diamonds?" *Macquarie Law Journal*, No. 12, 2013.

Dingwerth, Klaus, and Margot Eichinger, "Tamed Transparency:

How Information Disclosure Under the Global Reporting Initiative Fails to Empower ", *Global Environmental Politics*, Vol. 10, No. 3, 2010.

Epstein, Marc J. , and Kristi Yuthas, "Conflict Minerals: Managing an Emerging Supply-chain Problem", *Environmental Quality Management*, Vol. 21, No. 2, 2011.

Evans, Marketa D. , "New Collaborations for International Development: Corporate Social Responsibility and Beyond ", *International Journal*, Vol. 62, No. 2, Spring, 2007.

Ezeudu, Martin-Joe, "From a Soft Law Process to Hard Law Obligations: The Kimberley Process and Contemporary International Legislative Process", *European Journal of Law Reform*, Vol. 16, No. 1, 2014.

Fearon, James D. , and David D. Laitin, "Ethnicity, Insurgency, and Civil War", *American Political Science Review*, Vol. 97, No. 1, 2003.

Fishman, Julie L. , "Is Diamond Smuggling Forever? The Kimberley Process Certification Scheme: the First Step Down the Long Road to Solving the Blood Diamond Trade Program", *University of Miami Business Law Review*, Vol. 13, No. 217, 2005.

Freedman, Jim, "International Remedies for Resource-Based Conflict ", *International Journal*, Vol. 62, No. 1, Winter, 2006/2007.

Frynas, J. G. , "Corporate Social Responsibility and Societal Governance: Lessons from Transparency in the Oil and Gas

Sector", *Journal of Business Ethics*, No. 93, 2010.

Gillies, Alexandra, "Reputational Concerns and the Emergence of Oil Sector Transparency as an International Norm", *International Studies Quarterly*, No. 54, 2010.

Gilmore, Elisabeth, Nils Petter Gleditsch, Paivi Lujala, and Jan Ketil Rod, "Conflict Diamonds: A New Dataset", *Conflict Management and Peace Science*, Vol. 22, No. 3, Oct., 2005.

Glanville, Luke, "The Antecedents of 'Sovereignty as Responsibility'", *European Journal of International Relations*, Vol. 17, No. 2, 2010.

Gooch, Tina Muscarella, "Conflict Diamonds or Illicit Diamonds: Should the Difference Matter to the Kimberley Process Certification Scheme?" *Natural Resources Journal*, Vol. 48, No. 1, 2008.

Grant, Andrew, and Ian Taylor, "Global Governance and Conflict Diamonds: The Kimberley Process and the Quest for Clean Gems", *Round Table: Commonwealth Journal of International Relations*, Vol. 93, No. 375, 2004.

Gray, Julia, and Raymond P. Hicks, "Reputations, Perceptions, and International Economic Agreements", *International Interactions*, No. 40, 2014.

Hall, Ernest H. Jr, Jooh Lee, and Kyu Seung Whang, "An International Study of Corporate Reputation, Diversification, and Performance", *International Journal of Business and Management Research*, Vol. 3, No. 1, Sep., 2011;

Hall and Lee, "Assessing the Impact of Firm Reputation on

Performance: An International Point of View ", *International Business Research*, *Vol. 7*, No. 12, 2014.

Harlow, Barbara, "The 'Kimberley Process': Literary Gems, Civil Wars, and Historical Resources", *The New Centennial Review*, Vol. 3, No. 2, Jul. , 2003.

Harrington, Alexandra R. , "Faceting the Future: the Need for and Proposal of the Adoption of a Kimberley Process-styled Legitimacy Certification System for the Global Gemstone Market", *Transnational Law & Contemporary Problems*, Vol. 18, No. 18, 2009.

Hass, Peter M. , "Sepecial Issue on Knowledge, Power and International Policy Coodination ", *International Organization*, Vol. 46, No. 1, 1992.

Haufler, Virginia, "Disclosure as Governance: The Extractive Industries Transparency Initiative", *Global Environmental Politics*, Vol. 10, No. 3, Aug. , 2010;

"The Kimberley Process Certification Scheme: An Innovation in Global Governance and Conflict Prevention ", *Journal of Business Ethics*, No. 89, 2010.

Hilson, Gavin, and Roy Maconachie, "Good Governance and the Extractive Industries in Sub-saharan Africa", *Mineral Processing & Extractive Metallurgy Review*, No. 30, 2009;

"The Extractive Industries Transparency Initiative: Panacea or White Elephant for Sub-Saharan Africa?" *Mining, Society, and a Sustainable World*, 2010.

Holmes, Jamila D. , "The Kimberley Process: Evidence of Change in International Law", *International Law & Management Review*, Vol. 3, No. 1, 2007.

Hughes, Tim, "Conflict Diamonds and the Kimberley Process: Mission Accomplished Or Mission Impossible?" *South African Journal of International Affairs*, Vol. 13, No. 2, Winter / Spring, 2006.

Ikenberry, G. John, "The Future of International Leadership", *Political Science Quarterly*, Vol. 111, No. 3, Autumn, 1996.

Isoka, Gëzim V. , and John Doyle, "Peacebuilding and International Responsibility", *International Peacekeeping*, Vol. 21, No. 5, 2014.

Jeffery, Renee, "Reason, Emotion, and the Problem of World Poverty: Moral Sentiment Theory and International Ethics", *International Theory*, Vol. 3, No. 1, 2011.

Johnstone, Ian, "Do International Organizations Have Reputations?" *International Organizations*, No. 7, 2010.

Lacey, Anita, and Suzan Ilcan, "Voluntary Labor, Responsible Citizenship, and International NGOs", *International Journal of Comparative Sociology*, Vol. 47, No. 1, 2006.

Lahiri, Sajal, "Blood Diamonds: International Policy Options for Conflict Resolution, *Indian Growth and Development Review*, Vol. 3, No. 1, 2010.

Le Billon, Philippe, "Fatal Transactions: Conflict Diamonds and the (Anti) Terrorist Consumer", *Antipode*, 2006;

"Securing Transparency: Armed Conflicts and the Management of Natural Resource Revenues", *International Journal*, Vol. 62, No. 1, Winter, 2006/2007;

"Diamond Wars? Conflict Diamonds and Geographies of Resource Wars", *Annals of the Association of American Geographers*, Vol. 98, No. 2, Jun., 2008.

Kantz, Carola, "The Power of Socialization: Engaging the Diamond Industry in the Kimberley Process", *Business and Politics*, Vol. 9, No. 3, Dec., 2007.

Keenan, Patrick J., "Conflict Minerals and the Law of Pillage", *Chicago Journal of International Law*, Vol. 14, No. 2, Jan., 2014.

Keohane, Robert O., "International Relations and International Law: Interests, Reputation, Institutions", Proceedings of the Annual Meeting (American Society of International Law), No. 93, Mar. 24–27, 1999.

Kolstad, Ivar, and Arne Wiig, "Is Transparency the Key to Reducing Corruption in Resource-rich Countries?" *World Development*, Vol. 37, No. 3, 2009.

Kremkow, Cheryl, "Kimberley Process for Blue Topaz?" *Modern Jeweler*, Vol. 107, No. 3, Mar., 2008.

Kreps, David M., P. Milgrom, J. Roberts, and R. Wilson, "Rational Cooperation in the Finitely Repeated Prisoners Dilemma", *Journal of Economic Theory*, No. 27, 1982;

"Reputation and Imperfect Information", *Journal of Economic*

Theory, No. 27, 1990.

Mafe, Diana Adesola, "(Mis) Imagining Africa in the New Millennium: The Constant Gardener and Blood Diamond", *Camera Obscura*, Vol. 25, No. 3, Jan., 2011.

Morton, Jeffrey S., "The Legal Regulation of Conflict Diamonds", *Politics & Policy*, Vol. 33, No. 3, Sep., 2005.

Murphy, Shannon K., "Clouded Diamonds: Without Binding Arbitration and More Sophisticated Dispute Resolution Mechanisms, the Kimberley Process Will Ultimately Fail in Ending Conflicts Fueled By Blood Diamonds", *Pepperdine Dispute Resolution Law Journal*, Vol. 11, No. 207, 2011.

Olsson, Ola, "Conflict diamonds", *Journal of Development Economics*, Vol. 82, No. 2, Mar., 2007.

Orogun, Paul, "Blood Diamonds and Africa's Armed Conflicts in the Post-Cold War Era", *World Affairs*, Vol. 166, No. 3, Winter, 2004.

Ramsay, Kristopher W., "Revisiting the Resource Curse: Natural Disasters, the Price of Oil, and Democracy", *International Organization*, No. 65, Summer, 2011.

Ross, Michael L., "The Political Economy of the Resource Curse", *World Politics*, Vol. 51, No. 2, Jan., 1999;

"Does Oil Hinder Democracy?" *World Politics*, No. 53, 2001;

"A Closer Look at Oil, Diamonds, and Civil War", *Annual Review of Political Science*, Vol. 9, No. 1, Jun., 2006.

Ruggie, John, "International Regimes, Transactions, and Change: Embedded Liberalism in the Postwar Economic Order", *International Organization*, Vol. 36, No. 2, 1982;

"Reconstituting the Global Public Domain-Issues, Actors, and Practices", *European Journal of International Affairs*, Vol. 10, No. 4, 2004.

Sachs, Jeffery D. , and Andrew M. Warner, "Natural Resource Abundance and Economic Growth", *National Bureau of Economic Research*, *Working Paper*, No. 5398, Cambridge, Dec. , 1995;

"Sources of Slow Growth in African Economies", *Journal of African Economics*, Vol. 6, No. 3, 1997;

"The Curse of Natural Resources", *European Economic Review*, Vol. 45, No. 4-6, 2001.

Santiago, Anne Pitsch, "Guaranteeing Conflict Free Diamonds: From Compliance to Norm Expansion under the Kimberley Process Certification Scheme", *South African Journal of International Affairs*, Vol. 21, No. 3, 2014.

Scheiber, Christine, "Policy Brief for Revenue Watch: What Lessons Can the Extractive Industries Transparency Initiative Learn from the Kimberley Process Certificate Scheme?" Center on Democracy, Development and the Rule of Law, Stanford: Stanford University, 2006.

Sharife, Khadija, and John Grobler, "Kimberley's illicit Process", *World Policy Journal*, Winter, 2013/2014.

Short, Clare, "The Development of the Extractive Industries Transparency Initiative", *Journal of World Energy Law and Business*, Vol. 7, No. 1, 2014.

Smillie, Ian, "Blood Diamonds and Non-State Actors", *Vanderbilt Journal of Transnational Law*, Vol. 46, No. 4, Oct., 2003.

Stevens, Paul, "Resource Impact-Curse or Blessing? A Literature Survey", *Journal of Energy Literature*, Vol. 9, No. 1, 2003.

Wallis, Ann C., "Data Mining: Lessons from the Kimberley Process for the United Nations' Development of Human Rights Norms for Transnational Corporations", *Northwestern Journal of International Human Rights*, Vol. 4, No. 2, Fall, 2005.

Watson, Shaun, "Conflict Diamonds, Legitimacy and Media Agenda: an Examination of Annual Report Disclosures", *Meditari Accountancy Research*, Vol. 19, No. 1, Jan., 2011.

Weinthal, Erika, and Pauline Jones Luong, "Combating the Resource Curse: An Alternative Solution to Managing Mineral Wealth", *Perspectives on Politics*, Vol. 4, No. 1, Mar., 2006.

Weissenberger, Mark, "Kimberley Process Showing Progress", *National Jeweler*, Vol. 45, No. 21, Nov., 2001.

Whitmeyer, Joseph M., "Effects of Positive Reputation Systems", *Social Science Research*, No. 29, 2000.

Winetroub, Andrew H., "A Diamond Scheme is Forever Lost: The Kimberley Process's Deteriorating Tripartite Structure and its Consequences for the Scheme's Survival", *Indiana Journal of Global Legal Studies*, Vol. 20, No. 2, 2013.

Wright, Clive, "Tackling Conflict Diamonds: The Kimberley Process Ceritification Scheme", *International Peacekeeping*, Vol. 11, No. 4, Winter, 2004.

Wu, Steven, "Dying for Diamonds: Diamonds, Africa, and War", *Harvard International Review*, Vol. 22, No. 4, Winter, 2001.

Zulu, Leo, and Sigismond Wilson, "Sociospatial Geographies of Civil War in Sierra Leone and the New Global Diamond Order: Is the Kimberley Process the Panacea?" *Environment and Planning C: Government and Policy*, Vol. 27, No. 6, Dec. , 2009.

六、英文影带

Guggenheim, Davis, *An Inconvenient Truth*, US, 2006.

Pakula, Alan J. , *The Pelican Brief*, Warner Bros. , 1993.

Samura, Sorious, *Cry Freetown*, CNN, 2000.

Tamahori, Lee, *Die Another Day*, Metro-Goldwyn-Mayer Inc. , 2002.

Zwick, Edward, *Blood Diamond*, The Bedford FallsVirtual Studios, 2008.

七、英文网站资料

采掘业透明度行动计划：https：//eiti. org/

"非洲加拿大伙伴组织"：http：//www. pacweb. org/en/

"付款公布"：http：//www. publishwhatyoupay. org/

"金伯利进程"：http：//www. kimberleyprocess. com/

联合国：http：//www. un. org/chinese/

绿色钻石：http：//thegreenerdiamond. org/

全球政策论坛：http：//www. globalpolicy. org/

"全球证人"：http：//www. globalwitness. org/zh-hans/

人权观察组织：http：//www. hrw. org/

世界贸易组织：http：//www. wto. org/

世界宣明会：http：//www. globalvision. ca/

世界银行：http：//worldbank. org/

世界资源研究所：http：//www. wri. org. cn/

"透明国际"：http：//www. transparency. org/

英国国际发展局：http：//www. dfid. gov. uk/

自然资源治理研究所：http：//www. resourcegovernance. org/

钻石业发展措施：http：//www. ddiglobal. org/

后　记

　　本书稿源于我的博士论文，她既是我三载钻研的结晶，也是初入学术殿堂的第一部书。从第一次在导师口中听说"金伯利进程"，到陆陆续续查阅和整理大量中英文资料，再到反复多次建立和推翻论文框架，进而写下20多万字冗长的稿子，然后狠心将其删至最后的13万余字，并力图将细节做到极致……在此期间，书稿里的一字一句成了我最重要的对话和靠伙伴。

　　朱立群，这个名字在人类知识创新与进步的历史长河中或许微不足道，却改变了我的一生。对她而言，当年接收一个年仅24岁、资历尚浅的小姑娘成为她的博士生是需要独到的思维和魄力的，因为这个学生三年后的论文质量、就业和成家等都面临巨大风险；但朱老师没有放弃我，她结合学生的个人兴趣，引导我确立了博士期间的研究课题和努力方向，还孜孜不倦地教导我、督促我、鼓励我、表扬我。导师有一种魔力，总能让学生对她的话记忆犹新，并在之后的学习和生活中进一步领悟和获益。第一年，我目睹了一个事业上充满干劲、追求完美、忙碌操劳，但仍尽可能抽出时间钻研学术、与学生相处，坚持自己为人处世原则和底线的女院长、女学者、女教师；之后两年，病魔阻断了她的事业，占据了她与学术和学生对话的时间，折磨着她的身体和精神，而我，见证了一个更加高大伟岸的形象：奇迹般延续着自己的生命，继续保持对学术的关注度和思考，总是及时高效地帮学生解决学习和生活中的各种难题，还鼓励旁人要乐观坦然地面对生活……我无法想象，恩师被病痛折磨的瘦弱身躯承载着怎样一个强大的灵魂！而她又是如何用灵魂操控病体、与这个于她而言"黑暗的"世界交流的！如果说起初更多的是期待从朱老师那里得到学业上的帮助的话，那么之后发生在她身上的不幸和蜕变于我的感触和影响是更为重大、深刻并受益终身的。毕业离京一年半，帝都传来她老人家驾鹤西去的噩耗，3000 字的悼文道不尽我对她的怀念，每每浮现的音容笑貌绘不清她多彩的一生。回想起与她见的最后一面，我愿意相信存在灵魂、平行宇宙、天堂、极乐世界……在那里，朱老师可以继续过着她所喜欢的生活，做着她认为有价值的事。

回顾读博期间的每一个环节，如果离开了众师友的无私帮助和关怀，仅凭我个人是断不可能达到如今的美好结局的。特别感谢李少军老师，他的建设性意见与朱老师的思路惊人一致，为我规划和指明了研究步骤和论文架构。感谢林民旺老师、聂文娟师姐和吴文成师兄，他们的多条细致而宝贵的意见几乎对我的成稿产生了焕然一新的效果。感谢三位校外匿名评审专家，他们的一致"同意"意见是对我最大的肯定，也树立了我在未来学术道路上的信心。感谢卢静、袁正清、贾文华、高尚涛、陈志瑞、孙吉胜、魏玲、周永生和李海东等九位老师的批评和修改意见。感谢张迅、张晓立和秦亚青等三位老师在课堂上带给我的学术启发。感谢我的同门、同学，黎旭坤、步少华和刘匡宇三位师兄，以及韩叶师姐和谷红玉学姐对我的点滴关心和帮助。特别感谢好友张佳佳和蒋涛，以及第一位美国朋友 Cody Abbey，每每在我最需要陪伴和倾诉的时候，他们总在我的身边不离不弃。

　　有缘进入上海工程技术大学社会科学学院工作，生活在我所热爱的大城市上海，在此要特别感谢学院领导张健明教授。学院为我的个人发展创造了相对宽松的环境，多位老师在教学、科研、学生工作等领域无私地给予我指导，让我抱着一颗感恩和追求实现自我价值的心在这个温暖的大家庭继续着学术生涯。

　　家永远是游子拼搏的动力和避风的港湾。特别感谢我的母亲钱芬娟，她是唯一一个多年来与我承受一切或重大或细微的成就与困难的人，也是我此生最大的财富。母亲是这个世界上对我抱有最大信心的人，也是最懂我的人。她忍受了女儿写作期间诸多不良情绪和生活陋习，还想方设法给我带去快乐和轻松。母亲本人是个积极面对生活的人，注重养生和学习，总是以一个博士妈妈的身份严格要求自己与时俱进、端庄高雅、从容淡定。感谢我的外婆，她是除母亲之外真正爱我却不求回报的亲人。感谢我的布娃娃豆豆，她憨态可掬、表情丰富，就像我的家庭成员一样日夜陪伴着我……

这部书是我上一个阶段交出的学术答卷，也伴随着重要的成长阶段。过去的数年不仅改变了我的知识储备、业务能力和事业方向，还使我更为热切地感恩生命中的贵人、更加珍惜生命和感情，从而以一颗平和之心面对一切起伏与未知。

王娅奇

2018 年元月于上海